한국형 무속 정치학

한국형 무속정치학

임건순 지음

YANG MOON

서문

　종교 관련해서 많은 대중서를 내오신 이화여대의 종교학자 최준식 교수님이 강조하신 말씀이 있었죠. 한국 사회의 표층은 유교지만 심층은 무속이라고. 무속을 모르면 한국인과 한국 문화, 한국 사회를 제대로 이해할 수 없다고 늘 말씀하셨습니다. '습속'이라고 해서 마음 습관이라는 게 있는데요, 최 교수님은 한국인들의 습속, 한국인들의 마음 습관에는 무속의 영향이 절대적이라고 하셨죠.
　사실 고등학교 시절부터 교수님의 책을 많이도 읽은 터라 적지 않은 영향을 받아왔기에 항상 무속에 대해 공부하고 싶은 마음은 있었습니다. 하지만 책을 내야겠다는 생각까지는 없었습니다. 엄두를 못 냈다고 해야 할 것 같은데요, 공부는 하고 싶어도 당장 어떤 책과 논문을 봐야 하는지 그것부터 몰랐기에 늘 공부해야지라고 생각만 해왔을 뿐이었습니다.

　그런데 어느 순간부터 무속 관련 책들을 읽게 되었고 공부를 해나가게 되었습니다. 그 공부의 시작에는 몇 가지 계기가 있었지요. 노무현 대통령의 죽음, 세월호 사건 이후 바뀌어버린 사회 분위기가 피부로 와닿았습니다. 그 사건들 이후 한국 사회가 많이 무속화되지 않았나 하는 느낌이 있었는데 그러면서 무속 공부의 스타트를 끊게 되었습니다.

그리고 제게는 늘 어떤 갈증이 있었습니다. 대부분 지식인이 외국 유학을 통해 만들어지고 그 지식인들은 외국의 이론들을 수입해 옵니다. 그렇게 해서 많은 외국 이론이 소개되고 그 지식인들이 발화 권력을 가진 채 한국 사회와 한국의 정치 현상을 설명해오고들 그랬는데요. 그 외국의 이론들이 영 신통치 못해 보이더라고요. 한국 사회의 현실과 문제들을 제대로 보여주고 분석하는 데 외국의 이론들이 큰 힘을 쓰지 못하는 것처럼 보였습니다. 그 외국산 지식들이 한국만의 정치 현상, 사회 문화 현상을 제대로 분석하고 깊이 있게 해석하는 데 있어 영 무력했다고나 할까요? 저는 그게 늘 답답했습니다. 그래서 우리 사회를 해부하고 설명하는 우리의 이론이 있어야 한다는 문제의식이 있었고 그게 바로 유교와 무속이 아닐까 생각해왔습니다.

한국은 아직도 유교 사회고 최준식 교수님 말처럼 무속에 뿌리를 둔 습속, 무속적인 정서와 의식이 많은 부분을 적지 않게 지배하는 사회인데요, 외국의 이론과 학설보다는 유교와 무속을 가지고 한국 사회를 설명해보고 싶었습니다. 그래서 본격적으로 공부를 시작하게 되었죠.

그런데 단순히 공부가 아니라 집필까지 하게 된 데는 다른 결정적인 계기가 있었습니다. 2017년에 모시는 사람들이란 출판사에서 일본의 한국학자 오구라 기조의 『한국은 하나의 철학이다』라는 책이 나왔습니다. 한국판 『국화와 칼』이라고나 해야 할까요? 일본 사회를 단칼에 베어낸 『국화와 칼』처럼 한국 사회를 간명하지만 명쾌하게 분석하고 설명한 책이었지요. 저자 오구라 기조는 유교와 성리학의 핵심 논리로 한국 사회를 탁월하게 분석해 냈는데 마치 CCTV에서 늘 나를 장시간 지켜본 사람이 쓴 책이 아닐까 싶을 정도로 우리 사회를 해부하고 설명한 책이었습니다.

그 책을 읽으면서 결심을 했습니다. 나도 이런 책을 써보자. 단 유교가 아닌 무속으로. 한국사회의 설명과 해석에 있어 유교만 가지고는 안된다, 유교만이 아니라 무속을 가지고 한국 사회를 설명하는 책이 필요한데 내가 해보자. 그래서 엄두도 내지 못한 집필까지 나서게 되었습니다.

이 책은 무속에 대한 지식을 줍니다. 무속 개론서라고 할 수 있습니다. 굿과 무당, 무속의 신령들을 가지고 무속에 대한 지식들을 나름 체계를 갖춰 전달해줍니다. 다른 종교와 신앙과 분명히 구분되는 무속적 세계관의 핵심과 무속만의 가치 지향에 대해서도 알려주고요. 하지만 거기서 그치는 것이 아닙니다. 이 책은 무속을 가지고 한국인과 한국 사회, 한국 사회 문화를 말하고 한국 정치까지 이야기합니다. 무속이란 창을 통해 한국 사회와 한국 사회의 문화, 그리고 한국 정치를 해부하고 분석하는 모습을 보여줍니다.

자, 정치는 한 사회의 총체적 반영이라지요? 한국인들의 습속과 사회 문화의 많은 부분이 무속에 뿌리를 두고 있다고 한다면 한국의 정치만큼 무속적인 것이 어디 있겠습니까? 그럼 당연히 무속을 말하면 한국 정치를 말해야 할 것입니다. 역으로 한국 정치를 논할 때도 무속 이야기를 꼭 해야 하는 것이지요.

이 책은 무속을 가지고 사회 문화를 설명하고 한국 정치를 분석하고 해석하는 모습을 보여주고 결정적으로 한국 정치 게임의 법칙이 어떻게 무속과 강하게 연결되는지까지 설명을 해주는데요, 필자인 저는 감히 자신합니다. 읽다 보면 한국 정치와 다른 사회 현상을 이해하고 분석하는 내공이 깊어지시게 될 것이라고요. 이 책이 독자들에게 큰 도움이 될 것이라고도 자신합니다. 무속을 통해 한국 정치와 그리고 다른 대한민국의 사회 현상을 더 깊이 있게 파고들고 이해하는 실력을 가지도록 말이죠.

자, 새 책이 나왔는데 감사한 분들, 늘 고마운 분들 언급을 안 할 수가 없습니다. 은인이신 권복규 교수님, 단순한 인생 선배가 아니자 삶의 스승이신 심준보 판사님과 유일준 변호사님. 우국충정 그 자체인 김종민 변호사님, 늘 당신들이 계시기에 든든하고 바르게 살아야 한다는 각오를 다집니다. 그리고 학교 다닐 때 절 지도해주셨던 여러 은사님이 생각나네요. 지금은 미국에 계신 양희선 선생님, 천안에 계신 윤석진 선생님과 황갑분 선생님. 청주에 계신 류인환 선생님, 대전에 계신 권옥주 선생님, 홍성에 계신 이상헌 선생님, 보령에 계신 신경이 선생님과 고선희·이영애·심미용 선생님, 전주에 계신 이재각 선생님, 제 모교에서 교장으로 재직 중인 이병준 선생님과 지금은 퇴임하신 최용락 선생님, 대학 때 절 지도해주신 박용찬 교수님과 대학원 시절에 절 지도해주신 정재현 선생님, 그리고 몇 해 전 하느님 나라로 가신 최미숙 선생님, 은사님들 전부 감사합니다. 그리고 사랑합니다.

초등학교 입학하면서부터 대학원 시절까지 저는 항상 많은 은사님의 사랑을 과분하게 받았습니다. 그 은혜와 은덕 절대 잊지 않고 있습니다. 그 감사한 마음이 삶의 에너지가 되어서 늘 치열하게 집필하고 연구할 수 있었습니다. 늘 스승님들의 큰 은혜 잊지 않고 있습니다. 앞으로도 스승님들 생각하면서 열심히 공부하고 부지런히 저술할 것입니다. 누구보다도 우여곡절이 많았던 책의 출간을 맡아주신 김현중 양문출판사 대표님께 큰 감사를 표하고 싶습니다. 이번에 큰 빚을 진 기분인데 이 책이 많이 팔려서 빚진 마음을 조금이나마 덜고 싶네요.

이제 무속이 학문의 장에서 많이 연구되었으면 좋겠습니다. 특히 정치학과 사회학 철학의 장에서요. 기존에 무속 연구는 항상 민속학과 국문학, 종교학 쪽에 한정되어 있었습니다. 하지만 이제는 달라져야 합니다. 어떤 것보다도 한국 사회와 문화, 한국 정치에 강한 지배력을 가지고 있고 한국인들의 가치관에 큰 비중을 차지하고 있는 만큼 정치학과 사회학, 철학 분야에서 무속과 관련된 책들과 논문들이 많이 나왔으면 합니다. 정치학과 수업에서도, 철학과와 사회학과의 수업에서도 무속 수업이 많이 열렸으면 하고요. 그렇게 더욱 넓은 학문의 장에서 많이 연구되고 수업도 열렸으면 하는데요, 그러는 데 있어 제 책이 시작이 되고 마중물이 되었으면 좋겠습니다. 무속 공부와 연구 열심히들 해봅시다.

경동시장과 수유시장에서 임건순 작가

차
/
례

서문 • 5

1장 • 무속이란 무엇인가

무속이 뭔가요? • 15 | 왜 무속을 알아야 하나요? • 17 | 한국 사회를 설명하는 다른 이론, 사상은 없나요? • 20 | 무속이 한국 사회를 설명하는 데 어느 정도 중요하지요? • 23 | 무속의 목적은 뭐죠? • 27 | 무속도 종교인가요? • 30 | 무속을 공부하려면 무엇부터 알아야 하나요? • 36

2장 • 무속의 사제, 무당

무당은 어떤 사람들인가요? • 38 | 무당은 어떤 명칭으로 불리나요? • 40 | 무당의 유형은 어떻게 나뉘나요? • 43 | 무당의 기능과 역할은 무엇입니까? • 44 | 강신무와 세습무는 각각 어떤 무당인가요? • 46 | 무당에게 무복은 얼마나 중요한가요? • 51 | 심방무는 어떤 무당인가요? • 55 | 명두무는 어떤 무당입니까? • 56 | 생업무는 어떤 무당입니까? • 58 | 그 외 어떤 무당이 있나요? • 62

3장 • 무당이 되는 과정

신병은 무엇인가요? • 66 | 신병은 어떤 의미가 있나요? • 69 | 세습무에게는 신병이 없나요? • 71 | 성무 기관이 따로 있나요? • 72 | 내림굿은 어떤 것이 죠? • 74 | 성무 의식은 어떤 의미를 지니고 있나요? • 76 | 걸립은 무엇입니까? • 77 | 내림굿 이후에는 무슨 일을 해야 하나요? • 81 | 신부모는 무엇을 하는 사람인가요? • 83

4장 • 무당의 삶

무당은 어떤 활동을 하나요? • 88 | 몸주신이란 존재 • 90 | 무당의 자질이란 것이 따로 있나요? • 91 | 무속과 젠더는 어떤 관계인가요? • 92 | 무당들이 돈을 쉽게 번다는 말이 사실인가요? • 93 | 박수무당은 무엇인가요? • 95

5장 • 무속의 신도, 단골

단골, 단골판이 뭔가요? • 97 | 세습무와 강신무 • 101 | 어떤 계기로 단골이 되나요? • 103 | 신도들은 무슨 일을 하나요? • 105 | 가택신에는 누구 누구가 있나요? • 109

6장 • 굿의 종류와 구성

굿은 어떤 의식인가요? • 114 | 점, 비손, 치성 • 115 | 부적은 정말 닭 피로 쓰나요? • 118 | 치성이란 무엇인가요? • 121 | 굿에는 어떤 기능이 있나요? • 126 | 굿에는 어떤 종류가 있나요? • 128 | 굿의 순서와 구성은 어떻게 되나요? • 130 | 뒷전치기, 뒷전거리는 왜 하는 것이죠? • 133 | 뒷전은 어떤 형식으로 행해지나요? • 139 | 내림굿은 어떻게 진행되나요? • 144 | 진적굿은 무엇인가요? • 152 | 재수굿이란 무엇인가요? • 158 | 마을굿은 어떻게 치러지나요? • 160 | 우환굿은 무엇인가요? • 164 | 넋굿, 진오귀굿이란 무엇인가요? • 165 | 오구굿은 무엇인가요? • 169 | 씻김굿은 어떻게 진행되나요? • 174

7장 • 지역별 굿의 특징

함경도와 평안도 굿 • 179 | 황해도 굿 • 181 | 서울과 경기 지역 굿 • 184 | 충청 지역의 굿 • 189 | 호남 지역의 굿 • 192 | 남해안과 동해안 지역의 굿 • 194 | 제주도 지역의 굿과 무당 • 199

8장 • 무속의 신령들

무속의 신에는 누구누구, 무엇무엇이 있나요? • 202 | 신령이 되는 계기나 원인은 무엇인가요? • 204 | 바리데기 공주 설화 • 205 | 무속에서의 단일신론은 무엇인가요? • 208 | 무속의 신령들은 무서운 존재인가요? • 210

9장 • 무속으로 보는 한국 사회

무속은 철저히 현세주의, 타협주의, 조화제일주의 • 217 | 무속에는 개인도 책임도 부정도 없다 • 222 | 공감이라는 이름의 접신 • 224 | 누구의 죽음을 더 기억해야 할까요? • 227 | 처벌만능주의, 응보주의 • 232 | 만연한 캔슬컬쳐와 사이버 레카들의 나라 • 235 | 망자 이름을 딴 법률이 왜 이리 많을까요? • 237 | 무속과 한국 페미니즘 • 240 | 신이 되어버린 박정희와 노무현 • 246 | 우리는 억울한 사람이 아닙니다 • 252

10장 • 무속과 다른 종교들

무속과 유교 • 262 | 무속과 도교 • 267 | 무속과 불교 • 269 | 무속과 기독교 • 276

참고 문헌 • 282
참고 논문 • 285

1
무속이란 무엇인가

무속이 뭔가요?

　종교입니다. 신앙 체계입니다. 그러면서도 풍속입니다. 문화입니다. 특히 습속이죠. 마음의 습관, 장기간 그렇게 살아왔던 마음의 버릇. 의식하고 있지 않아도 본능대로 행하게 되는 그런 습속이고요, 사고와 가치관이라고 할 수 있습니다. 특히 한국 사회만의 풍속과 습속, 문화, 가치관이에요. 그러기에 종교성과 윤리성에서 논쟁의 여지가 있지만 샤머니즘이란 말 대신 철저히 무巫, 무교巫敎라는 말보다는 무속이라는 말을 쓰겠습니다

　무속이란 인간의 문제, 개인의 문제, 사회의 문제를 볼 때 철저히 한, 원한을 가지고 혹은 인간과 망자, 귀신과의 관계를 매개로 해서 보는 가치관과 문화와 습속이라고 볼 수 있겠습니다. 특히 '원怨'과 '해원解冤'이란 창으로 세상을 보는 것인데요. 한국인들은 인간의 불행이 발생했을 때, 사회적 문제가 생겼을 때 한, 억울함, 원한 때문

에 그런 일이 발생했다고 봅니다. 그리고 죽은 사람, 망자, 정령이나 귀신과의 관계가 원만하지 않아서 발생한다 봅니다. 그러니 어떻게든 맺힌 원망과 한을 풀어야 한다고 생각하고, 망자와 조화로운 관계를 회복해야 한다고 생각합니다. 그렇게 전제하고 세계를 보고 문제에 접근하는 마음의 습관과 가치관이라고나 할까요. 그게 바로 무속입니다.

억울함이 있으면 안 됩니다, 특히 그 억울함이란 것이 맺히면 안 됩니다. 억울함은 뒤틀린 관계에서 발생하는데 그 억울함이 맺히면 문제가 됩니다. 그 맺힌 억울함과 한은 어떻게든 풀어야 합니다. 특히 굿과 제의를 통해 풀어내면 더욱 좋습니다. 그렇게 맺힌 것을 풀고 사람과 사람, 사람과 망자, 귀신과의 관계를 늘 원만하게 하고자 합니다. 그러면서 조화의 힘을 회복하면 당면한 문제를 해결할 수고 인간이 복된 삶을 누릴 수 있다고 신봉합니다. 그러한 믿음과 의식, 관습의 체계가 바로 무속이라고 할 수 있습니다.

인간의 문제를 한과 억울함. 혹은 망자와의 뒤틀린 관계에서 발생한다고 믿는 사고, 그리고 굿과 제의라는 의식을 통해서 한을 풀고 귀신과의 관계를 원만하게 해서 문제를 해결할 수 있다고 보는 믿음 일단 이 두 가지를 기억하시면 되겠습니다. 그것이 무속입니다.

죽은 사람의 세계가 있고 산 사람들의 세계가 있는데 그 두 세계는 분명히 구별되지만 서로 단절되지 않고 연결되어 있습니다. 서로 소통이 가능합니다. 그렇기에 귀신과 망자가 인간에게 영향을 끼친다는 거죠. 특히 억울함을 가진 망자가 힘을 발휘합니다. 그렇기에 커다란 문제가 생기고 불행이 생기면 망자의 세계에 사는 존재들 때문일 경우가 많다고 보는 것이지요. 그러니 그들이 가진 한, 슬픔, 원한 이런 것들을 반드시 풀어야 합니다.

그들에게 맺힌 게 있고 그래서 산사람들에게 악영향을 끼치는데, 두 세계의 사이가 서로 원만해야 하건만은 그렇지 못한 경우지요. 조화가 아닌 부조화 상태입니다. 다시 조화의 상태로 돌리기 위해선 해원이 있어야 할 것인데요, 달래야 합니다. 망자의 한을 위로해줘야 합니다. 해원을 통해 조화로운 상태로 돌아가야 합니다. 주로 굿을 통해 해원을 하고 조화로운 상태의 관계로 돌아가려고 하는데 대표적으로 진오귀굿, 씻김굿 등이 있습니다. 무당이 굿이라는 제의를 통해 망자와 귀신을 달래줍니다. 때론 다른 신령의 힘을 빌어와 망자나 귀신을 간접적으로 위무하기도 하고 제압하기도 하는데 무속은 늘 문제의 근원을 망자에게 두고 있지요. 특히 망자의 억울함에 둡니다. 인간은 그들에게 노여움을 사면 안됩니다. 그들과 부조화 상태에 있다면 조화 상태로 돌려야 하는데 그 중심에 바로 무당이 있고 무당이 주관하는 굿이라는 의식을 통해서 그것이 가능합니다.

왜 무속을 알아야 하나요?

우리가 무속을 알아야 하는 것은 무속을 믿기 위함이 아닙니다. 성경을 읽는 것이 내가 꼭 교회에 나가고 개신교와 천주교를 신봉하기 위함이 아니죠. 성경과 기독교를 모르면 서구 문명과 유럽 문명을 제대로 알 수 없습니다. 서구 문명을 제대로 이해하고 싶으면 성경을 읽고 공부하는 것은 당연한 것인데요. 무속을 공부하는 것도 그러합니다. 한국 사회를 근원에서부터 제대로 이해하기 위해서입니다.

한국 사회는 항상 빠르게 변화한다고 하지만 역설적으로 지독한 무변화성, 보수성의 사회라고 할 수 있습니다. 항상 변하는 것 같지만 절대 변하지 않는 사회가 한국 사회인데요. 습속은 항상 똑같아요. 정서와 의식은 늘 그대로입니다. 늘 그대로인 정서와 의식을 지배하는 것이 바로 무속이지요. 어느 나라든 습속은 잘 변하지 않지만 한국인처럼 보수적인 사람들이 있을까 싶습니다.

한국인, 한국 사회는 중층적 구조라 할 수 있어요. 스마트폰과 넷플릭스, 맥북 등 한국인들은 굉장히 빠르고 편리한 시스템을 자랑하는 문물을 누리고 분명히 문물과 시스템은 현대입니다. 세계에서 제일 편리한 시스템의 나라라고 해도 과언이 아니죠. 하지만 윤리와 인간 관계 등은 유교로 대표되는 중세입니다. 무속으로 대표되는 의식과 정서, 특히 기층의 정서와 심연의 의식은 바로 고대입니다.

현대의 문물, 중세의 윤리와 인간 관계, 고대의 정서와 의식 이렇게 3중 구조로 한국인, 한국 사회가 이뤄졌다고 볼 수 있는데 삶은 계란을 생각하시면 됩니다. 껍질은 현대입니다. 흰자는 유교입니다. 하지만 노른자는 바로 무속이지요. 무속을 모르면 노른자를 취하지 못하는 것이니 한국 사회를 제대로 이해하지 못한다고 말하는 것입니다.

포스트모더니즘이니 사회구성체론이니 식자들 사이에서 논쟁도 치열하게 벌어진 적 있었고 라캉이니 데리다니 들뢰즈니 유학파들이 유럽의 사조나 이론들 들여와서 한국 사회를 해부하고 설명하려는 시도들을 많이 했지만 대부분 실패했죠. 사회와 문화 현상을 설명하지 못하는 문화 이론과 철학, 사조, 사상이 무슨 소용이 있을까요?

하지만 무속과 유교는 한국 사회의 문화, 정치 현상 등을 훌륭히 설명해줍니다. 특히 무속이 그러합니다. 유튜브나 아프리카에 인기 강사나 비제이 등이 강의하고 쇼를 하고 퍼포먼스를 보일 때 사람들이 슈퍼챗을 날리죠. 현금을 마구 마구 쏘아대는데 굿판에서 흔히 볼 수 있는 모습입니다. 이른바 별비, 인정이라고 해서 굿판에서 무당이 신들린 모습을 보이고 신명나게 사람들이 놀게 해줍니다. 그러면서 무당이 소리치지요. "할머니가 내려왔다! 할아버지가 내려왔다!"라고 조상신이 내려온 모습을 보여줬다고 현장 사람들이 판단하면 가만 있지 않습니다, 지갑을 엽니다. 그래서 무당의 소매나 주머니에 돈을 넣어주고 돼지머리 귀에 꽂아주고 하는데 그와 비슷한 모습을 유튜브나 아프리카에서 흔히 볼 수 있지요. 굿을 보다 보면 슈퍼챗을 날리는 모습은 유구한 문화의 연장이라는 것을 알 수 있지요.

커다란 사건, 사고가 터지면 냉철한 원인 분석이 안 됩니다. 인과적 사고보다는 늘 응보적 사고를 합니다. '왜'가 아니라 '누가'를 찾습니다. 항상 '죽일 놈'을 찾아요. 원인에 대해 냉정하게 분석하기보다는 푸닥거리할 대상을 찾는 겁니다. 과거 향촌 공동체에서 흉사가 닥치면 개와 닭으로 하던 푸닥거리와 똑같은 건데요. 그러다 보니 문제의 구조적 원인을 제대로 살피는 게 잘 되질 않습니다. 처벌할 인간만 찾으려 혈안인데 어떻게 구조적 원인을 분석할 수 있을까요? 그러니 시스템의 개선은 이루어지지 않고 비슷한 사고가 또 터집니다. 그러면 다시 응보의 대상을 찾는데 늘 푸닥거리할 대상을 찾는 사회, 역시나 무속의 영향이지요.

굿에서는 희노애락이 모두 등장합니다. 그러니 영화도 만들 때 영화 한 편에 희노애락을 전부 담으려고 하는 것이고 영화 말미에는 억지 감동 강요하고 그럴 때도 많습니다. 하지만 굿은 시간이 깁니다. 몇 날 며칠을 하는 경우도 있는데 두 시간 짜리 영화에 희노애락을 전부 넣어야 하니 우겨넣는 형태가 되고 인위적으로 느껴질 수밖에요.

시스템과 문물은 늘 **빠르게** 변화하지만 기존 체계의 관념과 관성, 비역동적 관념과 정신 세계, 의식 구조는 그대로인 나라가 대한민국이지요. 그 중심에 무속이 있는데 무속을 공부하는 것만큼 효율 좋은 투자가 없어요. 무속을 아는 것만큼 경제적인 한국 사회 공부의 길이 없고요.

한국 사회를 설명하는 다른 이론, 사상은 없나요?

저는 한국, 한국인, 한국 사회를 설명하는 데 있어서 네 가지 틀이 필요하다고 생각해요.

첫째는 무속이고 둘째는 유교입니다. 셋째는 강력한 중앙 집권 전통이고 넷째는 폐쇄적 농촌 사회라는 전통이죠. 유교를 가지고 한국 사회를 설명하는 것은 오구라 기조가 『한국은 하나의 철학이다』라는 책에서 훌륭하게 보여주었지요. 한국판 『국화와 칼』이라고 할 수 있는 책인데 해당 저서에서 오구라 기조는 한국, 한국인은 '도덕지향적'이라고 했습니다. 도덕적이 아니라 도덕지향적! 늘 도덕을 추구하는 것처럼 타자에 보이려 하고 도덕이라는 프리즘으로 세상 일을 판단하는 경우가 많은 사람들이 한국인이라고 했죠. 의義와 불의不義, 옳고 그름, 인仁과 불인不仁, 군자와 소인 이런 도덕에 바탕한 프리즘으로 문제에 접근하려고 하고 도덕을 거머쥐면 부와 권력까지 따라붙는 사회가 한국이라고 했습니다.

오구라 기조는 한국 정치 게임의 법칙에서 도덕이 아주 중요한 역할을 한다고 했습니다. 한국은 누가 뭐래도 유교 사회입니다. 문제들을 도덕으로 환원시켜보는 사고가 매우 강하고 명분에 집착합니다. 공부에 너무나 많은 보상을 주는 사회이고 국민들은 국가를 전쟁을 준비하는 조직, 계약으로 이루어진 결사체가 아니라 가족의 확대로 보지요. 유교 때문입니다. 경제력과 무력을 쥐었다고 모든 것을 쥐는 사회가 아닙니다. 붓 대롱으로 대변되는 담론의 힘과 해석의 권력을 장악한 집단 역시도 큰 힘을 쥡니다. 그래서 절로 권력이 이중화되기 쉬운데 유교 사회라 그렇습니다. 대한민국이 그러합니다.

그리고 길고 강력한 중앙 집권의 전통이 있어요. 평안북도 철산 지방의 실화를 바탕으로 만들어진 장화홍련전에서 매번 부임하는 원님이 죽어나가야 했던 이유죠. 원혼이 꼭 중앙에서 파견되는 관리에게 가서 하소연했는데 수도에서 파견한 관리에 의해서만 문제 해결이 가능했으니 그랬던 겁니다. 해당 이야기를 보면 국경 근처의 평안북도 철산 지방까지 중앙 권력이 강력히 미쳤음을 알 수 있습니다.

한국처럼 기형적일 정도로 중앙 집권의 역사가 오래된 나라는 전 세계적으로도 흔치 않습니다. 중앙과 수도의 권력이 전국 구석구석을 샅샅이 통제하고 관리해온 나라가 없었죠. 서울에 보면 지방자치단체들이 지은 학사들이 많은데 왜 그렇겠습니까? 재지사족과 한양의 경화사족 간의 연대가 중요했던 조선 시대 모습의 연장이라고 볼 수 있습니다. 모두가 수도에 안테나를 세우고 인력과 물자가 중앙을 향해 회오리가 소용돌이치듯이 빨려가는 사회입니다. 그런 역사가 오래 되었는데 그러다 보니 국가 권력과 개인 사회에 매개와 완충이 되는 조직이 없었습니다. 그레고리 핸더슨이 『소용돌이의 한국 사회』라는 책에서, 최윤재 선생이 『큰손과 좀도둑의 정치경제학』이란 책에서 잘 지적했죠.

마지막으로 한국, 한국인, 한국 사회를 이해하기 위해서 반드시 알아야 할 것이 있습니다. 바로 농경 사회에 대한 이해입니다. 그것도 폐쇄적인 농경 사회, 외부와 교류가 많지 않은 자급자족형 농경 사회에 대해 이해를 해야 하는데요. 한국인들은 조상 대대로 폐쇄된 농촌 공동체에 머문 채 산 경우가 많았습니다. 자연히 그러한 공동체에 사는 사람들은 이런 자연·사회적·경제적 환경 때문에 인식과 사고가 제한될 수밖에 없습니다.

폐쇄적 농촌 사회에서 오래 살다보니 '좋은 것은 한정되어 있다', '물건과 물산은 한정되어 있고 부의 총량은 정해져 있다'라는 생각을 하게 되었죠. 폐쇄적 농촌 사회인데 토지가 늘어나겠습니까, 갑자기 송아지 수가 늘어나겠습니까? 생산 요소든 생산 요소가 투입되어 만든 생산물이든 늘어나기가 사실상 불가능한 환경에서 살다 보니 절로 저런 사고가 머리에 고정되는 것이죠.

부의 총량은 정해져 있다는 게 폐쇄적 농촌 공동체의 사고이고 그런 인식이 굳어지게 되는데 그런 환경에서 장시간 살아온 사람들은 부자가 등장하거나 나와 비슷한 처지였던 사람이 재산이 늘면 어떻게 생각할까요? 누군가가 굶었구나 혹은 내가 굶어야 하고 내 가족에게 올 몫이 줄어드는구나 하고 생각할 수밖에 없습니다. 폐쇄적 농촌 공동체에서는 누군가가 부자 되면 누군가가 가난해졌다는 것일 의미할 뿐입니다. 특정한 개인과 가족의 지위 향상과 부의 축재는 공동체를 위협하는 일일 뿐입니다. 그렇기에 부자와 부자가 되려고 노력하는 자, 즉 근검 절약하는 사람은 마을 사람 전체의 의심과 질투, 질시의 대상이 됩니다.

마을 사람은 부를 축적하고 개인 지위를 상승시켜 팔자를 고치려는 사람을 공동체를 해치는 사람으로 간주하고 여러 가지 공식적·비공식적, 조직적·비조직적 제재와 린치에 나서게 됩니다. 아직까지도 이런 정서와 의식은 우리에게 강하게 남아 있지요. 관음증적 수단을 통한 공격을 즐기는 것은 청문회 같은 것에서 잘 확인할 수 있고요. 이에 대해서는 김성우 선생의 『조선 시대 경상도의 권력 중심 이동』이란 책에 잘 소개되어 있습니다.

이렇게 한국, 한국인, 한국 사회를 설명하는 틀들이 있는데 이 책에서는 무속으로 가지고 하려는 것입니다. 유교 사회라는 점, 강력한 중앙 집권의 전통, 폐쇄적 농경 사회, 무속. 이 중에서 한국 사회를 설명하는 가장 중요한 틀과 기초가 바로 무속이라는 것이죠.

무속이 한국 사회를 설명하는 데 어느 정도 중요하지요?

이희정 선생은 '현대 한국인의 삶에서 무신앙巫信仰의 의미'란 논문에서 이렇게 썼습니다.

"무교는 선사시대부터 지금까지 우리 민족과 함께 엄연히 존재해온 최고의 종교임이 분명하다. 그리고 지금도 도시 무당의 수는 전혀 줄어들지 않고 있으며 여전히 그들의 신당은 정치인, 사업가, 예술가, 주부 등 다양한 사람들도 문전성시를 이룬다. 이것은 곧 무교가 어떤 측면에서는 꼭 긍정적인 측면만은 아니더라도 계속 한국 사회에서 나름대로 기능하고 있다는 것을 말해준다. 즉 무교는 우리 사회에서 '전면에 드러나는 종교'는 아니지만 그 종교적 신념과 가치는 우리 사회와 문화, 정치, 예술, 교육 등 제반 현상들의 배후에서 이런 현상들과 관련된 일상적인 사고와 행위 또는 행위 방식을 결정하고 판단하는 숨은 인자因子로 단단히 자리잡고 있다."

이희정 선생은 무속을 많은 것을 결정하는 숨은 인자라고 했습니다. 예술과 교육만이 아니라 문화와 정치 현상을 배후에서 그것들을 만들고 결정하고 판단하는 것으로 작용한다고 합니다. 숨어 있지만 힘이 셉니다. 숨어 있을 뿐, 가장 강력한 힘을 발휘하는 존재입니다. 숨어 있는데도 힘을 발휘하니 더 강력한 거죠. 단적으로 말해서 한국은 무속 사회입니다. 그렇기에 무속을 모르면 한국, 한국인, 한국 사회를 알 수 없는 것이죠. 문화와 정치 현상, 사람들의 집단 선호와 선택도 독해를 못하고요. 지도 없이 길을 나서는 꼴이고 문법을 하나도 모르고 영어 독해를 하는 꼴입니다. 무속을 모르고 한국인, 한국 사회를 해부하겠다는 것만큼 무모한 게 없어요.

한국이 무속 사회라는 것은 누가 인기를 얻고 있는지, 사회적 자원의 분배 특히 권력이란 자원이 어떻게 분배되는지만 봐도 명확히 드러납니다. 또 대형 사건 사고가 터졌을 때 대중이 어떻게 반응하고 여론이 만들어지는지만 봐도 명확히 확인됩니다.

예전에 EBS와 KBS에서 노자, 논어를 강의할 때 김용옥은 가히 신드롬에 가까운 인기를 얻는 인물이었죠. 많은 사람이 그의 강의에 열광했는데 정말 신들린 듯한 모습의 강의, 엄청난 에너지와 폭발력을 쏟아내는 퍼포먼스에 사람들은 시원함과 후련함을 느꼈습니다. 단순히 지식을 얻고 통찰을 얻는 데에서 만족한 것이 아니었습니다. 정말 공연을 본듯한 강렬한 감정 체험을 느끼게 해주는 굿을 본듯한 후련함과 시원함을 얻었고 그래서 김용옥 바람이 불기도 했습니다.

오은영 박사도 보면 재밌는 맥락이 읽힙니다. 정말 유명하고 잘나가고 많은 돈을 벌고 있는 연예인들이 오은영 박사 앞에 불려 나오는데 그 순간만큼은 유명 연예인, 셀럽이 아니라 상처 많은 사람으로 돌아갑니다. 위로받아야 하는 어린아이로 돌아가고 그 순간만큼은 약하고 허약한 자아를 드러내도 좋습니다. 지극히 사적인 이야기하는 게 권장되며 심지어 치부에 가까운 과거를 이야기할 수도 있고 얼마든지 칭얼거릴 수 있는 어린아이의 모습으로 돌아가서 위로를 갈구합니다. 티비의 오은영 박사 상담쇼를 보면 굿의 장치와 서사성이 있다고나 할까요? 지극히 무속적 설정에서 행해지는 것 같고 그래서 프로그램이나 진행자 본인도 인기를 끄는 것 같습니다.

강호동 씨의 무릎팍도사나 서장훈 씨, 이수근 씨의 물어보살이란 방송이 있습니다. 설정과 컨셉트도 굿당의 형식을 취하고 있는데 인기 예능 방송만 봐도 한국은 무속의 나라라는 것을 알 수 있죠. 국민들에게 충격을 주는 대형 사건, 사고가 터졌을 때 인과적 사고는 작동을 하지 않고 응보적 사고가 작동하는 것만 봐도 그렇습니다. 거물급 정치인들이 당 대표가 되거나 대선 후보로 선출되는 등 그런 전기가 있을 때마다 어떻게 하나요? 살아 있는 국민들에게 달려가 "정치를 이렇게밖에 못해 사는 것을 힘들게 해드려 죄송합니다"라고 머리를 조아리고 그러질 않죠. 늘 노무현과 김대중, 박정희 망자의 무덤에 가서 향 피우는 것을 최우선시합니다. 사람보다 귀신, 망자가 먼저라는 정치인들의 사고와 행보만 봐도 무속의 나라라는 것을 알 수 있습니다.

김어준은 자료와 근거에 기반한 예측을 하지 않아도 되고, 검증 같은 것 받지 않은 주장을 함부로 해도 되고, 증오와 저주까지 해도 됩니다. 김어준에게 허락된 일입니다. 자기 주장의 틀림과 거짓이 드러나도 아무런 해명도 없고 자기 위치의 흔들림도 없습니다. 그런 사람이 특정 진영을 대변하다 못해 정치 선동과 날조를 장시간 일삼아 왔고 TBS라는 국민 세금이 지원되는 방송사에서 거액의 출연료를 받으면서 그런 작업들을 꾸준히 해왔다는 것만 봐도 한국은 무속의 나라임을 알 수 있죠. 강준만 선생의 『정치무당 김어준』이란 책에서 자세히 다룬 내용들입니다.

굿판에서와 같은 상황 설정과 장치를 하면 소비자들에게 크게 팔리고 '피해자성'과 '약자성'을 공인받으면 때로는 사회적 자원의 분배에 맨 앞줄에 서기도 하고 아예 왕관을 쓰기도 하지요. 세월호 변호사를 자처하면서 국회의원에 당선되며 여의도에 입성한 사람도 있는데요, 망자를 대표한다고 자임하고 죽은 사람들을 대변한다고 공인받으면 쉽사리 권력을 쟁취하고 부귀영화를 누리기도 합니다.

정치에서 무속적인 모습이 참 두드러지게 나타납니다. 정치에서 '문제풀이'보다는 '한풀이'에 집착하는 모습을 볼 수 있습니다. 망자를 뒤로하면 정치적 권위와 정당성을 얻습니다. 박근혜 집권 뒤에는 흉탄에 쓰러진 박정희가, 문재인 집권 뒤에는 역시나 비극적으로 최후를 맞이한 노무현이 있었습니다. 한을 품고 간 것처럼 보이는 망자가 있고 그 망자를 대변하는 사람이 있으면 절로 정치적 정당성을 얻습니다. 공동체가 가지고 있는 커다란 고질적인 문제를 해결하려고 사람들이 리더를 뽑고 밀어주기보다는 특정한 망자의 한을 풀어보라고 사람들이 지지하고 리더를 선출합니다. 무속 사회의 특성이지요. 정치인들이 산 사람, 국민들에게 귀 기울이는 게 아니라 툭하면 묘지에 가서 향 피우고 망자의 권위를 자신의 현재 권위로 치환하려고 합니다. 유훈 정치를 북한만이 하는 것이 아닙니다. 남한도 유훈 정치에서 자유롭지 못한데 무속의 영향이지요.

한恨, 자기 연민, 피해의식, 선량한 피해자의식도 이야기해볼까요? 한은 선량한 피해자의식입니다. 자신을 피해자로 규정하고 책임을 남에게 전가하려는 마음인데 이게 한의 정서에요. 이 한의 정서는 불행히도 젊은 사람들에게도 많은 것 같죠. 제도의 피해자, 가부장제의 피해자, 페미니즘의 피해자, 지나친 경쟁 사회의 피해자, 지나친 부모 욕망 투사의 피해자, 스스로를 피해자로 규정하는 사고, 이런 자기 연민, 피해자의식만 봐도 한국은 무속 사회가 맞습니다.

무속은 문법이에요. 한국, 한국인, 한국 사회를 독해하기 전에 반드시 알아야 할. 무속은 지도에요. 한국이란 세계를 여행하기 위해서 사전에 반드시 챙겨야 할. 문법을 모르면 독해가 안되고 지도가 없으면 길을 잃지요.

무속의 목적은 뭐죠?

무속의 목적은 제액구복除厄求福과 제재초복除災初福, **해원상생**解

冤相生 세 가지입니다. 한을 풀어 액을 피하고 복을 받자, 재앙과 재난을 피하고 복을 불러들이고 원을 풀고 조화를 도모하자 이게 무속의 목적입니다.

　이 목적들은 무속이란 습속, 관습, 정서와 의식의 체계를 사람들이 수용하는 이유, 무속이 이 땅에서 끈질길 생명력을 발휘한 이유라고도 할 수 있는데요. 지극히 현세적이고 물질적이고 즉물적이고 속세적이고 비非초월적입니다. 먼 미래의 일과 인생의 사명, 초월과 영원의 세계를 지향하고 하는 것과는 상관이 없습니다. 신, 절대자와의 하나됨, 절대자와의 합일을 위한 궁극적인 변화 이런 것은 무속의 목적이 아닙니다. 목적은 그저 눈앞에 닥친 문제의 해결이고요, 그 문제란 것이 대부분 지극히 현세적이고 물질적이고 돈과 욕망, 치병인 경우가 많습니다. 아프지 않고 건강하고 재산을 늘리고 좋은 배우자 만나고 내 자식이 수능 잘봐 서울대 가고 개인적으로 나에게 나쁜 운과 화를 피하고 좋은 것을 불러들이자는 거지요. 마을굿과 공동체 단위의 굿에서는 마을, 지역 단위에서 나쁜 것을 피하고 복을 받아들이자는 것입니다.

　해원상생, 한을 풀어 서로 잘 어울리자. 조화의 힘을 추구하자. 조화의 힘이 틀어져 관계가 상했으면 조화의 힘을 회복해 친하고 살뜰하게 살 수 있도록 원만한 관계를 만들어보자 그것도 무속의 목적이라고 하는데 해원상생이 추구하는 조화의 원리와 이상은 나름 개인 윤리, 사회 윤리에서 실천 윤리로 적용이 가능하다는 말도 있습니다. 무속이 추구하는 해원상생의 도道는 굿의 뒷전거리에서 잘 드러나는 것 같고요. 강증산이 만든 증산교 천지공사天地公事에 잘 수용되었지요.

증산교는 도교와 무속의 결합되고 거기에 후천사상이 가미되어 성립된 종교입니다. 증산교는 세상이 이 지경인 것, 말세가 되고 말법의 세상인 온 것은 억울함이 맺힌 존재, 혼들이 많아서 그렇다고 설명합니다. 선천先天의 세상에는 원과 한을 품은 존재가 많았답니다. 그래서 서로 잘 어울리는 상생의 세상이 아니라 상극의 세상이 되었다네요. 상생相生의 후천後天 세계로 가야 하는데 그냥 갈 수 없고 원한을 풀어야 한답니다. 그래서 공사를 해야 한다는 거죠. 제사를 지내 세계에 맺힌 것들의 한과 원을 풀어줘야 한다, 그래서 억울한 존재들이 사라져야 좋은 세상 맞이하고 우리는 구원을 맞이하며 무사히 후천개벽으로 넘어간다는 것인데 해원상생은 증산교의 교리로 알려져 있지만 무속에서 기원했다고 보면 됩니다. 한을 풀어 사이좋게 지내자 그게 구원이다, 뭐 그런 거죠. 증산교가 크게 세를 확장하게 된 것도 무속의 코드가 강했기에 무속적 교리를 상당히 수용해서 발전시켰기에 그런 게 아닌가 하는데 무속의 목적에 해원상생도 있습니다.

한편 황필호 선생은 한국 무속의 목표는 안심입명安心立命과 제재초복除災招福이라 말했습니다. 황필호 선생은 굿과 제의를 통해 안심입명과 제재초복을 이루려는 게 무속이라고 했죠. 인간의 모든 불행이 정령, 망자, 귀신과의 관계가 원만하지 않아서 생기는 것이고 굿과 제의를 통해 그 관계를 원만하게 만들어야 한다고 했습니다. 그래야 안심입명, 제재초복이 가능하다고 했는데 이런 목표는 주로 굿이라는 제의를 통해 달성되고요. 그 매개자는 무당이라는 사제일 수밖에 없습니다.

역시나 무속은 무당을 둘러싼 혹은 무당이 중심에 선 종교 현상과 믿음의 체계일 수밖에 없습니다. 무당을 통해서 복 받자, 화를 피하자, 액을 없애자, 뭐 이렇게 단순하게 정의내릴 수도 있지요.

무속도 종교인가요?

무속의 종교성은 늘 논란 대상입니다. 저는 무속이 종교가 아니든 맞든 한국 사회를 설명하는 데 있어 무속만큼 유용한 수단이 없기에 중요하다고 생각해 무속의 종교성 혹은 종교성의 정도에 크게 집착하지 않습니다. 한국인들의 가장 두드러진 마음의 습관인데 종교성을 따지는 게 큰 실익이 있을까 싶기도 하고요. 하지만 사실 굉장히 많은 논쟁이 벌어졌고 앞으로도 많이들 관심 가질 쟁점이죠. 이화여대의 종교학자 최준식 교수 같은 경우는 분명히 종교라고 합니다. 최준식은 무속이 아니라 무교巫敎라는 말을 쓰는데 물론 종교를 어떻게 정의하느냐에 따라 조금 다를 수도 있지요. 하지만 최준식은 무교가 분명히 초월적 존재신령와 사제무당 신도들을 모두 갖춘 순전한gunuine 종교라고 했지요.

한국의 무속은 비록 불교나 기독교처럼 제도화되지 않았더라도 무당이라는 확실한 사제 계층이 있습니다. 그들이 굿을 할 수 있는 신앙의 장소가 있고요. 기독교의 교회, 불교의 절과 같은 굿당, 신당이 있습니다. 무엇보다 모시는 신령들이 있고 사제를 믿고 따르는 신도가 있으며 미약하지만 '단골', '단골판'이라는 불교와 기독교 같은 신앙공동체가 있는 것도 사실입니다. 그렇기에 나름대로 제도화된 종교라 할 수 있습니다. 하지만 모두가 이런 관점에 동의하는 것은 아닙니다. 사실은 무엇보다 종교의 정의를 내리는 것 자체가 어려워서 그래요. 모두가 동의하는 종교의 정의란 게 사실 없다시피 하거든요.

황필호 교수는 비트겐슈타인이 말한 가족 유사성이라는 말로 무속의 종교성을 진단했습니다.

각기 다른 연장들이 한 통 안에 있는데 같은 통 안에 들어있는 것들을 전부 묶어내는 정확한 정의를 내리는 것은 정말 어렵습니다. 쉽게 정의 내릴 수는 없지만 통 안에 있는 연장들을 한 가족으로 만드는 어떤 유사성은 존재한다는 것이 비트겐슈타인이 말한 가족 유사성인데요, 그 가족 유사성을 가지고 무속을 판단해 보자는 거죠. 황필호는 다음에 열거하는 조건 모두를 가지고 있지는 않아도 적지 않게 가지고 있다면 종교라 할 수 있답니다.

① **인지도** : 얼마나 많은 사람 특히 그 집단에 속해 있지 않은 사람들이 그것을 종교로 인정하고 있느냐의 문제입니다. 무조건 많은 사람이 알고 있고 종교로 인정한다고 해서 그것이 바로 종교가 되는 것은 아닙니다만 많은 사람이 알고 있고 인지한다는 것은 무시할 수 없는 일이죠.

② **시조** : 대부분 종교는 창시자를 가지고 있습니다. 원불교만 해도 소태산과 정산을 창시자로 말하면서 종사로 말하고 있고 천도교만 해도 최제우와 해월이 있죠. 힌두교 같은 종교는 창시자가 따로 없다지만 창시자가 있다는 것은 종교로 볼 수 있는 최소한의 조건이 됩니다.

③ **교리** : 모든 종교는 나름의 교리를 가지고 있습니다. 단순히 의례와 실천에서 시작되어 발전한 종교도 시간이 지나면서 나름 체계가 잡히고 다른 가르침들과 구분되는 교리를 가지게

됩니다.

④ **교단** : 조직입니다. 공동체라고 볼 수 있겠네요. 신앙공동체라 할 수 있고요. 많은 종교가 그런 조직체와 공동체를 가지고 있죠. 불교에서는 승가 공동체가 있죠. 유교에는 교단이란 게 없다지만 항교나 서원 등에서 모여 의식과 행사를 치르는 사람들이 있고 그들끼리 강한 유대의 끈이 있죠. 종교의 본질은 '나의 구원'으로 끝나지 않는 '우리의 구원'을 추구하기 때문에 공동체를 이루려는 속성이 있는데 그렇기에 조직과 공동체도 종교성의 중요한 요소이자 기준입니다.

⑤ **의식** : 모든 종교는 나름의 의식을 가지고 있습니다. 미사가 되었든 부흥회가 되었든 예불이 되었든 이 의식이란 요소는 어떤 종교도 예외가 될 수 없습니다. 단적으로 말해 의식 없이 종교 없습니다. 종교에서 가장 중요한 요소라 볼 수 있습니다.

이상은 종교를 정의할 수 있는 가족유사성의 외형적 조건이라 할 수 있는데 이런 밖으로 보이는 이런 조건들 말고도 종교의 가족유사성으로 '내용적 조건'도 따져봐야 한다고 합니다

⑥ **인간 존엄성의 원칙** : 인간 존엄성을 말해야 합니다. 대놓고 인간을 무시하고 인본주의를 부정하면 종교라 할 수 없겠지요.

⑦ **초일상성의 원칙** : 아무리 인간 존엄을 말한다지만 인간의 일상을 있는 그대로 긍정하고 수용하는 것은 종교가 되기 어렵습니다. 초일상적 삶과 원칙을 말해야 합니다. 천도가 되었든 은혜의 삶이 되었든 천리가 되었든 이런 초일상성의 원칙으로 나의 일상을 다스려야 하고 자기 삶을 성찰해야 한다고 합니다.

⑧ **궁극적 실재의 원칙** : 초일상성이 단순히 이상으로만 머무르지

않고 특정한 대상으로 표현되고 외화 되는 경우가 많습니다. 궁극적 실재에 대한 의존 감정a dependence feeling을 느끼게 해주는 종교가 많습니다. 의존 감정을 가지게 해주느냐 아니냐는 종교성에서 중요한 요소입니다.

⑨ **완성 가능성의 원칙** : 인간은 미약하고 나약하지만 노력을 통해 초일상성을 실현하고 궁극적 실재에 가까이 다가갈 수 있다고 말해야 합니다. 그래야 종교라 할 수 있고 실제 많은 종교가 그렇게 말합니다. 인간은 불완전하고 유한하며 달성의 가능성이란 것이 지극히 낮고 어렵지요. 그렇지만 황필호 선생은 모든 종교는 비관적인 인간관에서 출발하면서도 종국에는 낙관적 상태를 제시한다고 하는데 구원과 구제, 위대한 존재로의 거듭남을 말하는 게 종교입니다.

⑩ **평화의 원칙** : 모든 종교는 사랑과 박애, 존중을 말합니다. 타자를 해치고 증오를 말하지 않습니다. 종교는 개인, 가정, 사회, 국가, 세계에 평화를 증진하고 전쟁을 제거하려고 노력합니다. 현실은 종교 때문에 끔찍한 폭력이 벌어지는 경우가 많았지만 어쨌든 교리와 사제들은 사랑과 평화를 말합니다.

⑪ **성스러움의 원칙** : 성스러움에 대한 관념을 주장하고 성스러움과 접속된 충만한 삶에 대해 이야기하는 게 종교라고 합니다. 종교성의 내용적 조건만이 아니라 실천적 조건도 두 가지도 있습니다.

⑫ **보편성의 원칙** : 누구든 구원받을 수 있고 따를 수 있다고 하는 겁니다. 특정 범주의 인간 집단만을 위하는 것은 종교가 되기 어렵겠지요.

⑬ **영원성의 원칙** : 완성을 말하지 않는다는 것입니다. 죽을 때까지 수행하고 경배하고 노력해야 함을 말합니다.

그렇다면 무속이 종교인지 열세 가지 사항을 체크해보겠습니다.
① 인지도는 아주 많습니다. 다른 종교인들도 종교적 신앙의 대상으로 간주하기도 하고요. ② 역사적 시조는 없습니다. ③ 문서화된 교리도 없습니다. ④ 신앙공동체와 교단은 없다고 할 수도 없고 있다고도 할 수 없습니다, 같은 무당이 관할하는 단골판이 있다는 걸 보면 아주 없다고 할 수 없어요. 굿이 가지는 공동체적 제의적 요소를 생각하면 부정하기가 더 힘듭니다. 굿은 단순한 예배 의식이 아니라 희극적 분위기와 놀이적 요소가 강하고 즉흥적 이벤트일 때도 많지만 참여자들이 단순히 구경꾼이 아니라 그 순간만큼 하나가 되어 굿을 살고 있다고 말할 수도 있기 때문입니다.
⑤ 의식이 있는가? 있습니다. 의식이란 측면에서 무속은 아주 잘 발달 되어 있습니다. 거리, 재차, 석이라며 의식이 세분화되어 있고 몇 날 며칠을 하기도 하지요. 정진홍 선생은 굿을 보면 속에서 성으로 다시 성에서 속으로 나오는 꺾임과 귀환의 과정이 아주 잘 만들어져있다고 했습니다. 일상에서 초월과 신성의 장으로 진입하고 신성과 초월의 장에서 다시 일상으로 돌아오는 과정이 있는데 이렇게 굿이란 의식은 성과 속을 오가는 과정으로 드라마틱하게 구성되어 있습니다. 사실 무속은 철저히 '의식의 종교'라 할 수 있습니다.
⑥ 인간 존엄성? 너무 인간 중심적이어서 문제이기도 합니다. 때론 귀신도 수단으로 활용하고 아주 착취까지 하는 것이 아닐까 싶을 정도로 인간 중심성이 넘칩니다. ⑦ 초일상성은 분명히 없습니다. 무

속에서 가장 아쉬운 부분이죠. 초월의 정신이 없기에 나를 부정하는 부정의 윤리도 없어요. 그저 지금 당면한 문제만을 모면하려고만 합니다. 억울한 일만 생기지 않도록 기도합니다. 초일상성, 초일상의 원칙은 없고 그러다 보니 무속의 종교성과 윤리성도 의심받는 실정입니다

⑧ 궁극적 실재의 원칙 역시 없습니다. 굿에서 모시는 신령들이나 굿에서 강조하는 조화의 힘을 궁극적 실재라 보기 어렵습니다. 이 역시 종교로서 무속의 약점입니다. ⑨ 인간의 완성 가능성은 있다고 하기도 그렇고 없다고 하기도 그렇습니다. 초월성과 궁극적 실재를 애초에 설정해놓지 않았기에 인간이 그런 것들을 달성하고 가까워질 수 있다고 말하지 않죠. 하지만 제의를 통해 인간이 행복해질 수 있다고 하고 공동체가 조화의 힘을 회복해 충전해 상생의 삶을 살 수도 있다고 합니다. 그렇기에 무속은 인간의 완성 가능성은 몰라도 변화 가능성은 분명히 인정합니다.

⑩ 평화의 원칙은 아주 확실합니다. 무속에서 뒷전거리를 보면 하찮은 잡신들도 극진하게 대접하는데 무속은 어떤 대상도 소홀히 하지 말고 원망의 감정을 가지게 해선 안 된다고 강조합니다. 무속 정신의 핵심이랄 수 있습니다. 조화를 추구하기에 평화 사상은 확실합니다. 무속 덕분에 한국은 종교로 인한 파괴적 갈등이 없는 사회가 될 수 있었는데요, 그것은 무속의 가장 큰 공이라 할 수 있겠습니다.

⑪ 성스러움의 원칙은 없습니다. 무속은 성스러움의 개념을 강조하지 않습니다. 성스러움과 매개된 일상의 충만함 그런 것도 없는데 이 역시 약점이죠. ⑫ 보편성의 원칙은 있습니다. 모든 사람이 귀신과 원만한 관계를 갖기만 하면 행복하게 살 수 있다는 보편성의 원

칙을 강조하긴 합니다. ⑬ 영원한 과정의 원칙은 없습니다. 무속은 당면한 문제를 즉자적으로 무당에게 맡겨 해결해서 당장의 문제를 모면하자는 의식이 너무 강합니다, 영원한 과정, 늘 수행 해야 하는 삶의 원칙은 없습니다.

이제까지 종교의 가족유사성이란 기준으로 무속을 살펴보았는데 적지 않은 것들이 해당되는 것 같습니다. 초월과 궁극적 실재, 성스러움에 대한 것들이 없어서 아쉽지만 사실 모든 종교가 위에서 열거한 요소들을 필수적으로 가진 것은 아니기에 큰 흠이 아닐 수도 있습니다. 무속은 즉자성과 기복성이 너무 강하긴 하지만 인류의 다른 종교에도 그런 요소가 없지 않죠. 다른 고등 종교에도 기복적 요소가 없을까요? 인도 힌두교, 중국의 도교도 일본의 신도라는 종교도 기복성이 강합니다. 기복성은 큰 문제가 안됩니다. 그리고 무당이라는 사제가 있고 무당이 행하는 의례가 매우 잘 만들어져 있으며 신봉하는 신도들이 매우 많고 모시는 신령들이 분명히 있다는 점에서 종교라고 생각하는데 신도들의 수가 얼마나 많은지는 선교사 헐버트의 말로 대신하겠습니다.

"한국인들은 평소에는 유교나 불교적으로 살지만 문제가 생기면 무당에게 간다."

무속을 공부하려면 무엇부터 알아야 하나요?

무속을 알려면 무당에 대해서 알아야 하고 거기서부터 시작해야 합니다. 다음으로는 무당들이 행하는 의례인 굿에 대해 알아보고 굿을 통해 섬기는 신령들에 대해서 알아봐야 합니다.

앞에서 살펴본 열세 가지 사항으로 무속의 종교성을 체크한 결과, 무속이란 종교의 주인공은 의례, 의식을 행사하는 전문 사제와 종교인이 주인공이 될 수밖에 없음을 알게 되었습니다. 그래서 무속을 이해하는 데 있어서 무당의 비중이 매우 클 수밖에 없습니다.

무속은 ① 제의를 주관하는 사제자 즉 무당 ② 신에게 바치는 제의, 의식, 의례 즉 굿 ③ 제의와 신앙의 대상인 신령 ④ 신도, 이렇게 4대 요소로 이루어졌다고 할 수 있습니다. 중요한 비중부터 열거했는데 다른 고등 종교와 달리 신도들은 직접 신과 만나지 못합니다. 철저히 중개자인 무당이라는 사제를 거쳐야 하지요. 무당의 가장 큰 역할은 이런 중개자, 매개자일 것입니다

가택 신앙家宅信仰도 무속의 범주에 넣어서 이해할 수 있는데 그럴 때는 신도가 사제가 되기도 하지요. 집에서 직접 성주신, 조왕신, 업신, 삼신 등을 모시고 제의를 올리기도 하니까요. 어떻게 보면 큰 범주에서의 무속 신앙은 보통의 주부, 여자들도 사제가 될 수 있는 만인 사제의 종교일지도 모르겠습니다.

2
무속의 사제, 무당

무당은 어떤 사람들인가요?

무속 연구자 김태곤 선생은 '신과 교통하여 신의 의사를 인간에게 전하고 또 인간의 의사나 소망을 신에게 고하는 영통한 존재'라고 무당을 정의했습니다. 또 "무당이 되는 과정은 혈통을 따라 인위적인 세습으로 무당이 되는 세습무와 자연적인 강신에 의해 정신이상종교 체험을 거쳐서 신의 의사에 의해 어쩔 수 없이 무당이 되는 강신무의 두 종으로 구분할 수 있다"라고 분류했지요.

무당은 일단 사제입니다. 신을 섬기는 존재입니다. 신령들을 모신다고 하시지요. 신령들만 섬기는 것이 아닙니다. 자신을 의지하는 신도들을 돌보는 것이 무당의 일입니다.

아무나 신을 섬길 수 있는 것이 아닙니다. 무당 중 강신무들은 신병, 무병이란 증상을 앓고 장시간 혹독한 고통의 과정을 겪어내며 신을 섬기는 존재로 거듭나게 됩니다. 정말 혹독하다 못해 당사자는 세상의 끝을 보기도 한다지요. 그 과정에서 절망을 거듭하게 되는데 가장 큰 고통의 원인은 자신의 책임이나 의지에 상관없이 겪는 고통이라는 것이죠. 좋게 말하면 신의 선택, 나쁘게 말하면 신의 강제에 의해서 무당이 되는 경우가 많은데 '인다리'라고 해서 신내림을 거부할 시 가까운 혈육을 잃는 경우도 있다고 합니다.

  무당은 매개자입니다. 신령과 신도, 산사람과 죽은 사람, 살아 있는 사람들의 세계와 죽은 사람들의 세계를 중개하는 사람입니다. 성과 속을 매개하는 사람인데요. 철저히 이렇게 중개와 매개를 업으로 하며 이 중개와 매개는 주로 굿이라는 의례를 통해 행해집니다. 매개 전문가인 무당은 굿 전문가일 수밖에 없습니다.

  무당은 굿의 전문가입니다. 굿을 행하는 주체에 따라 신도를 위한 굿, 무당 자신을 위한 굿, 마을을 위한 굿이 있고, 성격에 따라 '진오귀', '씻김굿', '안택굿' 등 여러 가지 굿이 있습니다. 무속에는 창시자가 없고 체계화된 경전이 없지만 의례와 제의는 정말 잘 발달되어 있습니다. 그것이 굿인데 굿을 할 수 있는 사람이 바로 무당이지요. 그런데 무당이 신내림을 받았다고 바로 굿을 할 수 있는 것이 아니라 많은 시간을 들여 따로 배우고 연습해야 합니다. 특히 줄줄 외워야 할 무가들이 참 많은데 명석한 머리와 기억력이 없으면 외울 수 없고 굿도 할 수 없다지요.

  모든 무당이 굿을 할 수 있는 것은 아닙니다. 굿을 하지 않는 무당들도 있습니다. 점사만 보는 무당들이지요 그리고 내담자와 신도가 와서 고통을 호소하고 문제를 털어놓는다고 해서 모두 굿을 솔루션으로 제시해 감행하는 것은 아닙니다.

  무당은 나름 전통 문화의 담지자입니다. '판소리'와 '시나위' 등이 굿판에서 기원했지요. 적지 않은 우리만의 전통 문화와 고유 예술 장르들이 굿에서 기원, 형성되었고요. 무당들을 훈련, 트레이닝 하는 신청, 재인청에서 국악 교육도 이루어져 왔습니다. 그리고 무당 중에는 인간문화재로 공인받은 분들도 있으니 당당한 전통 문화와 예술의 담지자로 볼 수 있습니다.

무당은 어떤 명칭으로 불리나요?

무속을 공부하려면 1929년 당시 조선총독부 촉탁으로 한국의 민간 신앙을 연구한 무라야마 지준村山智順이 저술한 『조선의 무격』이라는 책을 반드시 봐야 합니다. 입니다. 거기 무당에 대한 명칭이 50개 넘게 수록되어 있습니다. 여자 무당의 대표적 명칭으로는 무당, 만신, 선관仙官, 법사法師, 무녀, 명도明圖, 점장이, 다올, 보살 등이 있고요, 남자 무당에게는 박수, 복수卜帥, 점장이, 재인才人, 화랑, 광대廣大, 신장神將, 심방 명칭들이 있습니다.

무당의 명칭은 성별로 지역별로 다릅니다. 관북 지방에서는 남무가 성행했다고 합니다. 주로 재가승 출신자가 무당이 되었다고 하는데 남녀를 구별하지 않고 스승 또는 무당이라고 불렀다고 합니다. 스승은 경칭敬稱이고 무당은 낮추어 비칭卑稱입니다. 함경남도에서도 남녀를 구분하지 않고 무당이라고 불렀다고 합니다. 북청에서는 단골판을 담당하는 특정 여무를 홀에미, 남무를 홀에비라고 했다고 하고 함흥에서는 남무를 박시라고 하고 여무를 무당이라고 했다 합니다.

서북 지역과 황해도에서는 여무를 무당 또는 만신이라고 하며 남자 무당을 박수, 박사라고 했답니다. 만신과 짝이 되어 장구를 치는 무당을 평안도에서는 술맞이 할머니라 하고 황해도에서는 장구 할머니라고 한다죠. 점만 치는 무당 중에서 죽은 아이의 영혼을 모셔 점을 치는 이도 있는데 이를 태주라고 했답니다.

한강 이북은 신내림을 받은 강신무가 우세합니다. 보통 서울을 포함한 한강 이북 지역은 신내림을 받은 무당들이 주축을 이루는데 그들은 기자祈者 또는 만신이라고 부릅니다. 남무의 경우 박수무당이라고 따로 불렀답니다. 그리고 만신과 짝을 이뤄 굿을 할 때 음악을 담당하는 사람을 기대장구치는 여자, 전악피리나 해금 연주하는 남자, 재비제금 치는 무녀라고 불렀고요.

한강 이남에는 세습무 계통이 대세인데 여무는 미지, 남무는 화랭이라 했답니다. 화랭이는 악사 역할에 그치지 않고 몇 개의 굿거리를 따로 맡아 진행했답니다 상대적으로 남무의 비중이 큰 한강 이북에 비해 큰 편이라고 합니다.

충청도는 춤을 추지 않는 앉은뱅이 무당이 있습니다. 보통 법사라고 합니다. 앉아서 독경을 하는 형태로 굿을 하는데요, 경무經巫, 경객經客, 경사經師, 경문經文장이, 복사福師, 술사術士, 술객術客, 행술인行術人, 법사 등으로 불리고 있습니다. 보통 법사라고 많이 한다는데 앉아서 경을 읽는 이 독경무들은 강원도에도 많았다고 하네요.

강원도에는 화랭이, 양중, 재인이라고 불리는 세습무계 남무들이 있다는데 충청도에서 이들의 역할은 현재 중단되었고 보기 힘들어졌다고 합니다. 이외에 점만을 치는 점쟁이와 간단한 비손을 하는 비래쟁이와 막음쟁이도 있다고 합니다. 비손은 비손, 비나리 또는 지역에 따라 비념이라고 하는데 약식 기도라고 아시면 될 듯합니다. 무당에 의해서만 하는 것이 아니라 신도가 집에서 가택 신앙, 가신 신앙의 의식으로 행하기도 하는 것입니다.

호남에서는 세습무 계통의 여무는 당골, 단골이라고 하고 남무인 고인鼓人의 존재감도 무시 못합니다. 남자 무당인 고인은 부계 세습이고 여무는 무당 가계에서 태어나기도 하지만 무당 집안이 아닌 집에서 태어나 남무의 집안으로 시집을 가서 시어머니에게 무업을 배워 계승하는 경우가 많다고 합니다. 이 지역은 세습무가 대세지만 굿 말고도 점복과 간단한 비손을 담당하는 강신무 계열의 점쟁이도 있습니다. 이런 강신무 계열의 점과 비손을 위주로 활동하는 무당을 전라도에서 남자의 경우 법사, 여자는 보살이라 한답니다

영남 지방과 영동 지방에서는 일반적으로는 여자를 무녀라고 하고 남자는 화랭이 또는 양중이라고 합니다. 비하해서 암무당, 숫무당이라고도 한다는데 세습무가 대세지만 신내림 받은 점쟁이 선무당도 있고 간단한 비손을 하는 비래쟁이, 막음쟁이도 있다고 합니다.

지역마다 무당의 명칭이 다른 것을 알 수 있는데 지역별로 무당의 성격과 캐릭터, 성무 과정도 다르고 굿의 성격도 판이하기에 '지역'은 무속을 연구하는 데 있어 중요한 항목이랄 수 있습니다. 충청과 영서 지방은 경을 읽으면서 춤추지 않는 굿을 하는 독경무가 활동한다는 게 특색인 것을 기억하시는 게 좋습니다. 전북에도 독경무에 의한 굿이 행해진다고 합니다. 독경무를 하는 무당이 맹인인 경우 판수라고 부르기도 했습니다.

무당의 유형은 어떻게 나뉘나요?

보통 무당으로 거듭나고 완성되는 성무成巫 과정에 따라 강신무와 세습무라고 나누어서 이야기하는 경우가 많습니다만 조선 무속을 연구한 다치바나 다카시의 경우 '춤추는 무당'과 '춤추지 않는 무당'으로 분류했습니다.

예전에는 굿에서 맡은 역할에 따라 무당을 구분하기도 했습니다. 특히 서울 지역에서 그러했다고 합니다. 굿에서 담당하는 역할과 비중에 따라 나누고 무당의 위계, 계급을 구분하기도 했다네요. 예를 들어 조상거리 전담자는 조상방, 불사거리 담당자는 불사당, 대감거리 전담자는 대감방이라고 했답니다, 마찬가지로 뒷전을 담당하는 사람을 뒷전무당이라고 했다는데 각자 위상과 계급이 달랐다고 합니다

이 장에서는 '강신무'와 '세습무'에 대해 간략하게 설명해드리겠습니다. 먼저 강신무는 신의 선택, 간택, 강제를 통해 무계에 들어오는 사람을 말합니다. 한강 이북에 강신무가 주류인데요. 입무入巫 원인이 말 그대로 신내림인데 무당 집안에 태어나 어릴 때부터 가족 안에서 무업을 눈동냥, 귀동냥으로 익힌 세습무와 다르게 강렬한 무병, 신병 체험이란 고통을 통해 무당이 되고 그 과정에서 이혼, 별거 등 가족, 가정이 해체되는 파동을 겪는 경우가 많습니다.

신내림을 처음부터 순응하지 않고 거부하는 경우가 많은데 극렬하게 저항한다고 하죠. 자살 시도도 많고 신기를 떼어내고 신을 나가게 하려고 굿을 받는데 그게 바로 '누름굿'입니다. '누름굿'은 실패하는 경우가 많고 연거푸 하다 보니 그 와중에 재산을 탕진하는 경

우가 많다죠. 그러면서 결국 신의 간택을 수용하는 경우도 있답니다. 무업巫業이 천한 일이라는 사회적 편견 때문에 더욱 저항을 한다는데 누름굿 말고도 가톨릭, 기독교, 불교 등에 귀의해서 저항하기도 합니다.

세습무는 말 그대로 세습입니다. 무당 집안에서 태어나 자라 무당이 되는 것이지요. 한강 이남 호남과 영남은 세습무가 대세입니다. 혈통을 따라 대대로 사제권이 계승되는 것이죠. 강신무와 다르게 인위적으로 무당이 되는 것인데 어릴 때부터 이런 저런 기예를 눈동냥, 귀동냥으로 익히고 지역 영업권과 관할권도 물려 받습니다. 집안 어른들이 돌보고 영업하던 동네, 신도들의 마을 역시 물려받아 대를 이어 신도들과 관계를 이어나가는 것입니다. 이걸 단골판이라고 하는데 호남 지역의 단골현상이 두드러졌다죠.

일단 강신무와 세습무로 구분하는 것은 아주 쉬운 구분법인데 이 분류법만 가지고는 설명못하는 무당이 많습니다.

무당의 기능과 역할은 무엇입니까?

당의 기능에 대해 무라야마 지준은 양재禳災, 기복祈福, 점복占卜, 오락娛樂, 의료 기능까지 말했습니다. 굿을 통해 재앙을 떨쳐내고 복을 구하고, 점을 쳐서 미래를 가늠해보고 굿을 발주한 기주祈主와 구경꾼들을 굿을 통해 들었다 놓았다 하면서 즐겁게 해주는 것이 굿의 기능이며 무당의 기능입니다. 이렇게 다양한 기능을 하고 근대 의학이 발전되고 보급되기 전에는 치료 기능을 담당하기도 했죠. 의

원을 만나 진료를 받지만 신통치 않고 장시간 고통이 이어지면 결국 무당을 찾는데 무당은 병의 원인을 진단합니다. 주로 무속 신앙에서는 잡귀가 붙어 큰 병이 났다고 진단하는데 결국 굿을 통해 잡귀를 떨궈낸다고 하면서 치료를 도모하죠. 의학적인 치료로 나을 수 없기에 신앙적인 치료를 하는 것인데 전근대만이 아니라 현대에도 병원에서 고치지 못하는 불치병의 문제로 무당을 찾아 그렇게 굿을 하는 경우가 있다고 합니다.

점을 치고 예언하는 기능의 경우 강신무는 자신의 영력을 가지고 몸주신을 통해 앞일을 점지하는 경우가 많다고 합니다. 그런데 조용한 신당에서만이 아니라 굿의 현장에서 점을 치기도 합니다. 쌀점이라든가 사슬 세우기라든가. 신병을 앓다가 내림굿을 받는 현장에서 즉석으로 점을 치기도 합니다. 특히 갓 신을 받은 애기무당의 점사가 귀신같다고들 여기는 사람이 많아서 내림굿 현장에서 와서 점을 보는 경우가 많습니다.

무당의 기능으로 오락적 기능도 무시할 수 없습니다. 도당굿같이 마을 축제로서 굿이 행해지는 경우도 많았죠. 굿의 오락적 기능은 강릉단오절 행사에서도 확인할 수 있습니다. 신나게 늘고 즐기고 그렇게 집단적 흥분 상태에서 공동체의 단결과 단합을 도모하는 일, 무당이 굿을 통해서 많이 해왔습니다.

무당과 굿의 오락적 기능을 다른 말로 하면 예술적 기능이라고 할 수 있습니다. 무속을 미신이라 하는 사람 가운데서도 굿의 예술성을 인정하는 사람이 많습니다. 굿에서 청신請神을 해서 신을 불러내면 그 다음 오신의 절차로 돌입합니다. 오신娛神 글자에서도 알 수 있듯이 신을 즐겁게 해드리는 것이죠. 애써 모신 신을 즐겁게 해드려서 인간의 소원을 들어주게 하고 굿을 발주한 기주의 뜻을 관철해야 하는 것입니다.

노래 부르고 춤추고 극화된 동작과 노래, 대화를 하면서 신을 즐겁게 해주는데 신만을 즐겁게 해주는 것이 아니라 구경꾼으로 참여한 마을 사람 모두를 즐겁게 합니다. 특히 무당과 악사들이 조화를 이루어 신에게 받치는 예술을 구경할 수 있다고 하지요. 신나는 장단과 노래, 춤이 이어지며 어우러져 예술의 난장판이 벌어지기도 합니다. 그렇게 해서 무속이 강조하는 조화의 힘을 회복하고 단단히 하는 것이죠. 그러기에 굿의 오락성과 예술성 과소평가할 수 없습니다. 무당은 그렇게 오락적, 예술적 기능을 하는 사람들이죠.

강신무와 세습무는 각각 어떤 무당인가요?

김태곤 선생, 최길성 선생이 선구적으로 무속 연구를 하셨고 두 분에 의해서 강신무와 세습무라는 분류의 틀이 확실히 잡혔다고 볼 수 있으며 이 틀이 아직도 큰 영향을 미치고 있습니다.

김명자 선생은 강신무를 강신 체험을 통해 된 무당으로서 신이 내린 상태에서 가무로 굿을 주관하면서 신의 영력으로 신점을 치는 존재라 설명했습니다. 신내림을 받은 이들로서 이들은 몸주신을 따로 모시고 있습니다. 몸주신은 강신무가 가지고 있는 검색 엔진, 영계와 통하는 채널이라고 아시면 됩니다. 이 강신무는 몸주신을 모시기에 자신만의 확실하고 구체적인 신관神觀이 있고 신당에 무신도를 걸어놓고 자신이 신봉하는 신령을 모시는 것이 일반적이라고 하지요. 김명자 선생은 강신무가 대체로 타악기 중심의 요란한 악기 반주에 맞추어 도무跳舞와 같은 동적인 춤을 위주로 하는 춤을 추며 굿을 한다고 했고 굿을 할 때 옷을 굉장히 많이 준비한다고 했죠.

무당의 옷은 무복巫服이라고 합니다. 강신무는 무복을 자주 갈아입어요. 각각의 거리에 따라 무복을 갈아 입습니다. 무복은 곧 신본神服으로서 각 거리마다 다른 것은 각 신을 상징하는 복식이기 때문입니다. 또한 강신무들은 작두타기, 사슬 세우기 등 고난도 퍼포먼스로 자신들의 영력을 유감없이 보여주는데 무라야마 지준은 강신무를 '무당형'이라고 분류했습니다.

무당형의 방계로 보살, 신장할멈, 칠성할멈으로 불리는 '선무당'류가 있습니다. 이들 선무당류는 강신 체험으로 무당이 되어 영력을 가지고 있으나 가무로 굿을 주관할 수 없습니다. 하위의 무로서 간단한 제의의 비손을 하며 영력을 점을 치는 것이 주기능입니다. 선무당류 역시 중부와 북부 지역에 주로 분포되어 있고 남부 지역과 제주도에서도 가끔 발견된다고 하는데 실제 호남 지역에도 강신무들이 있고 점사를 주로 본다고 합니다

무라야마 지준은 세습무를 '단골형 사제'라 명했지요. 김명진 선생에 의하면 세습무들은 세습받은 구역이 있는데 타인이 침범할 수 없다고 하죠. 간섭하면 정말 큰 일 날 각오를 해야 한다는데 그 영업권을 매매를 통해 확보하고 넓혀가기도 한다고 합니다. 이 정해진 구역을 호남에서는 당골판이라고 합니다.

세습무는 강신 체험이 없이 굿을 진행합니다. 굿하면서 접신을 거의 안 한다고 보시면 돼요. 세습무에게는 딱히 강신무처럼 몸주신이 없습니다. 영계, 망자의 세계와 통하는 채널, 검색 엔진이 없다고

나 할까요. 그러다 보니 구체적인 신관이 정립되어 있지 않고요. 또 강신무와 다른 점은 무복의 수입니다. 무복을 여러 벌 준비해 굿을 하는 강신무와 달리 세습무는 굿을 진행하는 동안 신복을 잘 갈아입지 않는다고 합니다.

세습무에게서는 '예술성'을 기억해야 합니다. 강신무에 비해 떨어지는 영력과 신기를 예술성, 오락성으로 만회한다고 할까요. 세습무는 굿에서 타악기만이 아니라 관현악기까지 동원하여 종합예술로서의 굿을 보여 줍니다. 강신무들의 굿에 비해 세습무의 굿이 훨씬 예술적인 느낌을 주는데 그래서 중요 무형문화재로 등록이 되기도 합니다. 예를 들면 진도 씻김굿, 동해안 별신굿, 남해안 별신굿 등이 있습니다.

무라야마 지준은 강신무를 무당형 혹은 무당형 무당이라고 했고 세습무를 단골형 무당이라고 했는데 박일영 선생은 성무 과정이란 기준으로 가지고 세습무를 이렇게 설명했습니다.

"강신무와 달리 무당이 되는 과정에서 특별한 제의라고 할 수 있는 입문식initiation-ceremony 혹은 입사식入社式이 따로 없다."

무계巫界, 신계神界, 영계靈界에 등록하는 요란한 통과의례가 없다는 것입니다. 어릴 때부터 성장하는 과정 중에서 자연스럽게 무당의 일을 배우게 되고 굿 하는 기술과 필요한 오락적 기예를 익힙니다. 그러다가 자신이 속한 무당 집안의 우두머리인 세습무가世襲巫家 장로가 '저 아이 굿의 한 모퉁이를 맡겨도 되겠다' 싶으면 굿판에 세우게 한다죠.

자신이 맡아서 진행한 '굿거리'가 끝나면 평가를 받아요. 무가 집안의 선배들이나 굿판에 모인 구경꾼, 이른바 회중會衆으로부터 평을 받는데 잘한다, 쓸만하다 말을 들으면 정식 무당으로서 일하기 시작한다죠. 세습무는 그렇게 무당이 됩니다.

다음 표는 이용범 선생의 분류입니다.

	강신무	세습무
성무 과정	강신 체험 있음. 비세습	강신 체험 없음. 세습
신에 대한 의식	있음	없거나 미미
개인 신당	있음	없음
굿	공수 있음	공수 없음
무복 발달 여부	발달, 거리마다 다른 옷	무복 미발달, 같은 옷 입고 전체 시간 진행
음악과 춤	타악기, 빠른 도무	다양한 악기, 완만한 춤, 예술성과 연회성
역할	신이자 사제	사제
단골 제도	없음	단골 제도, 영역 있음
분포 지역	한강 이북	한강 이남, 영동

강신무는 세습무보다 신과 가까이에 있고 신과 인간 사이의 매개 역할에 더 능한 사람입니다. 강신무에게는 신의 역할이 훨씬 중요합니다. 세습무보다 굿판에서 더 주인공 역할을 많이 하고 무당이 묻는 점사를 수행하는 것도 신의 역할입니다. 강신무는 철저히 인간과 신 사이에서 점사를 수행하는 중개자인데 더욱 신과 밀착한 매개자라고 할 수 있습니다. 바로 옆에서 신을 모시고 있고 무신도와 다양한 무구, 무복을 사용합니다.

무신도巫神圖는 신당에 모시는 그림입니다. 자신이 모시는 신의 모습을 그려놓은 것인데 이름을 적어 신당에 붙여놓기도 합니다. 무구巫具도 강신무에게는 굿판에서 더 중요한 역할을 합니다. 월도와 삼지창, 부채, 방울, 큰 칼 등 자신의 영력, 신이 들린 모습을 보여주기 위해 이런 도구들을 사용하여 사슬을 세우고 작두에 타면서 접신 능력을 현장에서 인증합니다.

결정적으로 공수에서 큰 차이가 있죠. '공수'란 굿 중에 내리는 신의 말씀입니다. 무당을 통해 출력되는 신의 언어입니다. 강신무의 굿은 진행하는 과정에서 철저히 신에 의지하고 신을 불러들이며 신이 공수를 주는 식으로 진행됩니다. 공수를 통해 굿을 한 애초 목적이 달성되었느냐 아니냐 따진다고도 합니다.

강신무와 세습무의 이질성이 어떻게 발생했을까요? 김태곤 선생은 한국 무당은 원래부터 모두가 강신무였는데 시간의 흐름에 따라 주류였던 강신무가 남쪽으로 이동하면서 지역적 문화적 특성으로 인해 일부가 세습무로 변화했고 그것이 오늘날 남부 지방에 있는 세습무라고 했습니다.

최길성 선생의 의견은 다릅니다. 북쪽 지역에 강신무가 있었고 남쪽에는 동시에 원래 세습무가 많았다, 북방의 것이 북방 시베리아 샤머니즘에서 유래된 것이라면 남방의 것은 남방문화에서 온 것인데 이렇게 강신무와 세습무가 서로 다른 기원을 각자 가졌다는 것입니다. 기원이 어떻든 두 분은 강신무와 세습무를 철저히 나눠놓고 논하는데 갈수록 후속 연구자들의 사례 연구로 인해 이런 식의 이분법적 무당설명의 틀이 도전받고 있지요.

강신무와 세습무 둘 사이의 선이 의외로 흐릿하다는 연구 사례가 계속 발표되고 있습니다. 강신무와 세습무가 의외로 서로 비슷한 부분이 많다는데 세습무 진영이 신병神病, 무병巫病에서 자유롭지 않다는 점도 그 중 하나입니다.

세습무들은 입문식과 입사식이 없고 고통스러운 성무 과정이 없지만 그렇다고 해서 무당이 되는 과정과 그 이후에 고통과 회한이 없는 것은 절대 아닙니다. 신병 같은 것이 없다지만 절대 자기 마음대로 무업을 그만둘 수도 없고요. 세습무도 무업을 그만두면 몸이 아프고 흉사가 거듭되기도 한다는데요. 신병과 유사한 현상이죠. 강신무든 세습무든 모든 무당은 삶 속에 문신처럼 박혀 있는 사연들을 안고 있다고 합니다. 누구든 슬픔과 청승맞은 사연이 없겠냐만은 가슴 속에 묻어둔 큰 고통을 이겨내며 승화시킨 과정이 있었기에 고통 속에 몸부림치는 사람 일을 돕는 무당이 된 게 아닌가 싶습니다.

무당에게 무복은 얼마나 중요한가요?

무복이란 무당이 굿이라는 의례를 행하기 위하여 입는 옷을 말합니다. 무당들은 신을 모시기 위해 입는 옷, 신의 특성을 나타내는 옷이기에 흔히 신복神服이라고 한다죠. 가장 일반적인 옷은 쾌자快子, 전복戰服이라고 하는 무당을 상징하는 대표적인 옷입니다.

무복이나 무구는 자신이 모시는 신과 관계 있습니다. 특별히 강신무는 무복에 신이 따라온다고 믿어서 굿에서 모시는 신마다 옷이 다르지요. 굿을 할 때는 천천히 무복을 입고 모자를 쓰고 월도, 삼지창, 부채 같은 무구를 드는데 그 과정 자체가 신을 부르는 청신請神에 속합니다. 이 과정에서 무당이 인격 전환을 일으켜 신께서 강림하고 들린다고 믿기 때문입니다. 강신무처럼 다양하지는 않지만 세습무 역시 쾌자나 활옷 등의 무복을 입어 신을 모시는 사제임을 보여줍니다.

최길성 선생이 꼽은 다양한 무복을 설명하겠습니다.

장삼長衫은 승복을 일컫는다고 합니다. 무복으로서 장삼은 반드시 백색으로 만들어서 백장삼이라고 한다죠. 홍띠라는 붉은 색 가사를 매는데 흰색과 붉은색이 강하게 대조를 이룹니다. 여기에 흰 고깔을 쓴다고 합니다. 염주와 흰 부채까지 쥐는데 불교적인 냄새가 많이 납니다. 그래서 불교의 신이 등장하는 제석거리를 할 때 입는데 도교적 신인 칠성신을 맞이할 때도 입는다지요.

전복戰服은 쾌자라고 하는 옷인데 무관武官들이 입었던 옷 같습니다. 소매가 없는 남색 옷으로 동정이나 깃 등도 없는데 이 옷을 입고 청룡도나 삼지창을 들고 굿을 합니다. 대감놀이, 대감신 모실 때 입는다고 합니다.

몽두리蒙頭里는 노란색 바탕의 천으로 만든 두루마기 같은 옷입니다. 과거에는 무당만이 아니라 기생이 입기도 했다네요. 보통 조상거리에서 몽두리를 입고 부채를 들고 굿을 하는데 진오귀굿에서 흔히 입기도 합니다. 이 옷에서 노란색은 조상을 상징한다고 합니다.

원삼圓衫은 위아래가 두루마기식으로 된 초록색 옷입니다. 이 원삼을 입을 때 족두리를 쓰는데 띠는 두르지 않고 꽃 부채를 든다고 하죠. 여인들이 성장하던 모습의 상징이 담겼다고 하는데 창부거리나 호구거리에 씁니다.

철릭天翼은 소매가 넓어 장삼과 비슷한 옷입니다. 옷고름과 동정 밑에 쪽받침이 있고 등에는 흉배胸背를 달았죠. 철릭을 입고 삼지창과 청룡도를 드는데 산신거리나 군웅軍雄거리, 성주거리에 입는다고 하네요.

협수夾袖는 노란색과 초록을 조화시킨 옷으로 소매는 붉은색이고 바탕은 푸른색입니다. 소매가 좁아서 협수라고 하는데 별상거리, 신장거리, 조성거리에서 입는다고 합니다.

신복은 신을 부르기 위한 접신의 매개물이며 무당에게 빙의된 신령들을 드러내는 일차적 상징물이니 신령과의 동일시, 일원화, 강신 현상이 두드러진 강신무에게는 아주 중요합니다. 하지만 세습무는 신과의 일체화의 정도가 덜하고 강신 현상이 약하며 접신을 위해 강신무만큼 애쓰지 않기에 다양한 종류의 무복을 준비하지 않아요.

김태곤 선생의 말에 의하면 호남의 세습무는 굿에서 깨끗한 흰색 치마저고리를 주로 착용하는 정도라고 합니다. 대규모 굿이 진행될 경우에야 비로소 흰 두루마기를 덧입고 머리에 흰 종이로 접은 고깔을 쓴다고 합니다. 다른 세습무 진영인 영남에서는 쾌자를 치마저고리 위에 걸쳐 입는 정도라죠. 영동 지역에서는 쾌자와 활옷을 중요한 거리제차에서 접신 기능과는 상관없이 장식적으로 착용한다고 합니다.

굿에는 거리 혹은 제차祭次라고 하는 차례나 단계에 해당하는 것이 있는데 열두 거리면 열두 개의 의식으로 구성된 굿이고 스무 거리면 스무 개의 식으로 구성된 굿입니다. 그런데 강신무 진영의 굿은 거리마다 옷이 달라지는데 거의 패션쇼가 아닐까 하는 생각이 들 정도로 다양하고 화려한 무복을 갈아입으며 진행한다네요. 강신무는 신과 나를 철저히 일원화하고 스스로 신격화되어야 하기 때문입니다.

신의 하강로를 상징하는 신간神竿도 강신무와 세습무 사이에 차이가 있습니다. 세습무의 제의에서는 굿 하는 제장祭場에 필수적으로 신간을 설치해야 한다고 합니다. 제주도 심방굿의 시왕대十王竿, 수릿대, 굿문기門旗, 호남 단골굿의 곳대, 명두대, 혼대, 영남 무당굿의 처낭대天王竿, 혼대 등이 모두 제장에 세우는 대형 신간입니다.

그러나 중부와 북부 지역 강신무의 굿에서는 큰 신간이 설치되지 않거나 간소화되어 설치된다죠. 그런 것들을 따로 설치하지 않아도 신이 임하신 모습, 나와 신이 일원화하여 스스로 신격화된 모습을 보여줄 수 있으니까요

굿을 할 때 가무歌舞도 두 부류의 무당이 많이 다릅니다.

강신무는 타악기 중심의 빠른 연주 장구, 징, 꽹과리, 제금 등을 사용하는 반면 세습무 진영은 현악기 위주의 완만한 속도의 연주를 합니다. 세습무도 타악기를 쓰지만 피리, 젓대, 호적 등 취주 악기와 해금, 가야금, 아쟁 등 현악기도 사용합니다. 둘 중에 포제션Possession, 망아忘我 상태에 빠져야 하는 것은 강신무지요. 그러니 템포를 빠르게 해서 몰입 밀도를 강하게 만드는 겁니다. 그렇게 무당의 영력을 높이고 계속 빠르게 무한 클릭해서 신과 접속을 하게 하는 거죠.

반대로 신과 직접 교통하지 않고 영력이 적은 세습무는 격식의 형식과 예술성, 형식미 등을 극대화해야 했기에 현악기 위주로 연주로 하는 것이죠. 세습과 강신의 절충형이라고 하는데 제주도 심방의 경우는 영력을 중요시하므로 빠른 타악기를 많이 써서 빠른 가락으로 간다고 하네요. 경기도 일원에서는 강신무 진영에서도 피리, 젓대, 해금이 사용한다고 합니다.

심방무는 어떤 무당인가요?

강신무와 세습무의 틀에 넣기 힘든 무당도 많습니다. 무라야마 지준의 분류에 의하면 강신무인 무당형 사제와 세습무인 단골형 사제 말고 심방형과 명두형 무당이 있습니다.

제주도에 있는 무당 심방무를 보면 강신무와 세습무의 특징들이 혼재되어 있습니다. 무라야마 지준은, 심방형 무당은 세습무와 비슷하게 사제권을 집안에서 물려받는다고 했습니다. 혈통을 따라 세습되지만 영력을 중시하고 신관이 뚜렷하게 확립되어 있다고 하죠. 신에 대한 인식과 확신이 뚜렷해도 강신무처럼 굿할 때 신을 직접 불러오는 것은 아니라고 합니다. 강신 현상은 거의 없고 천문, 상잔, 명두 같은 무점구를 통해 신의 뜻을 물어 전달한다고 합니다. 심방의 경우는 영력을 중요시하므로 무악의 가락이 빠른 타악기 중심을 굿을 시연한다고 합니다.

이렇게 심방무는 세습무와 강신무의 절충형, 중간형이라고 볼 수 있는데 무라야마 지준은 심방무를 세습무에 가까운 것으로 본 것 같습니다. 굿에서 신령과 무당이 한 몸, 합체가 되는 것이 아니라 신을 향해 일방적으로 기도하고 기원한다는 점에서요.

지역 단위 단골판을 유지하고 세습하는 것도 세습무와 비슷하다고 하는데 박일영 선생은, 제주도 무당의 경우 분명히 강신 현상이 있고 그것을 굿이라는 제의 중에 과시하기도 한다면서 정말 딱 세습무와 강신무의 중간이라고 본 것 같습니다. 심방무에게는 세습무 진영처럼 단골판이라는 영업권이 있는데 제주도 무속 사회에서는 얼마나 오래 단골 관계를 유지해왔는가에 따라서 상단골−중단골−하단골이라 구분 짓기도 합니다.

제주도 무당은 굿에서 부르는 무가에서 서사무가徐事巫歌가 풍부하다는 점이고 특징입니다. 본토에서는 굿의 주재자가 대부분 여자 무당인데 반해 제주도에서는 남자 무당의 수가 우세합니다.

제주도 서사무가를 '본풀이'라고 하는데 함경도 지역도 서사무가가 풍부합니다. 중앙 권력에서 거리가 먼 변방이라는 것을 생각해보면 두 지역이 무속 신화의 원형을 잘 보존한 것이라 볼 수 있습니다.

황루시 선생에 의하면 제주도 심방은 수없이 신칼을 던진다고 합니다. 이를 '신받아 분부 사룀'이라고 하는데 떨어진 신칼의 모습으로 신의 뜻을 유추하여 굿을 의뢰한 본주에게 전해준다고 합니다. 본행사가 후 잡신들을 먹이는 '뒷전', '뒷전치기', '뒷거리'라는 굿의 뒤풀이 의식이 끝나면 밖으로 짤막한 신칼을 던집니다. 바닥에 떨어진 신칼의 모습을 통해 뒷전을 잘했는지 잡귀들이 흡족하게 받아먹었는지 확인하는 것이죠. 몇 날 며칠동안 밤잠도 못자고 한 굿의 결과를 칼끝 방향을 보고 가늠해 보는 것이죠. 칼끝 방향을 보고 신통치 못하다고 판단되는 경우 무당은 남은 음식과 술을 마당에 뿌리면서 행여 얻어먹지 못하여 심사가 뒤틀린 잡귀들을 달랜다고 합니다.

명두무는 어떤 무당입니까?

명두무 혹은 태주무라고 하는 무당이 있습니다. 사아령死兒靈이라는, 죽은 아이의 영혼을 몸주신으로 하는 무당입니다. 강신 체험을 통해 무계巫界에 입문한다는 점에서 강신무와 유사하다고 할 수 있습니다. 세습과 가계를 통해 무당이 되는 것이 아니라 신내림을 통해 무당이 됩니다. 그런데 신을 모시기는 하는데 보통의 강신무들이 모시는 신과 다릅니다. 죽은 어린 아이의 혼령을 모시고 또 부립니다. 사아령이 여자인 경우 명두 혹은 명도, 남자인 경우 태주라고 한다고 합니다.

이용범 선생 연구에 의하면 굶어 죽거나 천연두에 걸려 죽은 아이의 혼령이 태주 무당의 몸주신이 된다고 합니다. 근래에 들어서는 태주라는 말보다 동령, 동자, 애기동자, 산신동자, 선동으로 부르기도 합니다. 점집 간판에 동자라는 이름이 들어간 경우 명두무, 태주무라고 보시면 됩니다.• 강신한 사아령은 혈연 관계가 있는 어린아이입니다. 가족과 친인척 중 하나라죠. 아령兒靈은 대개 7세 미만이며 경우에 따라서는 16세 안팎의 사령도 있다고 합니다.

신내림을 받은 무당에게 몸주신은 영계와 통하는 채널입니다. 명두무들은 자기 몸에 실린 사령을 자기 집 신단에 모시고 필요할 때 이 사령을 불러와 영계와 미래사를 묻습니다. 명두형의 무당은 남부 지역 특히 호남에 많이 분포되어 있으며 중부와 북부 지역에도 산발적으로 분포되어 있다고 하네요. 굿이 아니라 점만을 치는 일이 많다고 합니다.

강신무의 경우 인간에게 강신하는 신령이 일반적으로 천신, 옥황상제, 산신, 일원성신, 용신 같은 자연신인데 비해 명두형은 특정한 혈연 관계의 죽은 아이의 혼이 내린 경우지요. 이 사아령을 특별한 의식이 없이 자유로 불러 점을 치는 초령술도 명두형의 특징인데 명두

• 무속 신과 인간을 잇다 참고. 국사편찬위원회 경인문화사 2011

형도 어쨌든 신을 모시기는 하는 무당이고 강신에 의한 영력이 주기능이므로 굳이 분류하자면 강신무 범주에 들어간다 할 수 있습니다.

이용범 선생은, 이들은 공중에서 나는 휘파람 같은 소리로 망령과 대화를 한다고 합니다. 태주는 인간의 운명을 말해주는 신으로 인식되며 때에 따라서는 자손 번영, 인간의 무병장수를 빌어주고, 죽은 자를 살려내는 힘까지 지니고 있다고 하는데요. 무당이 점을 치거나 굿을 할 때 태주와 명두 즉 어린아이 신령이 몸에 들어오면 아기 목소리로 말하는 경우가 많다고 합니다.

그리고 아이가 좋아하는 음식이나 사탕, 옷 등을 장만해서 바치는데 아무리 몸주신이 어린아이라고 해도 섬김이 소홀해서는 안 됩니다. 사아령이기에 또한 변덕이 심하고 소란스러워 산만하다고 하는데 시원치않게 대접하거나 소홀히 대하면 후환이 생기기에 명두, 태주무들은 사아령을 각별히 모신다고 합니다. 영험이 많고 잘만 달래면 인간이 요구하는 것들을 잘 들어주는 신이기에 사아령을 모신 점집들이 단골을 많이 확보해서 큰 소득을 올린다고 합니다.

생업무는 어떤 무당입니까?

생업무란 단순히 생계를 위해 무업에 종사하는 자를 말합니다. 따라서 강신무나 세습무와 전혀 본질을 달리한다고 합니다. 무라야마 지준은 생업무에 관해 근대에 들어와 기존의 계급 제도와 구조, 틀이 무너져서 생활이 곤란한 사람들이 생겼는데 그들이 무당이 되었다는 것이죠. 생업무 대다수가 상인, 드물게는 양반과 같이 천민보다는 상위의 계급에서도 나오는 것을 보고 그리 주장한 것입니다.

만일 계급 제도가 종전 그대로라면 사농공상의 질서가 강고할 것인데 그럼 사노비, 승려, 백정, 무당 팔천, 광대, 상여꾼, 기생, 공장工匠 같은 소위 팔천八賤 범주에 들어가는 사람을 무시하고 괄시하는 신분 관념이 일반 민중 사이에 강하게 존재하겠죠. 그렇다면 무당이 되는 게 돈을 버는 데 유리해도 스스로 미천한 신분으로 내려서까지 무업에 종사하지 않았겠지요. 기존 신분 질서도 와해되었고 신분 의식이 약화되었기에 자본 없이 상당한 생활비를 벌 수 있는 무업에 종사한 것이라고 무라야마 지준은 말했습니다.

공교롭게도 무라야마 지준이 정리한 사례를 보면 이러한 생계형 무당인 생업무는 북한 지역에 많습니다. 아무래도 성리학적 관념에서 자유로웠기에 남쪽보다 저런 신분 의식과 신분 질서가 일찍 무너졌던 것 같고 그래서 생업무들이 많이 생겨났다고 보아야겠습니다.

역시나 말씀드린대로 관서關西, 관북關北 지역 사람이 많습니다. 생업무가 다른 무당과 뚜렷이 차이가 나는 점은 남무가 많다는 점. 대부분 무당이 여성이었던 데 반해 생업무는 남성이 많았다고 하는데, 무라야마 지준에 의하면 그 이유는 민중의 신뢰를 얻기 위해서였답니다. 생업무는 신내림을 받은 것도 아니고 어릴 때부터 무업의 기예와 술을 익힌 것도 아니고 생업을 위해 뒤늦게 배워서 무당이 되었습니다. 영력, 신과의 교감 능력, 일반적인 술법보다도 다른 무당이 잘할 수 없는 것들로 자신을 무장해야 했습니다. 그래서 문자, 학문이 동원된 거죠. 경문, 경학을 읽은 가락으로 대항하려 했는데 이런 목적을 수행하기에는 여성보다는 남성이 더 유리했다는 거죠.

생업무가 된 대표적인 사례

무라야마 지준은 아래와 같은 상황들이 생업무가 되는 일반적 사례라고 했습니다. 모두 먹고 살기 위해 선배 무당에게 배워 수년간 조수로 수업한 후 독립하여 무당일 해서 먹고 산다는 것입니다. 무라야마는, 태어나면서부터 너무 몸이 병약해서 가업에 종사할 수 없고 딱히 다른 할 일도 없을 때 생계를 위해 무당일을 하게 된 경우도 많았다고 했습니다.

- 무녀는 예로부터 백정과 같이 천시되어 평민과는 일체 교제할 수 없었기 때문에 대대로 대부분 그 업을 이어간다. 평민이 생계를 위해 무녀가 되는 사람이 증가했다.
- 평남 평원의 무격은 대부분 상민인데 생활이 곤궁하며 무당으로 생계를 꾸리고자 선배 무당에게 수년간 수습 조수로 수업한 자이다.
- 무당이 된 사람은 거의 가계가 빈곤해서이다. 보통 7~8년간 선배에게 독경과 부적 쓰는 법 등을 배워 영업한다.

  – 강원도 화천

- 함경북도 온성의 무당은 거의 상민으로서 '복술卜術'이라 한다. 대부분 장애인이거나 병약하여 가업을 할 수 없고 무당이 되면 상당한 수입도 생기고 일반 사람으로부터 존경과 신뢰를 받기 때문에 이를 명예로 생각하여 선배에게 독경 등을 배웠다.

- 맹인인 상민 모씨(58세)는 어릴 때 안질로 실명하여 가업에 종사할 수 없게 되자, 15세에 길주군 장백면 영호동의 점복자맹인에게 10년간 수업하여 무당이 되었다.

  – 함경북도 길주

- 맹인인 상민 모씨는 어려서 불행히 실명하여 장차 다른 직업을 얻기 어려워 점복으로 생계를 운영하고자 길주군 장백면 보현사에서 약 10년간 수업하였다.
- 맹인인 상민 모씨50세는 어려서 맹인이 되었기 때문에 생활비를 벌기 위해 15세부터 평안북도 태천군 양화사에서 점복과 경문을 배웠다.

  – 함경북도 신아산

역학을 연구하고 경문을 배우고 의서에 통달하려면 적어도 문자를 알아야 합니다. 한문을 읽을 줄 알아야 하는데 조선에서 여성은 거의 글을 배우지 않았고 이런 이유로 생업무에는 남무가 많았다고 합니다. 무라야마 지준에 의하면 생업무의 경우 너무 노골적으로 돈을 밝히는 사람이 많았고 감언이설과 거짓말로 사람 우롱하는 경우도 많았다고 합니다.

이밖에도 본인 자신의 제재초복을 위해 무당이 된 사람들도 있답니다. 자신에게 닥친 혹은 닥쳐올 재액과 악운을 막아내기 위한 몸부림 끝에 무당이 된 경우입니다. 무당이 되면 자신에게 닥쳐올 큰 액운을 면할 수 있으나 그렇지 않으면 피할 수 없으니 선배 무당에 사사해 무당이 된 사례들도 있다는데요, 액운을 피하기 위해 남들이 천하게 여기는 직업을 택한 거죠.

기자祈子, 득자得子, 즉 자녀가 없는 여자가 아이 혹은 아들을 낳으려고 무당이 된 경우도 있습니다. 무라야마가 사례들을 참 열심히 조사했는데 그에 따르면 신의 심부름꾼, 대리인이 되면 자신에게 신이 깃들고 신의 아내가 되므로 자녀를 출생할 수 있다고 믿은 사람들이 있었답니다. 그렇게 무당이 되는 경우가 있었는데 이것도 전통적인 관념과 연관된 것이죠. 신라 때부터 사람이 아닌 존재 즉 귀신이 점지하여 아이를 낳았다는 신앙, 믿음이 있었다고 하지 않습니까.

그 외 어떤 무당이 있나요?

또 다른 일본인 학자 아키바 다카시秋葉隆 선생의 연구 결과를 참고해보죠. 참고로 아카마스 지조赤松智城, 아키바 다카시, 무라야마 지준村山智順, 이 세 분은 한국 무속을 연구할 때 반드시 참고해야 할 연구자들입니다.

아키바 다카시는 무당을 '춤추는 무당'과 '춤추지 않는 무당'으로 분류했습니다. 다카시가 보기에 무당 중에는 춤을 추고 제의적 동작을 하면서 '선 굿'을 하는 이도 있고 앉아서 독경을 하고 점복을 하는 무당도 있었답니다. 근데 보통 서서 굿을 하는 이들만을 무당이라고 하는 경우가 많아서 앉아서 굿을 하는 이는 무속 연구에서 배제되는 것이죠. 아키바 다카시가 보기엔 앉아서 독경을 하고 점복을 하는 것도 무업을 수행하는 것이고 그렇게 행하는 주체도 무당입니다. 그런데 우리가 흔히 분류하는 세습무-강신무 분류법에는 포괄되지 않는 이들이죠. 이런 점을 고려해 춤추는 무당과 춤추지 않는 무당이란 분류를 통해 조선 무당의 다양성을 설명하려고 했던 겁니다.

춤추는 무당은 우리가 흔히 굿이라고 말하는 의례를 집전하는 무당입니다. 서울, 경기, 황해도 등지의 여무인 만신과 남자무당인 박수 그리고 동해안의 무녀, 전라도의 당골, 제주도의 심방 등이 여기에 속합니다. 춤추지 않는 무당은 주로 앉아서 의례, 제의를 행하는 사람들입니다. 아키바 다카시에 의하면 선무당, 명두, 태주, 전내, 판수, 장님, 복술 등이 여기에 속하는데 이들도 분명히 무업을 행하는 주체들이며 무속의 범주, 무당의 범주에 넣어야 한다는 것이죠. 대표적으로 맹인 무당인 판수를 들 수 있습니다.

- **판수** : 맹인 독경전문가를 말합니다. 맹인이 아닐 경우 경객, 경사라고 하고 맹인일 때는 판수라고 하는데 점을 치고 경을 읽고 의례를 집행하여 사람들에게 제액초복의 기능을 했답니다. 액운을 막아주고 복을 가져오니 이들이 한 역할 역시 무당의 일일 것이며 무당의 범주에 넣어야겠죠. 맹인이 복을 빌어주고 액을 없애주는 역할을 하는 것은 우리나라에서만 나타나는 고유 풍속이라고 합니다. 대체로 맹인들은 자신의 호구지책으로 무업巫業을 배워 행했다고 합니다.
20세기 중반까지도 판수의 활동이 두드러졌는데 지금은 볼 수 없다고 합니다. 얼마나 많이 활약했는지 아키바는 무속 전문가의 대표적인 유형으로 보기도 했다네요. 판수는 남자가 대부분이며 이를 맹격盲覡이라 칭했는데요. 드물지만 여자도 있었고 여성의 경우 여복女卜이라고 불렀답니다. 최근에는 맹인 무당인 판수를 보기 어렵다고 합니다. 장애인 복지와 교육여건이 좋아지고 장애인들에게 직업 선택의 기회가 전근대보다 많이 주어져서 무업을 하지 않아도 먹고 살 수 있기 때문입니다.

- **법사**法師 : 경을 읽는 사제자인데 충청도에 많다고 합니다. 법사라는 말은 요즘에는 남자 무당을 포괄하는 개념으로 지칭되기도 하는데 원래는 부처의 가르침을 설하는 중을 말하는 것이었죠. 그러다가 경을 읽어주며 무업을 행하는 이로 의미가 확대되었는데 신내림을 받아 법사가 되기도 하고 스승에게 하나하나 배우고 공부해 법사가 되기도 한답니다. 이 법사들은 안택安宅의 의식과 미친경미친굿 등을 전문으로 했는데 충청도 법사들은 충청도뿐만 아니라 전국적으로 불려 다녔다고 합니다. 특히 정신이 이상해진 사람을 치료하는 미친굿의 효험이 유명했다죠. 신통神統의 나열, 신병神兵의 결진, 귀신의 착금捉擒 등의 내용으로 구성된 경문을 앉아서 읽는데 춤을 추지 앉아서 앉은뱅이 굿이라고도 합니다.

- **전내**殿內 : 몸주신이 누구냐에 따라 무당의 명칭, 역할이 정해기도 하는데 관제關帝라 불리는 관우를 모시는 무당을 '전내'라고 합니다. 임진왜란 때 명나라 군대의 참전 이후 많이 생겨났는데요, 지금은 없지만 20세기 초만 해도 경성에 전내라는 무당과 그들이 영업하는 신당이 많았다고 하네요. 구한말 나라가 위기에 처해서 그랬는지 전내와 전내가 모시는 관우가 많은 주목을

받았습니다. 국가와 왕실 차원에서 제사를 지내기도 했답니다. 여기저기 관왕묘가 세워지고 고종 임금도 행차했다는데 궁중에서만이 아니라 민간에서도 관우는 인기 좋은 신령이었다고 합니다.

3
무당이 되는 과정

신병은 무엇인가요?

김태곤 선생은, 강신무는 무당이 되는 초기에 반드시 신병이라는 신비한 병을 체험함으로써 영통력을 얻을 수 있다고 합니다. 신이 내리면 정신 이상 증후가 오고 신체에도 이상 질환 증세가 나타나 장기간 심한 고통을 겪게 됩니다. 고통이 심하기에 약이나 의료 행위로는 고칠 수가 없습니다. 오직 강신한 신을 받아서 무당이 되어야만 낫는데 그때까지 겪어야 하는 정신적·신체적 질환을 신병神病 혹은 무병巫病이라고 합니다.

김태곤 선생은 신병의 특징적 증상을 일곱 가지로 설명했습니다

- **발단** : 꿈이나 외적 충격에 의하여 일어나는 경우보다는 까닭 없이 시름시름 앓다가 시작하는 경우가 많다.
- **식성** : 대개가 밥을 먹지 못하고 편식증이 생겨 냉수만 마시거

나 육류를 전혀 먹지 못하고 소화불량 증세가 나타난다.
- **신체 상태** : 몸이 말라 허약해지고 사지가 쑤시거나 뒤틀리는 형, 한쪽 골이나 한쪽 가슴, 한쪽 어깨, 한쪽 팔이 아픈 편통증이 일어나는 형, 혈변이 장기간 계속되는 형, 늘 답답하고 어깨가 무거워지는 형 등의 신체 증상으로 나타난다.
- **정신 상태** : 마음이 들떠 안정되지 않으며 꿈이 많아지고 꿈속에서 신과 접촉하는 성스러운 장면을 본다. 꿈의 횟수가 많아지면서 의식이 희미해져 꿈과 생시의 구분이 흐려지며 이 상태에서 생시에도 신의 허상, 환각, 환청을 체험한다. 이런 상태가 심해지면 미쳐서 집을 뛰쳐나가 산이나 들판을 헤맨다.
- **증상의 경과** : 처음부터 정신 질환으로 되는 예도 있으나 대부분 신체 질환으로부터 정신 질환으로 이행한다..
- **병의 기간** : 장기적인 병이며 평균 8년, 아주 긴 기간은 약 30년까지 나타나는 예도 있다.

임선진 선생은 더욱 구체적으로 신병, 무병의 증상들에 대해 말했습니다.
- 병명을 알 수 없는 병을 심하게 앓는다.
- 배우자를 구타한다.
- 잘 얹히고 소화가 안된다.
- 딸꾹질이 심하다.
- 머리가 심하게 아프거나 가슴이 뛰고 헛소리를 하는 등 정신 이상 증세가 나타난다.
- 관세음보살, 단군, 예수와 부처, 모르는 할아버지와 할머니가

나타나는 기이한 꿈을 자주 꾼다.
- 학교공부가 싫고 산과 들판을 찾아 해맨다.
- 가정 불화로 이혼하게 된다.
- 임신한 아이를 낙태시키는 등 독특한 경험을 하게 된다.
- 자녀나 형제 사망과 같은 가족 성원의 죽음을 경험한다.
- 남편이나 아버지, 어머니, 자녀 등 가족 성원이 신병앉은뱅이, 정신 이상 등을 겪는다.
- 갑자기 하는 일이 망하게 된다.
- 사기를 당하거나 재산 손실을 보게 된다.
- 예지력으로 주변 사람들의 상황이나 미래를 알아 맞춘다.
- 부부 관계가 멀어진다.
- 귀신 꿈을 꾸고 가위에 눌린다.
- 아픈 사람을 낫게 한다.
- 자녀들의 방황, 가족 해체와 같은 파란이 일어난다.
- 하는 일마다 잘 안되고 풍파재산, 인간 관계, 건강를 겪는다.
- 다리를 다쳐 절게 되거나 신체 마비와 같은 사고를 당한다.
- 귀신 몰골로 변하면서 심하게 몸이 마르게 된다.
- 물에 빠졌지만 살아나거나 높은 곳에서 떨어지는 등 어린 시절 죽을 고비를 여러 차례 경험한다.
- 아버지, 어머니 혹은 윗대의 가족 성원이 신기가 있지만 신을 받지 않아 자신의 세대로 내려온다.
- 태어날 때 수술 자국과 같은 상처가 몸에 있거나 신이 보이는 것과 같은 신비스러운 현상을 체험한다.

이렇게 고생하는데 문제는 병원에 가도 딱히 방법이 없고 오히려 의약 치료가 병을 더 악화시키는 경우도 있다는 것입니다. 가장 큰 문제는 신병을 앓는 기간입니다. 평균 8년에 30년까지 사람이 죽을 때까지 따라다니는 경우도 있다고 하죠. 결국 신어머니를 택해 내림굿을 받고 무당이 되어야만 사라지는데 무당일을 그만두면 다시 과거에 겪었던 증세가 나타나곤 한답니다.

내림굿에 소요되는 비용으로 1억, 2억 원 이상을 요구하는 경우도 있다는데 그 비용까지 생각하면 천형의 삶이라고 할 수 있죠. 물론 바로 신내림을 받지 않고 누름굿이라는, 내린 신을 떨쳐내고 지워 내려는 굿을 하기도 합니다. 하지만 성공하지 못하고 계속 누름굿을 받다 보니 가산을 탕진하는 경우들도 있다지요

신병은 어떤 의미가 있나요?

무당 후보자들은 왜 그렇게 인간이 감당하기 고통을 장시간 겪어야 할까요? 왜 그렇게 큰 고통을 겪고 그런 과정을 통해 무계에 입문하게 되는 걸까요? 주로 강신무들이 앓았다는 신병, 통과의례로서 신병은 어떤 의미가 있을까요? 중이든 목사든 신부든 다른 종교의 사제들은 이렇게까지 고통스러운 과정을 감내해야지 않는데 왜 유독 무당만 그 과정을 통과해야 할까요?

무당은 신령과 교통하고 접신을 자주 해야 하는데 그러기 위해선 성스러워야 하고 성스러워지기 위해선 정화의 과정이 있어야지요. 과거의 때와 태를 모두 벗어던져야 합니다. 말 그대로 환골탈태해야

하는데 그게 쉽겠습니까? 인간이라는 존재는 참 안 변한다고 하지요. 그런데 무당이 되는 것은 변하는 것입니다. 그것도 아주 크게 탈바꿈하는 것입니다. 일상의 자기와 과거의 자기를 완전히 결별하는 것입니다. 그러면서 신령과 소통할 수 있는 존재로 변화해야 하는데 그 과정에서 고통이 없을 수 없겠지요. 그만큼 과거와 결별이 어려운 것이고 사람이 변화하는 것이 어렵고 또 신과 소통하는 존재로 거듭남이 어려운 것이므로 무병이란 간난신고는 그런 의미가 있습니다

무당은 신만 섬기는 존재가 아닙니다. 무당은 신도들도 돌봐야 합니다. 그런데 아무나 무당을 찾지 않습니다. 커다란 고통과 번뇌, 기가 막힌 괴로운 사연을 안고 있는 사람들이 찾아옵니다. 이 사람, 저 사람, 여기저기 방법을 찾아다니다가 도저히 안되겠다 싶어 마지막으로 지푸라기 잡는 심정으로 무당에게 오는 그 사람들의 아픔을 공감해줄 수 있어야 합니다. 대신 아파해줄 수도 있어야 하고요. 그러면서 그들의 고통을 덜어줄 수 있어야 하는데 아픔과 고통을 겪지 않은 사람이 그런 일들을 할 수 있을까요? 먼저 큰 고통을 겪어내야 고통을 겪는 사람을 도울 수 있는 힘을 가지게 되는 겁니다. 신과 소통하기 위한 것 만이 아니라 괴로움 속에서 허우적대는 타인과 소통하는 힘을 가지기 위해 무병을 앓아야 하는 게 아닌가 싶은데요, 타인의 고통을 덜어주는 능력을 갖추기 위한 수련과 훈련이 아닐까도 싶습니다.

인다리는 신병을 앓는 와중에 일어나는, 가장 가혹한 일입니다. 신내림을 거부하고 무당이 되기를 거부하면 신이 주변 사람을 해꼬지를 하는 겁니다. 주변 사람에게 해꼬지를 해서 사람을 다리로 삼습니다. 가까운 가족 중에 한 사람이 죽거나 크게 다치고 자식까지 횡

액을 당하는 일이 있는데 신령의 강력한 경고로 해석하지요.

신의 간택을 거부해서 받는 신벌, 자신만 괴로우면 그래도 견딜 수 있을지 모르겠지만 자신 때문에 가족 특히 자식이 죽을 수도 있다니 참 가혹하지요. 무속에서 신이 이렇게 집요하고 잔인합니다. 인간의 의사는 물어보지 않고, 확인도 하지 않고 선택해서 강제하고 결국 신벌까지 내리면서 자신을 모시게 만드는 신이라니……

결국 내림굿 받고 신의 사자, 제자가 되고 그 이후 죽을 때까지 신령을 모시고 산다고 합니다.

세습무에게는 신병이 없나요?

세습무도 신병 비슷한 것을 앓는다고 합니다. 무가巫家에서 태어나 무속의 기예, 무술巫術들을 익혀 무당이 된 사람이 있습니다만 무업이 싫고 다른 직업 가지고 싶어 무업을 중단하면 신병과 유사한 일이 발생한다고 합니다. 되는 일이 없고 실패만 거듭하고 주변 사람들은 고통을 겪는 경우들이 있다지요. 그럴 때 세습무들은 신벌이라 생각한다고 합니다. 신기하게도 다시 무당일을 시작하면 아픈 것들도 사라지고 주변에 탈도 일어나지 않게 된다고 하고요.

아키바 다카시는 "무업 세습의 종교적 관념은 조상 대대로 행해 온 무업을 그만둘 경우 신벌을 받는다는 신앙으로 나타난다"라고 했습니다. 무사巫事를 그만두면 그 몸이 위험해진다는 믿음이나 강신무가 겪는 신병이나 같다는 거죠. 굿판에서 무당을 통해 전달되는 신의 말씀을 '공수'라 하고 강신무들이 그 공수를 잘 내리는데 세습무도 굿을 할 때 신기를 느끼며 공수를 줍니다. 세습무도 신들린 상태, 즉 무당이 굿을 하다가 신격화 상태에서 빙의된 상태에서 신의 말씀을 전하는데요. 최길성 선생에 의하면 동해안 굿에서 용왕굿들을 보면 공수가 있다고 합니다.

세습무는 강신무처럼 요란한 신내림의 과정을 겪고 무당이 되지 않지만 세습무가 신내림과 무관한 존재가 아니며 자신만의 신에 대한 의식과 자각이 있다고 합니다. 세습무도 신이 내려서 신당을 모시고 아침마다 옥수를 올리며 굿을 할 때 신의 임재하심을 느끼며 공수도 줄 수 있다고 합니다.

강신무에게도 '만신부리', '무당부리'라는 게 있는데 강신무도 세습적 요소가 강하다는 겁니다. 조상 중에 무업에 종사했던 사람이 있고 그런 경우 만신의 뿌리가 있다는 뜻으로 만신부리, 무당부리라고 하는데 갑자기 이유 없이 신을 받는 게 아닙니다. 무당일을 해온 집안 사람이 신내림을 받고 조상처럼 무당이 되는 것이고 그런 일이 많다는 거예요. 실제 강신무들이 자식이나 후손 중에서도 자신처럼 신내림을 받아 무당이 되는 일이 있을까봐 걱정을 많이 한다죠. 무당들에게는 "니 자식도 무당일이나 하라"라는 것만큼 심한 악담이 없다죠.

성무 기관이 따로 있나요?

세습무 진영의 경우 무속의 가문, 무가巫家에서 태어나 어릴 때부터 무업을 보고 자라 무당이 되는 경우가 많다고 하지만 가정이 아닌, 기관에서 배워 무당이 되는 경우도 있었다고 합니다. 무당이 되는 성무成巫 기관이 따로 있는 거예요. 수업받고 훈련받고 트레이닝을 통해 무당이 되는 겁니다. 무라야마 지준에 의하면, 경우에 따라서는 특정한 과정을 거쳐 이에 합격하여야 무당됨을 허여하는 기관도 있었다고 합니다. 이런 성무 기관은 신청神廳, 복청卜廳, 학습당學習堂, 숭신조합崇神組合 등으로 불렸다지요.

다음은 무라야마 선생이 확인한 사례들입니다.

지금은 없어졌지만 1930년 무렵 전라도 광주에는 곳곳에 신청에 있어서 무당이 될 사람은 여기서 2~3년간 무속 의례를 수업하여 비로소 무당이 되었답니다. 이 신청은 무당의 집회소이자 제사, 상담, 연구 등을 하는 경우에도 사용됩니다.

전라도 나주에도 신청이 있었습니다. 신청 안에는 선생안先生案이라 불리는, 과거부터의 선배 무당의 인명록이 안치되어 있었답니다. 인명록이 담긴 신주는 매년 두 번씩 무당들이 모여 제사를 올릴 때 외에는 결코 열지 않았는데 매우 신성한 장소로 여겼다고 하죠. 선배 무당의 신령이 머무는 곳으로 생각해서요. 신청의 유지비를 이 신청에 속하는 무당들에게서 추렴했다고 하는데 이 신청에서의 입문제 이른바 봉신제奉神祭를 지냈습니다. 새로 무당 동업자, 신입생을 맞아들이는 의식이라고 합니다. 신입을 받아들일 때 시험과 면접을 치러서 어느 정도 무술巫術을 배운 가락이 있는지 가늠했다고 하네요. 남자에게는 북치고 노래 부르는 시험을, 여자의 경우 기도와 경문 읽기 춤 실력을 시험하고 조상이 무당인지 아닌지 면접도 했다고 합니다.

복청卜廳이라는 성무 기관도 있었다고 합니다. 판수는 앞이 보이지 않으니 생업을 구하기 힘들어서 무당이 됩니다. 그런데 트레이닝하는 과정이 있고 그렇게 맹인무당 판수를 키워내는 기관이 있었는데 그게 바로 복청입니다. 이들은 대부분 선배, 스승에게 수년간 수업하며 경문과 점치는 법을 배웠다고 합니다. 이런 맹무盲巫 수업 기관으로, 경문의 전수나 십간십이지, 음양오행 등 점복에 관한 것을 가르치는 복청卜廳, 맹인서당이 수십 년 전까지는 주요지에 있었는데 지금은 없어졌다고 하네요.

무라야마 선생에 의하면 또 다른 성무 기관으로 '학습당'이란 게 있었다고 합니다. 무업자가 많이 거주하는 지방에서는 특히 무업을 전수하는 학습당을 설치하여 이곳에서 동업자의 자제나 무업에 눈을 둔 사람을 모아 무업을 가르치고 배우게 했다고 합니다.

숭신조합기도점복조합에서는 수남修男, 수녀修女란 명의로 연습생처럼 3~4년간 수업한 후 날을 정해 시험을 봤다고 하네요. 시험이 치러지는 날에는 조합원 여러 명을 숭신조합사무소에 청해 시험관으로 모셨고 이들 앞에서 테스트를 받았습니다. 시험에 합격한 다음 조합에 가입하여야만 비로소 독립된 무당으로 일을 시작할 수 있었답니다.

내림굿은 어떤 것이죠?

강신무 인생의 제일 큰 변곡점으로, 내림굿을 받아야 굿을 주관할 수 있습니다. 내림굿은 몸주신을 내 안에 받아들이고 영계에 등록을 하는 절차인데요. 무당은 사제이니 내림굿은 쉽게 말해서 사제

서품식 혹은 목사 안수식과 비슷한 것이라고 할 수 있겠네요.

신기가 있으면 굳이 내림굿 받지 않아도 점을 치고 점사를 볼 수는 있습니다만 매개자는 될 수 없어요. 영계와 인간계를 잇는 중개자가 될 수 없고 영계 가이드를 할 수 없다는 거예요. 내림굿을 받고 몸주신을 모시게 되어야만 굿을 주관할 수 있고 매개 기능을 잘 수행하는 사제가 됩니다. 특히 내림굿을 받아야 굿이라는 제의를 할 수 있는 능력을 가지게 됩니다.

내림굿은 크게 두 단계로 구성됩니다. 먼저 허튼 귀신을 몰아내는 굿입니다. '허주굿' 또는 '허침굿', '마른굿'이라고도 합니다. 아무 잡신이나 모실 수는 없으니 허튼 잡신을 몰아내고 지우는 단계입니다. 두 번째는 정신正神을 받아들여 내 안에 모시는 굿입니다. '강신굿'이라고 하지요. 정신을 내 안에 안착시켜 나의 몸주신으로 삼는 단계입니다.

박일영 선생은 내림굿은 새로운 종교 기능자의 임명을 위한 제의적 절차와 상징적 행위를 포함한다고 했는데 갓 신을 받은 애기무당, 애동기자라고 불리는 신생무는 단순히 신만을 모시는 게 아니라 새로운 세계관과 가치 체계를 받아들여 자신의 몸과 영혼에 자리잡게 해야 합니다. 이때부터 신계, 영계에 등록이 되고 무업의 일을 시작할 수 있게 되는데요. 몸주신을 모셨기에 영계와 소통할 수 있는 능력과 자격 모두 가지게 된 것이죠.

몸주신lord Spirit은 채널이며 창구입니다. 내림굿을 통해 몸주신을 소유했다는 것은 자신만의 창구와 채널을 확보하는 것입니다. 신령계에 많은 신이 있는데 자신만의 신이 있어야 영계에서 헤매거나 길을 잃지 않고 산 자와 죽은 자, 현실계와 영계 사이의 매개 역할을 충실히 할 수 있는 것이죠.

내림굿의 과정에서 몸주가 될 신령이 성공적으로 내려와 안착하는 것을 현장에서는 말문이 트인다고 표현합니다. 성공적으로 몸주신이 실린 것이 인증되는 것인데 무당 후보자는 자신의 몸에 내린 신령이 되어 사람의 말이 아닌 신의 말씀 공수를 전하는 거지요. 그때 내림굿을 주관하는 신어머니가 제대로 만신 후보자에게 몸주신이 내려 안착했는지 아닌지 판단합니다. 몸주신이 내려오지 않으면 내림굿은 무효가 됩니다. 다시 새날을 잡아서 하든가 아니면 내림굿을 주관하는 무당을 바꾸어야 합니다. 내림굿의 실패는 내림굿을 주관하는 큰무당과 후보자 사이에 서로 인연과 기질의 문제도 있다고 하는데 여러 번하는 경우도 있다네요.

성무 의식은 어떤 의미를 지니고 있나요?

김태곤 교수는 내림굿이라는 성무 의식의 의미로서 세 가지를 말했습니다.

먼저 신명神命이자 자신의 사명을 직접 제대로 확인하는 계기입니다. 내림굿을 받기 전까지는 정말 막연했습니다. 남들이, 무당이 자신에게 신이 씌인 것 같다, 신병을 앓고 있는 것 같다고 말은 해주는데 그리고 정말 신병으로 인해 고생하는데 신이란 게 있는지 정말 자신이 신의 간택을 받았고 사제로서의 팔자와 운명을 가지고 있는지 막연하고 확신이 없었는데 내림굿이라는 행사로 신비적 체험을 하면서 신에 대해 확실히 자기 인식하게 된다고 합니다.

둘째는 신의 사자로 살겠다는 공개적 선서의 의미가 있습니다. 자신에게 내린 신을 신으로 추대하고 그의 사자, 심부름꾼이 된다는 것을 사람들 앞에서 성무 의식을 통해서 선포하는 것이죠. 단순히 무당이 아니라 신의 사자, 사제로 살겠다는 것을 사람들 앞에서 공증하는 것입니다.

셋째는 자신의 영력과 신권자로서의 자격을 민중에게 심판받고 확인받는 의미가 있습니다. 내림굿 현장엔 신어머니, 다른 무당들만이 아니라 구경꾼도 많이 옵니다. 갓 신을 받아 말문이 트인 애기무당의 공수와 축원이 영험하다고 생각해 사람들이 많이 몰리는데요. 신어머니만이 아니라 그들도 정말 신내림 제대로 받았고 무당 노릇할 자격이 있는지 판단합니다.

그런데 언제 어디에서 내림굿이 행해진다는 것을 어떻게 알고 사람들이 모일까요? 걸립이란 행위를 통해 사전 홍보가 되기 때문입니다. 걸립이란 것은 내림굿 이전에 벌이는 행사입니다. 그 걸립을 통해 누가 애기무당이 될 것이고 언제 애기무당 탄생식이 벌어진다는 게 온 마을에 홍보되고 애기무당 탄생이 마을공동체 전체의 관심사가 되는 것입니다.

걸립은 무엇입니까?

황해도 출신 무당 김금화 선생의 일대기를 다룬 영화가 있었죠. 박찬경 감독의 '만신'이라는 영화인데 배우 김새론, 류현경, 문소리 등이 연기했죠. 어린 시절의 김금화 선생 역할은 김새론이 했는데 영화의 마지막 장면이 그녀가 쇠걸립을 하는 장면이었습니다.

걸립이란 내림굿을 하기 전에 동네를 돌면서 경비에 소요되고 무구를 만드는 데 쓸 것들을 모으는 행위입니다. 한 일주일까지도 한다는데 가가호호 방문하면서 쇠와 곡물, 돈을 받는 것이죠. "나 신이 내린 것 같은데요, 우리 동네에 이렇게 무당 후보자가 탄생했는데요, 내림굿 하려고 하니 다들 좀 도와주십시오, 경비 보태주시면 감사하겠습니다, 무구巫具 만드는 데 쓸 쇠가 필요한데 안 쓰는 철물 있으면 좀 주시면 감사하겠습니다" 이렇게 말하면서 온 동네를 도는 겁니다.

쇠걸립 때 돈이나 곡식을 안 받는 것은 아닙니다만 주로 밥그릇, 수저, 제기 등 놋쇠로 만든 물건들을 받는 것을 원칙으로 합니다. 왜 쇠를 모을까요? 무구巫具, 이른바 신구神具들을 만들기 위해서입니다. 훗날 무업巫業을 하면서 사용하게 될 방울, 칼, 명두, 인경 등 신구들을 장만하기 위함인데 처음에는 친척집이나 아는 집들에 간다고 하네요. 쇠걸립 왔다고 소리를 지르거나 쇠걸립 타령을 부르면서 들어갑니다. 집주인이 나오면 무당 후보자는 자신의 신기로 집주인과 가족들의 팔자, 운명에 대해 점을 쳐줍니다. 공짜가 아니라 거래입니다.

이용범 선생 책에는 들어갈 때 부르는 노래 가사가 다음과 같이 실려 있습니다.

"외길러러 왔소, 불리러 왔소, 닫안문을 열러 왔소. 높은 산에 눈 날리고 얕은 산에 재불리듯, 이댁 가중 대한 가중 뛰어들고 소한 가중 기어들제, 죽은 쇠를 모아다가 산 쇠를 만들고 산 쇠를 모아서 해는 따다가 솟을 명두, 달을 따다가 일월명두 별을 따다가 아흔아홉

상쇠방울를 하고 무지기는 거둬다가 밀 대신 매구들구 들 대신 안고 들 제 이댁 가중에 칠년 일곱 해가 된 죽은 쇠가 몇 월 달에 사다둔 주걱이 시렁에 얹어논 것을 있을 테니 가져오라."

쇠걸립하러 온 무당 후보자에게 집주인은 집안에 있는 쇠붙이를 가지고 나옵니다. 뭐라도 내주려고 합니다. 놋수저, 놋바릅, 놋촛대, 놋주걱, 놋요강, 놋엽전 등을 가지고 옵니다. 이용범 선생에 따르면 걸립 때 내놓는 물건마다 의미 부여가 다르다고 합니다. 놋수저, 놋밥그릇, 놋주걱을 걸립 시 받으면 그 무당은 장차 큰 무당이 되어 여러 인간이 잘 먹고 잘 살 수 있도록 도와주어야 하고, 촛대를 걸립해서 받으면 인간들의 등불이 되어야 한다고 믿는다네요. 또한 놋요강을 걸립해서 받으면요 주신 분이 무병장수를 하게 된다고 믿는답니다. 놋엽전을 받으면 준 사람은 평생 부자로 살게 되며 무당 역시도 크게 불릴 것으로 생각한답니다. 쇠걸립은 치마로 받습니다. 영화 '만신'에서도 어린 만신 후보자가 치마에 물건들을 받는 장면이 나오죠.

예비 무당 후보가 신이 들린 상태에서 내림굿을 하기 전에 이렇게 걸립을 위해 들렀으면 어떻게든 응해야 하고 뭐라도 줘야 합니다. 거절하고 야박하게 대할 경우 그 집안에 흉사가 발생한다고 믿는다지요. 쌀이나 돈을 주기도 하는데 쌀은 동네 방앗간에서 굿에 쓸 떡을 만듭니다. 쌀이든 돈이든 놋쇠든 걸립을 통해 챙겨온 것들은 무조건 굿에서만 써야 합니다. 다른 곳에 쓰고 엉뚱하게 쓰면 내림굿은 실패하고 신병은 더욱 심해지며, 설사 내림굿이 성사된다고 해도 큰 무당이 못 된다고 합니다. 황해도 지역은 옛날부터 무구, 신구만을 전문으로 만드는 대장장이가 있었고 큰 무당은 제자와 합의가 된 대장장이에게 맡겼다고 합니다.

걸립을 보면 내림굿이, 무당이란 사제가 탄생하는 것이 한 개인의 일만이 아니라는 것을 알 수 있죠. 신병을 앓는 이가 홀로 사제로 탄생하는 것이 아니라 공동체의 관심과 지원 속에서 만들어지는 것입니다. 신 내린 사람이 무당이 되기 위해 거쳐야 하는 내림굿이 일정한 공동체성을 담보하고 있음을 걸립이란 행사에서 확인할 수 있습니다. 물론 내림굿 현장에 모여 구경하며 공수와 축원을 받아가고 새 무당의 선서에 증인이 되어주는 모습에서도 공동체성은 충분히 확인됩니다.

내림굿이란 강신무의 이야기인데요, 걸립과 내림굿 과정을 보면 강신무 역시 특정 공동체에 뿌리내려서 일하는 존재임을 알 수 있습니다. 강신무도 구역이 있습니다.

요즘은 과거처럼 동네를 돌고 훑으면서 가가호호 방문하는 식의 걸립은 사라진 것으로 압니다. 대신 내림굿을 하기 전 주위 가족이나 친구들 또는 동네 사람들이 쇠붙이로 만든 촛대나 제기 등을 선물한다는데 돈을 봉투에 담아 주는 경우도 있다고 합니다. '시주'라는 표현을 쓰는데 주변 사람들이 먼저 건네기도 하지만 예비 무당이 먼저 요구한다고 합니다.

그런데 여기서도 공짜가 없습니다. 시주 받으면 따로 시주자의 성명과 생년월일, 시주 날짜를 기록합니다. 그분들 덕분에 사제가 되는데 있어 은덕을 입었으니 무당일을 하면서 그분들이 무병장수를 축원하고 기도하는 것이죠. 이렇게 시주하면 복을 받는다고 생각하는 사람들도 있습니다. 걸립 전통은 사라진 것이 아니라 외형만 달라졌을 뿐입니다. 황해도 일대 내림굿과 걸립 의식은 양종승 선생의 연구를 참고했습니다.

내림굿 이후에는 무슨 일을 해야 하나요?

몸주신을 뫼신 사제로서 재탄생했으니 새로운 관계의 장으로 들어갑니다. 내림굿을 주관한 큰무당을 신어머니로서 모셔야 하고 그 밑에서 큰무당을 모시고 수발드는 사람들과는 가족이 되는 것입니다. 새로운 공동체, 커뮤니티에 소속이 되는 것이죠. 신어머니-신딸의 관계가 성립하고 다른 신딸들과의 관계 역시 성립하는 것입니다.

중요한 것은 본격적인 무당 수업에 들어간다는 겁니다. 무당들은 흔히 "영검은 신령이 주나, 재주는 배워야 한다"라는 말을 한다죠. 이것은 무당으로 탄생하고 무당 노릇을 하게 되는 데 있어 두 개의 본질을 보여주는 말입니다. 신령의 소명과 간택으로 무당이라는 사제가 되는 종교 경험, 그리고 무당 전통에 대한 트레이닝. 원래부터 예술적 요소가 강한 가무와 기예를 중시하는 세습무 진영의 무당은 말할 나위 없지만 강신무 진영도 마찬가지입니다. 장시간 훈련하고 수련해야 비로소 한 사람의 무당 몫을 하는 사제로 태어나는 겁니다.

내림굿을 받고 나면 영력의 힘으로 즉 몸주신의 도움으로 점은 술술 칠 수 있는데 그건 점사일 뿐이고 굿이란 의식과 제의를 제대로 하기 위해서는 고생해가면서 장시간 배워야 합니다.

내림굿 이후에는 굿판에서 추어야 할 춤과 굿판에서 불러야 할 노래인 무가에 대해서 배웁니다. 무가의 종류만 해도 아주 많습니다. 그 많은 무가를 술술 부르기 위해서 외우는 과정이 참 어렵다지요. 그뿐만이 아닙니다.

굿상에 어떤 요리와 음식들을 올려놓을 것인지에 대해서도 배워야 하고요, 무당이 입어야 할 옷들, 굿판에서 입어야 할 옷 만드는 법도 배워야 합니다. 종이꽃, 조화를 만들고 한지로 장식 만드는 법도 배워야 하고, 부적 그리는 법도 배워야 합니다. 내림굿 이후에 그런 것들을 배우는 무당 수업이 시작되는데 새끼무당, 아기무당은 숙련 과정에서 굿에 참가하는 조무助巫가 되고 조무 생활하면서 하나의 숙련된 사제, '큰무당'으로 점차 성장해나갑니다.

무당 수업이 시작되면 흔히 별칭으로 불린다고 합니다. 예를 들면 '짱꿰', '오토바이', '째보며느리', '꺽다리', '구미 만신', '우씨 아주마이', '인천 할마이' 등입니다. 무당에 대한 사회적 차별이 심하니 자기 신분도 감추고 새롭게 진입한 무당 식구 커뮤니티에서 친밀감을 가지기 위해서입니다. 더 깊은 의미로는 보통 인간으로부터 무당이라는 새로운 특출한 인물로 바뀐 것이니 인격 전환에 대한 자의식 표시라고도 합니다.

수업 내용은 지역마다, 구역마다 다릅니다. 조흥윤 선생 연구에 의하면 서울 지역은 전통 무당들의 경우 '각심절파', '노들파', '구파발파' 등 세 유파로 나뉜다고 합니다. 이들 사이에는 춤사위도 다르고 굿상을 꾸미는 방식도 다르다고 합니다.

이런 트레이닝이 실패하면 선무당이 됩니다. 훌륭한 강신무가 되려면 ① 소명 체험으로서 겪은 신병 ② 입무식으로서 내림굿 ③ 장기간에 걸친 수업, 이 세 가지 조건이 충족되어야 하는데 그렇지 않으면 '선무당', '나이롱 무당', '돌팔이 무당'이 되고 마는 것이죠.

선무당이 되는 주된 이유는 두 가지입니다. 제대로 내림굿을 받지 못하거나 훈련을 받지 못한 경우, 좋은 신부모를 만나지 못한 경우 선무당이 됩니다. 지역적 원인도 있습니다. 호남처럼 세습무 전통이 대세인 지역에도 신내림을 받은 사람이 있습니다. 무기巫家 사람도 아닌데 말이죠. 그 세습무 관할 지역에서는 신내림을 받은 사람을 '비가비'라고 부릅니다. 이러한 사람들은 주로 점복을 담당하면서 보조 무당 역할을 할 뿐인데 지역적 전통이 그러하니 선무당이 된다고 합니다. 하지만 신내림을 받은 이들이 무속 집안으로 들어가서 수업을 받기도 합니다. 단순히 비가비로 사는 게 아니라 '전수자' 명목으로 세습무의 문하생으로 들어가 제대로 훈련을 받는 것입니다.

내림굿 이후에도 배워야 할 것이 참 많은데 특히 암기력이 좋아야 한답니다. 며칠이고 계속해서 이어지는 장편의 무가들을 자기 것으로 하려면 타고난 머리가 명석해야 할 것 같아요. 개인별로 타고난 능력에 따라 차이가 있기는 하지만 무가를 암송해서 외우고 굿의 절차 배우고 춤도 배우는 데 3년 정도는 걸린다고 합니다.

신부모는 무엇을 하는 사람인가요?

내림굿 이후 새로운 관계의 장에 들어갑니다. 내림굿을 주관해준 큰무당을 부모이자 스승으로 섬겨야 합니다. 이렇게 부모-자식이 되는 것이고 무속 패밀리가 되는 것입니다.

춤, 장고가락, 부적 등에 대하여 무당들은 때때로 꿈속에서 신령들로부터 직접 배우는 경우도 있다는데 대부분 무사는 역시 신부모에게 배웁니다. 애기무당은 신부모 집에 머물면서 대소사를 처리하고 부모 모시듯이 수발을 드는 데 정말 고생한다지요. 그리고 부모 무당이 굿 하는 데를 따라다니며 조무 노릇을 한다고 합니다.

조무는 조수 무당입니다. 조무로 활동하며 굿을 완전히 익혀 독립할 때까지 계속 무사巫事를 배우게 되는데요. 내림굿 이후 갓 무업의 세계에 발을 들인 애기무당이 열심히 공부하고 신부모 모시기를 잘한다 싶으면 신부모는 단순히 집안에서 공부와 일만 시키는 게 아니라 굿판에 데려갑니다. 제의, 의식에 이끌고 가서 다른 무당들에게 소개하고 안면도 트게 합니다. 그러면서 굿판에서 부분, 부분 맡기기도 하고 현장 학습을 시킵니다.

결국 그는 서너 명의 다른 무당과 한 팀을 만들게 되어 큰 굿을 독자적으로 거행할 수 있게까지 된다는데 독립된 무당으로서 서는 것은 신부모의 판단보다 다른 무당들의 인정이 중요다고 합니다. "우리 같이 굿해요"라는 제의를 받으면 예비 무당은 '아, 내가 어느 정도 숙련이 되었구나, 신부모 슬하를 벗어나서 독립해도 되겠구나, 나도 개업해도 되겠구나'라고 생각하게 된다고 합니다.

신부모와 신자식은 단순히 사제 관계가 아니라 슬하에서 떠날 때까지 공생 관계라고 볼 수도 있습니다. 철저하게 가르침을 내리고 훈련하고 교육만 하는 게 아니라 신딸과 신아들들 덕도 본다는 거죠.

신 내린 지 얼마 안 된 애기무당들은 영험하다는 믿음이 사람들에게 있습니다. 반대로 시간이 오래되면 점의 적중률은 떨어진다죠. 무당은 시간이면 시간, 내방객이면 내방객, 정해진 할당량이 있다는 말도 있습니다. 이해를 돕자면 소위 '티오' 뭐 그런 거라고 아시면 됩니다. 정해진 티오 같은 게 있는데 그 할당량을 다 채우면 무당으로서 신기가 빠지고 점사를 보는 능력이 확 처진다는 겁니다. 어쨌든 간에 갓 신 내린 애기무당들에게는 손님이 많아요. 점 보러 오는 사람이 많으면 굿할 일이 당연히 많아지겠지요? 자식으로 거느리는 애기무당 덕분에 굿할 기회가 늘어나는 것입니다. 애기무당은 점사는 잘 맞지만 아직 굿을 수행할 능력은 없으니 신부모가 굿을 수행하는 식으로 역할 분담하는 거예요. 이른바 상보적 공생 관계입니다. 신자식을 거느리면서 키우는 신부모 역할에 대해서는 무속 관련 논문과 저서를 많이 쓴 황루시 선생의 연구에 잘 드러나지요.

황루시 선생 책을 보면 신부모 노릇이 참 어려운 일이라는 것을 알 수 있는데요. 정서 불안하고 애정이 굶주린 사람을 자식으로 받아 가르치고 건사하고 이런저런 갈등까지 조정해야 하고 때로는 부모 노릇만이 아니라 스포츠단의 감독같은 일도 해야 한다는 것입니다. 신자식과 신부모는 경제적 공생 관계입니다. 신자식이 있어서 돈을 법니다. 그래도 부모는 부모이기에 위엄을 보이고 선을 지키게 해야 합니다. 그리고 신자식은 하나가 아니고 여럿인 경우가 많은데 신이 맺어준 가족 간에 화목할 수 있도록 신어머니가 중심을 잘 잡아줘야 한다고 합니다.

특히 신부모는 공정해야 한답니다. 편애하지 말고 신자식 한 사람, 한 사람의 아픔과 고통을 헤아려야 합니다. 신병을 앓아 무당이 된 제자들을 수시로 붙잡고 상담하고 조언해야 한다죠. 남편과 불화가 있을 수 있는데 특히 부인이 무당되어 돈 잘 벌면 빈둥대고 놀면서 마누라 등칠 수 있고 애들은 애들대로 문제입니다. 애들이 크고 철이 들어가면 무당 노릇하는 어머니에 대한 원망과 거리감이 생길 수 있는데 이런 문제들 다 의논하고 조언을 디테일하게 해줘야 신어머니 노릇을 제대로 하는 것이라고 합니다.

신어머니가 보기에 신딸들은 모두 딱합니다. 무슨 모진 운명을 타고나서 쟤도 신병을 앓아 무당이 되었을까 생각하면 기가 막히다는 거죠. 하나같이 정서가 불안하고 애정에 굶주려 있는데 편애하지 말고 갈등을 잘 조절하고 서로 간에 우애를 지키게 하며 처신 제대로 하게끔 가르치고 단속해야 하지요.

굿일이 닥치면 신어머니 집은 아주 바빠집니다. 한지로 꽃 만들어야 하고 장봐서 음식 만들어야 하고 굿판에서 입을 옷들 챙기고 수선해야 합니다. 이때 신딸들이 와서 일을 하는데 그 과정에서 신부모는 누가 진지하게 임하고 요령 안 피우는지, 센스가 있고 촉이 좋은지 관찰한다고 하죠. 각자의 개성도 살핀다는데 그렇게 관찰하여 흡족한 신자식이 있으면 굿판에 세우는 식으로 재목을 찾는다고 합니다. 장차 자신의 뒤를 이어 큰무당이 될 사람을 찾는 것입니다.

자식 무당들은 독립해서 나간 이후에도 관계는 단절되지 않습니다. 신자식들은 독립한 이후에도 신부모를 극진히 섬겨야 합니다. 중요한 일이 있으면 찾아와야 하고 자신의 굿을 의뢰받으면 택시를 보내 신부모를 상석에 모셔 참관하게 하고 굿을 해서 번 돈 일부를 생활비로 드립니다.

무당들은 자신의 몸주신을 위한 굿을 정기적으로 하는데 그걸 '진적굿'이라고 합니다. 무엇보다 신부모가 진적굿을 할 때 반드시 참여해서 도와야 한다고 합니다. 아프면 병원에도 모셔 간병도 하고 돌아가시면 장례까지 치르면서 정말 부모처럼 모신다고 합니다. 물론 이런 원칙을 제대로 지키는 이들은 이제 드물다고 합니다.

무당의 사회 생활은 대체적으로 폐쇄된 범위에서 이루어집니다. 우리는 인간 세계의 구성원이 아니라 신계의 사람이라는 동일한 귀속감을 가지고 있고 사회적 차별과 편견이 심해서 더욱 그러하다고 합니다. 그리하여 무당들은 일반 사회와는 동떨어진 채 굿당의 당주나 당지기, 무악을 담당하는 재비, 무신도를 그리는 환쟁이 등 무업 관련 업종 종사자들끼리의 폐쇄된 공동체의 틀 안에서 사회 생활한다고 합니다.

대한민국 무속인의 단결과 화합을 목표로 하는 기관으로서 '대한경신연합회'가 있는데 홈페이지를 검색하면 "50년 역사와 전통의 대한경신연합회, 대한민국 30만 무속인의 단결과 화합 대한경신연합회가 만들어갑니다"라는 소개글도 있습니다. 여기서는 스스로를 신교인神敎人이라고도 칭합니다.

4
무당의 삶

무당은 어떤 활동을 하나요?

내림굿 받고, 도제식으로 훈련받고 공부해서 독립한 무당은 어떤 활동들을 하고 살아갈까요? 크게 두 가지로 나눌 수 있습니다. 몸주신을 섬기는 것과 신도들을 돌보는 것이요. 자기 집에 방 한 켠을 치우거나 아예 방 하나를 통째로 비워 자기 몸주신을 위한 공간을 만듭니다. 탱화도 걸고 이런저런 상징물을 배치하여 자기 집 한 부분을 개인 신당으로 만드는 것이죠. 이렇게 마련된 개인 신당에서 자기가 모시는 신령들에게 매일 아침 일찍 공을 드립니다. 향을 피우고 정화수를 길어서 올리고 햇곡식이 나오거나 계절 과일이 새로 나오면 장만해서 올립니다. 몸주신만이 아니라 기념일에는 산에나 강 혹은 바다에 가서 신령들에게 정성을 드리고 제물을 바칠 때도 있는데 이렇게 신령을 모시는 일이 무당들의 일상입니다.

신도들을 돌보는 일도 중요한 일과입니다. 무속도 종교이기에 그 안에서 기념일과 축제일이 적지 않습니다. 전 신도와 사제를 총괄하는 기념일은 없지만 무당별로 자신만의 기념일, 축제일이 있지요. 그때 신도들을 불러 치성을 올리고 정말 특별한 기념일이다 싶으면 단골들을 불러 굿을 하기도 합니다. 봄과 가을에 자신의 몸주신에게 봉헌하는 진적굿 때는 단골 신도들을 불러모아 점을 치고 벽사와 구복을 위한 부적을 준다고 합니다.

무당의 집에는 '축원책'과 '명다리'가 있다는데요, 축원책에는 단골 신도들의 이름, 생년월일, 주소 등이 기록되어 있어 있습니다. 명다리는 단골 신도의 장수長壽와 행복을 기원하며 그 내용들을 적어 무당의 신당에 보관하는 천을 말합니다. 명다리 숫자가 많을수록 신도들에게 인정받고 충성 고객을 많이 확보한 무당이라 할 수 있답니다.

신을 섬긴다는 것은 단순히 상위에 뭘 올려놓고 기도만 하는 행위가 아닙니다. 끊임없이 자기 정화의 과정을 밟아가야 신기神氣가 유지됩니다. 신기가 유지되고 맑아야 신계에 금방 접속이 됩니다. 그래야 신과 소통을 잘할 수 있고 잘 섬길 수 있습니다. 그렇기에 틈틈이 명산대첩을 찾아 기도하고 특정 음식과 성관계를 피하는 등의 금기들을 지켜야 합니다. 특히 신과의 영적 교감이 가장 극대화되어야 하는 상황이 있을 때 자기 정화를 열심히 해야 하고 금기들을 철저히 준수해야 한다고 합니다. 이런 자기 정화를 위한 노력만 봐도 무속의 종교성은 충분한 것 같습니다. 무속은 종교 맞고요, 무당은 사제 맞습니다.

몸주신이란 존재

무당의 몸은 몸주신이 거주하는 장소인데요, 그 몸주신이 있어야 영력이 유지가 되고 영험함을 계속 가지면서 매개자, 중개자 일을 잘할 수 있을 것입니다. 그런데 무당은 애초에 신 하나만을 모시질 않습니다. 여러 신을 모시는데 그 가운데 직접 영적으로 소통하는 신이 바로 몸주신입니다.

몸주신은 무당마다 다르고 성무 과정에 따라 달라집니다. 누구는 장군, 누구는 대감, 누구는 보살, 혹은 자기 조상의 혼이 내리는 경우도 많습니다. 죽은 아이의 혼이 내린 경우도 있죠. 자기가 모시는 몸주에 따라 신의 뜻을 전달하지만 어떤 무당은 굿이나 점의 성격에 따라 몸주를 바꿔 각기 다른 신의 힘을 빌어 공수를 내리기도 한답니다.

이 몸주신은 무당이 섬기고 모시지만 일방적으로 섬김만 받는 존재는 아닙니다. 신도와 단골들의 문제를 해결해줄 수 있어야지요. 신이 들리고 내림굿을 받고 훈련을 받아 독립된 무당이 되는 것은 어쩌면 무당 몸에 깃든 몸주신의 사회화 과정이라고 볼 수 있는데 무당도 무당마다 특화된 자기 기능이 있습니다. 누구는 상담, 누구는 굿 연행, 누구는 병을 고치는 기능, 이런 식으로 자신의 전문적 기능이 있다는 거예요. 이것은 곧 몸주신의 기능화이자 몸주신의 사회화라고 할 수 있습니다.

무당의 자질이란 것이 따로 있나요?

아무나 무당이 되는 게 아니죠. 하와이 대학에서 사회인류학을 가르친 김영숙 교수 연구 결과에 의하면 무당들에게는 다음과 같은 공통점들이 있다고 합니다. 첫째, 한국의 무당들은 부모라든가 배우자 혹은 자식 때문에 어려서부터 남다른 고생을 하였습니다. 둘째, 부모나 남편을 혐오하는 등 콤플렉스가 강하다고 합니다. 가족, 가정 관련해서 기구한 사연들이 문신처럼 박혀 있는 경우가 많죠. 셋째, 지능이 뛰어나고 그림, 노래, 춤 등 예술적 소양으로 나타나는 감수성이 예민하다고 합니다. 넷째, 정상적 교육 과정을 거치지 못하였다고 합니다. 다섯째, 정신장애나 신체 고통의 증후군으로 흔히 신병이라고 하는 강력한 신비 체험을 했다고 합니다. 여섯째, 무당 노릇을 함으로써 이 병이 낫는다고 합니다. 일곱째, 사람들을 끌어모으는 매력, 통솔력을 갖추고 있다고 합니다.

김영숙 교수의 견해만 살펴봐도 무당으로서 자질이란 게 뭔지 좀 알 수 있을 것 같은데 기억력, 명석함, 예술적 예민함과 감수성, 사람들을 매니징하는 능력 등입니다. 우선 무당은 똑똑해야 합니다. 1990년대만 해도 무당들 평균 학력이 중졸이었다고 하는데 가정 내의 문제, 신내림 과정에서 겪어야만 했던 과정 때문에 학교 생활이 순탄치 못하고 저학력자가 많았습니다. 하지만 저학력자라고 해서 똑똑치 못할 거라고 생각하면 정말 큰 오산입니다. 무당들이 똑똑하다는 것은 굿을 할 때 불러야 하는 무가들 분량만 봐도 알 수 있어요.

공개된 장소에 대중을 상대로 퍼포먼스를 하려면 대중을 휘어잡는 카리스마, 센스와 촉도 있어야겠지요. 무당들은 자신의 영력만 가지고 점사를 보는 것이 아닙니다. 각자 영력의 차이가 있고 신내림을 받은 지 오래되면 점사를 보는 능력이 떨어지는 데 그때 '더듬이'란 것을 씁니다. 노련한 형사, 수사관, 검사들의 유도 심문을 떠올리시면 됩니다. 내담객 스스로 말하게 한다거나 내담객과 신도가 가진 가족 관계와 신상 문제를 주변 사람들 이용하여 교묘히 알아내는 방법인데요. 좁은 동네 인맥, 유도 심문을 통해서 알아내고 얻은 정보들을 마치 신령님께서 말씀해주시는 것처럼 포장해서 일러주고 대안을 말해주는 것입니다. 이 역시도 좋은 머리, 명석한 두뇌가 없으면 못하겠지요.

늙고 노회하고 노련한 무당을 보면 가스라이팅의 대가인 경우가 많습니다. 사람 상대할 때는 기선 제압하는 게 중요하다고 하는데 무당들이 그걸 잘하지요. 예를 들면 초면부터 기를 확 죽이는 화법입니다. 반말하고 말 길게 안 하고, 짧게 던지면서 고압적 태도로 눌러놓는 식입니다. 노회한 무당일수록 떨어진 신기를 그렇게 만회하기도 합니다.

무속과 젠더는 어떤 관계인가요?

무속은 사실 여속입니다. 그만큼 사제 중 여자의 비중이 높아요. 가택 신앙까지 무속의 범주에 넣는다면 사실 압도적으로 여자가 많을 텐데 일단 무당만 가지고 한정하자면 70%가 여성입니다. 최준식 교수의 연구에 의하면 무속만큼 전 세계에서 여성들이 전권을 쥐고 하는 종교 의례를 찾기는 힘들다고 하지요.

그런데 알고 보면 남자 무당도 적지 않습니다. 그런데 굿 할 때는 철저히 여성 캐릭터로 변하여 진행한다죠. 한국이 무속의 나라고 무속의 사제들 대부분이 여자인 것은 그만큼 한국 사회는 문화적 여성성이 아주 강한 사회라는 증거라고 봅니다. 조선이 세계사에 유례없는 유교 국가라고 하지만 민초들은 무속의 세계에서 벗어나지 못했고 유교와 성리학은 민중 문화의 뼛속까지 스며들어 뿌리내리지는 못했습니다. 주자학적 관습이 곳곳에 완전히 뿌리내리고 토착화했다면 조선 사회에 여성 무당이나 굿판이 살아남을 수 있었을까요?

박일영 선생 연구를 참고해 무당의 성별을 놓고 더 이야기하자면 남부 지역은 남무가 우세하고 함경도를 제외한 북부 지역은 여무가 우세했다고 합니다. 재가승 출신 남자가 무당이 되는 경우가 많았는데 함경도는 박수가 더 많았다고 하지요.

제주와 호남, 영남 지역도 남자 무당이 강세였다고 합니다. 사제권이 남성 위주로 계승되는 경우가 많았다죠. 이는 세습무 진영의 이야기고요, 강신무 진영은 수치, 비율도 그렇고 굿에서 가지는 주도권까지 여성의 힘이 절대적으로 우월했다죠. 현재 북한 지역에도 공산당은 인정하지 않지만 무당들이 있고 알음알음 내담객들이 가서 상담도 받는다고 하는데 여무가 대부분이라는 것 같습니다.

무당들이 돈을 쉽게 번다는 말이 사실인가요?

내림굿에선 1~2억이 오간다는 말도 있고 굿으로 번 돈 제대로 소득 신고 안 하고 세금도 안 낸다는 사람들도 있다고 합니다. 정말 무당은 돈을 쉽게 벌까요? 그렇게 보일 수 있어요. 돼지 머리마다 만 원짜리, 5만 원짜리 지폐, 때로는 수표가 꽂혀 있고 굿판에서 무당이 울면서 할머니가 들어왔다, 할아버지가 들어왔다 하면 저마다 인정을 쓴다며, 별비를 낸다면서 지갑 열어 돈을 팍팍 내놓는데요. 무엇을 대가로 해서, 무엇을 포기해서 그 돈을 버는지를 좀 알아야죠.

그 돈은 평범한 인간으로서의 삶을 저당 잡힌 대가이며 인간으로서 평온한 일상의 정서를 죄다 포기하면서 버는 돈입니다. 귀신도 아니고 인간도 아니고 신도 아니고 사람도 아닌 그 중간과 경계점에서 평생을 살아야 하는 것이 무당의 삶일 수 있어요. 인간의 세계에 사는 것도 신의 세계에 사는 것도 아닌 그런 애매한 상태로 말이죠. 그러니 아무리 큰 돈을 벌고 굿 한 번에 한 장, 두 장, 세상이 오간다고 해도 쉽게 돈은 버는 것은 아닐 겁니다.

사실 무당이 춤과 노래로 신을 불러 망아경 상태에 빠지고 현장에서 사람들 휘어잡고 집단 흥분과 고양의 상태에 빠지게 해서 돈을 버는 존재라는 것을 생각하면 춤과 노래 등 공연으로 먹고 사는 존재는 모두 무당이라 볼 수 있는 건데요. 특히 노래, 춤으로 공연하러 다니는 연예인들도 평범한 삶의 행복과 일상의 정서 유지가 잘 안 됩니다. 그걸 포기해서 그대가로 돈을 벌어야 하는 경우가 많아요. 뜯어먹고 빌붙은 가족과 친척도 많고요.

무당은 딸네 집 굿을 가도 자루 아홉 개를 가져간다는 말이 있죠. 남들이 보기에 그만큼 돈욕심이 과하다는, 돈 밝히고 돈에 사족을 못쓴다는 말입니다. 그러나 무당들이 원래 탐욕스러워서 그렇다기보다는 돈밖에 보상이 없어서 그런 경우가 많아서 그렇다고 보시면 됩니다. 돈을 벌어도 사회적으로 무시당하고 사회적 신분과 인식은 밑바닥인데 항상 정서 불안도 있고 그러니 돈만이 보상이고 위안이 되는 것이죠.

박수무당은 무엇인가요?

동해안 지역의 오구굿은 꼬박 밤을 새워 진행한다고 해서 '밤저'라고도 부르는데 굿은 왜 밤에 많이 할까요? 보통 밤 12시쯤 시작하던 예전 제사를 생각하면 쉽습니다. 제의를 하려면 혼령이 와야 하는데 귀신은 밤에만 활동합니다. 신령님이 밤에만 왕림하니 밤을 새워야죠. 무당은 신을 섬기고 신령과 인간 사이에 중개자 역할을 하니 밤을 새우는 것은 그들의 숙명이고 팔자라고 하겠습니다.

밤을 새워서 굿하는 것도 힘든데 추운 날 굿을 하는 것도 고생입니다. 특히 마을굿은 바닷가에서 칼바람 맞아가면서 하고 눈이 펄펄 오는 가운데 시연하고도 하는데 서낭굿, 별신굿이 그렇게 추운 데서 벌어지는 경우가 많다지요. 비가 오고 눈이 오고 칼바람이 불어 제끼고 하지만 취소할 수는 없는 노릇이지요. 날 잡아서 돈 많이 들여서 하는 행사이고 공동체와의 약속으로 행해지는 것인데요. 예전에는 민속 행사 절반이 1월과 2월 사이에 있었습니다. 그런데 그 기간에 밖에서 굿을 하곤 했으니 얼마나 고생했겠습니까?

무당은 춥다고 잔뜩 껴입을 수도 없어요. 공연을 하는 셈인데 곱게 청초하게 차려입고 나와야지요. 애써 만든 머리가 엉키거나 흩어질까 전전긍긍하면서 추위에 벌벌 떨고 있는 모습은 굿판에서 흔히 볼 수 있다죠.

장군신, 대감신, 성주신, 조상신 등 굿할 때, 장시간 공연하면서 여러 인물 배역 소화해야 하는 것도, 캐릭터와 컨셉트를 계속 변화시키는 것도 참 정신적으로나 육체적으로나 너무 힘든 일일 겁니다. 무당은 극한직업 맞습니다.

여무만이 아니라 박수무당도 힘듭니다. 남자라지만 추운 날 밤에 얇게 입고 의식을 행해야 하는데 쉽겠습니까? 남자지만 굿에서는 여자가 되어야 하는 것도 어려운 노릇일 것 같습니다. 굿을 하는 내내 치마를 입고 여성스러운 몸짓을 하며 말도 여성을 흉내내면서 하지만 여자 무당이 굿을 할 때 남자 옷 입고 바지 입고 춤추고 하는 일은 절대 없다고 합니다.

박수들은 평소에도 여성적인 모습을 많이 보인답니다. 말씨도 사근사근 동작도 조신하게 손놀림도 유연하게요. 굿에서 여성이 되어야 하니 어쩌면 당연한 거겠죠. 수적으로 적으니 더 신기하고 춤과 노래를 힘차게 잘해서인지 굿판에서 박수 무당은 그런 대로 인기가 많은 편이랍니다. 남자들이 도제 과정에서 학습이 빠르고 재해석 능력이 좋아 사람마다 개성도 있다고 합니다.

5
무속의 신도, 단골

단골, 단골판이 뭔가요?

무속 신앙의 구성 요소로 무당과 굿, 신령들이 있지만 신도도 빼놓아서는 안됩니다. 신도가 있어야 사제도 신령도 있는 것이죠. 교단이든 승가든 뭔가 공동체가 만들어지거나 조직화되려면 역시 돈이 필요합니다. 그러기에 종교로서 성장하는 것은 세속화일 수밖에 없어요. 돈을 누가 내고 마련하나요? 신도들이죠. 신도가 있기에 무속인들도 먹고 사는 것이고 신령들도 섬김을 받는 것입니다.

무가의 신도는 다른 말로 단골입니다. 단골은 그냥 오는 내방객과 손님이 아닙니다. 자주 와야 하고 무속적 세계관에 동의해야 합니다. 신령의 존재를 믿고 그와 나 사이를 매개해주는 사제인 무당에 대한 믿음이 있어야 무속에서 말하는 신도, 단골이라고 할 수 있습니다. 특히 특정한 무당에게 신봉자 자격으로 꾸준히 찾아오는 여성들을 일컫는 경우가 많습니다.

그런데 그 신봉자만이 아니라 신봉자의 식구 전체를 단골이라고 부르는 것이 맞을 것 같습니다. 특정 신도가 자신만의 문제를 가지고 와서 해결책을 구하는 것 아니죠. 무속인 역시 그 신도만을 신경 쓰고 돌보는 게 아니라 신도의 가족 전체의 일을 다루기 때문입니다.

원칙적으로 무당들이 상대하는 사람들은 단골의 범주에 들어가는데요, 단골판이라는 말도 있습니다. 단골판은 지역이자 관할권입니다. 종교적 영역이라고 할 수도 있고 속된 말로 영업 구역이라고 해도 될 것 같습니다. 특정 무당을 의지하고 믿고 자주 찾아오면서 경제적으로 무당에게 도움을 주는 사람들이 일정한 마을과 동네에 국한되는 경우가 많은데 그 지역을 단골판이라고 한다는 거죠.

무당의 고정 신도들을 단골, 고정 신도들이 주로 분포해 사는 지역을 단골판이라고 합니다. 그런데 경우에 따라선 무당을 부를 때도 단골이라고 합니다. 어떤 신도들은 자주 들러 내방하는 무당을 보고 단골, 당골네, 단골 무당이라고 하는데요, 단골은 명사라기보다는 동사, 술어적 의미가 있어요. 고정된 관계, 고정되고 지속되는 관계를 말하는 것이라고 볼 수 있습니다. 신도인 내 입장에서는 자주 찾아가서 믿고 조언을 구하는 존재가 단골인 것이고 사제인 내 입장에서는 자주 찾아와서 문제를 의논하고 정기적 수입의 근원이 단골이지요. 두 집단 사이에서 형성되어 유지되어온 관계를 통틀어서 단골이라고 하는 게 맞습니다.

단골판은 영역입니다. 특정 마을과 동네, 지역에 특정 신당과 무당이 있고 무당에게 해당 지역의 관할권이자 영업권이 주어지는데 과거에는 무당의 관할권, 영업권이 자연적으로 형성된 마을, 촌락공동체의 경계와 딱 겹쳐졌습니다. 폐쇄적 농업 경제, 촌락공동체 전통 때문이었던 듯 싶습니다. 아직도 벽지나 시골에 가면 볼 수 있고 서울에도 일부 남아 있다네요.

단골판은 독자적 영역입니다. 타인이 끼어들어 영업하고 신도를 데려오거나 자신의 영향력을 행사하고 거기 신도들 상대로 영업하고 굿을 하는 일은 허용되지 않습니다. 다른 무당의 영업권인 단골판에 들어가지 않는다는 것은 지역 사회의 룰입니다. 그랬다가는 무구를 빼앗기고 매를 맞을 수도 있습니다. 단골판은 배타적 영역으로, 함부로 넘나들거나 넘볼 수 없어요. 그런데 세습할 자식이 없거나 나이가 먹고 몸이 아파서 더 이상 무업을 할 수 없다 싶으면 대가를 받고 해당 단골판을 넘겨주기도 하죠.

서울과 경기도에서 단골판을 보기 어려운 이유로는 역사적인 원인과 지리적인 원인 두 가지를 꼽을 수 있습니다. 역사적인 원인으로는 조선 시대 조정에서 행했던 심한 무속의 박해를 떠올리시면 됩니다. 유교의 가르침과 성리학적 질서가 구석구석까지 미치지 못했지만 서울과 경기도는 중앙 정부가 관할하거나 바로 옆에 있으니 탄압을 받을 수밖에 없었죠. 항상 쫓겨다니는 신세인데 정착은 지난한 노릇이고 특정 지역을 내 것을 하는 단골판이 만들어지기 어려웠겠죠.

무당을 도성 밖으로 쫓아냈다는 기록은 왕조실록에 여러 번 나와 있습니다. 그런데 그건 역설적으로 무속을 없애지 못했다는 얘기죠. 아예 없애고 근절했다면 계속해서 도성 밖으로 내보낼 이유가 없었겠죠. 지리적 이유로는 인구의 이동성과 유동성이 강하다는 점을 들 수 있습니다. 그러니 단골판 형성이 어려웠던 겁니다. 사람들이 땅에 붙어 살지 않으니까 고정 신도 확보하는 게 어려웠을 텐데 이럴 때는 지역 위주가 아니라 인물 위주 단골판이 형성되었을 것입니다. 서울과 경기는 단골판이 지방보다 약하고 있다 해도 지역보다는 인물위주, 영험함과 카리스마를 자랑하는 무당들 위주로 형성되었습니다.

단골판이 강신무 진영에 없는 것은 아닙니다. 다만 지역, 마을 단위의 고정된 영업권이 아니었고 인물 위주로 형성이 된 경우가 대부분입니다. 세습무 계열의 단골판은 남부 지방에 주로 분포되어 있습니다. 자연적으로 형성된 촌락, 마을과 밀착되어 있는 지역 위주 단골판입니다. 반면에 강신무 계열의 북부 지방은 인물 위주 단골판입니다.

박일영 선생은 지역 위주 단골판의 남부 지방을 '사제적 형태의 지역 공동체priestly territorial community'라고 했고 강신무 계열이 주로 영업을 하는 인물 위주 단골판이 분포된 북부 지방을 강력한 종교 체험을 중시하는 '예언자적, 카리스마적 형태의 인물 공동체charismatic personal community'라고 했습니다.

강신무 진영은 특정 무당의 영력과 카리스마를 믿고 신봉하기에 형성된 인물 위주 단골판이 많다고 보면 됩니다. 인물 위주 단골판은 대략 한 무당당 고정 신도 수가 40~50명이라고 합니다. 단골 신도만이 아니라 신도들의 가족까지 모두 챙겨야 한다고 했으니 거기에 곱하기 4~5를 해야겠는데 40,~50가구를 챙기는 것이라고 보면 됩니다.

단골 신도와 가구 수를 알아볼 수 있는 증빙 자료로 축원책과 명다리가 있습니다. 축원책은 단골 신도의 이름과 생년월일을 기록한 것이고 명다리 단골의 장수를 기원하는 천입니다. 인물 위주 단골판에서 이런 것들로 해당 무당이 얼마나 많은 신도를 확보했는지, 즉 얼마나 도가 높고 영험한 무당으로 대접받는지 알 수 있다지요.

사제가 되기 위해 해야 하는 필수 제의가 있는데 그 제의는 무당 후보자와 신내림을 주관하는 큰무당만의 힘만 가지고 하는 게 아닙니다. 공동체 전체의 지원이 뒤에 있다고 했습니다. 그게 바로 걸립이란 문화죠. 걸립을 통해 후원도 청하고 개업 신고도 하는데 바로 그 자리에서 마을 주민들 점을 쳐준다고 했습니다. 이렇게 지역적 밀착성과 공동체와 상관성이 사실상의 단골, 단골판이죠.

세습무와 강신무

강신무의 가장 중요한 역할은 신의 말씀을 전하는 것입니다. 굿의 하이라이트에서 신의 말씀을 전합니다. 공수를 주는 거죠. 신내림을 통해 받아 모신 그 몸주신령님이 있기에 가능한 건데 그 몸주신령님이 알고 보면 조상인 경우가 많다죠. 조상 중에 무당이었던 조상 혹은 그 무당 조상이 모셨던 신령을 몸주신으로 받아 무당이 되어 활동하는 경우가 적지 않다고 합니다. 이렇게 무당이 되어 활동하는 데 친족, 혈연 관계가 매개되고 중심적 역할도 하니 강신무에도 세습적 요소가 없다고 할 수 없죠.

'조상줄'이라는 것도 있어요. 조상을 매개로 해서 신이 나에게 임하는 겁니다. 조상과 아무런 관련이 없는 몸주신령을 '외방대신', '뜬대신'이라고 한다는데요, 어머니에서 딸, 아버지에서 아들 이렇게 직계 전승은 아니지만 어쨌든 강신무에게도 세습의 요소가 있습니다.

세습무들도 강신의 체험을 하고 신병도 있고 신이 임해 내렸을 때 신의 말씀을 전하는 공수를 주는 경우들이 있습니다. 그리고 집안에 따로 장소를 마련해서 몸주신을 들여놓기도 한다지요. 일제시대에 만들어진 자료에 의하면 강신무의 신당 같은 형태는 아니지만 '만신단지', '신단지'라고 하는, 자신이 모시는 신을 상징하는 물건을 가택에 두는 경우가 적지 않았다고 합니다. '만신몸주'라고 쓴 단지에 햇곡식을 담고 몸주신을 위해 모시는 의식을 취하고 대청과 고방에 두었답니다.

세습무도 공수를 주는 경우가 있습니다. 굿을 할 때 신기를 느끼며 신의 말씀인 공수를 내리는데 동해안 용왕굿에서 흔히 볼 수 있다고 하죠. 경기도나 동해안 제주도와 같은 이른바 여러 세습무 지역의 굿에서도 공수의 모습이 나타난다고 합니다. 강신무가 공수를 내리는 모습과 다르고 세습무들끼리도 서로 다르지만 세습무들의 굿에서도 신의 의사가 확인되고 전달되는 절차가 있다는 것입니다. '대잡기', '신대잡기'가 대표적인 예입니다. 이는 신의 임재 현상을 확인할 수 있는 퍼포먼스인데 일종의 공수 현상입니다. 특히 씻김굿에서 볼 수 있답니다.

'손대잡기' 역시 신의 강림, 임재 현상을 현장에서 사람들이 확인할 수 있는 퍼포먼스인데 대내림이라고도 부릅니다. 손대를 잡은 사람에게 망자의 혼이 실리고 혼령의 말을 전하는데 이렇게 세습무 진영의 굿에서도 강신, 접신 현상이 있어요.

이렇게 강신무와 세습무는 명확히 구분되는 것이 아닙니다. 강신무와 세습무는 대립적 관계, 혹은 명확한 대조적 관계가 아니고 때로는 상보적, 분업적 역할과 관계를 이루기도 한다네요.

일본 오키나와와 미얀마 등지에서도 강신무와 세습무가 공존하는 것을 볼 수 있다고 합니다. 일본 오키나와에서 세습무인 '노로'와 강신무와 유사한 '유다'가 공존하고 있다지요. 노로와 유다는 단골과 점쟁이처럼 계통이 다르며 그 역할도 엄밀히 구분되고 사회적 위상까지 다르다고 합니다. 노로는 단골처럼 신내림 현상이 아니라 혈연을 통해, 가계 세습을 통해 사제가 되어 의례를 주관하고요, 비교적 사회적 지위와 대우가 좋다고 합니다. 노로는 마을 제사를 주관하는데 대를 이어서 하고 반대로 오키나와의 강신무라고 할 수 있는 유다는 신병을 앓은 후 내림굿과 유사한 입무식을 통해 사제가 됩니다. 집안에 '기마다나'라는 신당을 만들어 신령을 모시고 호남의 점쟁이처럼 주로 점을 친다고 합니다. 한국의 중북부 지방의 선무당과도 유사한데 해당 지역의 의례를 자신이 중심에 서서 주관하는 게 아니라 점복 위주로 무업을 해나간다는 점에서 세습무 지역의 점쟁이와 비슷하다고 볼 수 있습니다.

어떤 계기로 단골이 되나요?

단골이 되는 네 가지 계기에 대해 박일영 선생은 다음과 같이 밝혔습니다.

먼저 상속입니다. 무당이 대를 이어 단골판을 물려받으면서 같은 신도들을 돌보는 경우와 신도가 대를 이어 동일한 무당을 내방하며 상담하는 것이죠. 무당이 나이를 먹고 몸이 아파 무업을 계속할 수 없을 경우, 혹은 죽음이 멀지 않았다 느낄 경우 은퇴를 합니다. 그때 신자식 중에서 가장 가능성이 있어 보이는 사람에게 단골 신도들을 물려줍니다. 그때 행하는 의식이 '대물림굿'입니다. 단골 신도들과 신자식들을 모아놓고 노인 무당이 마지막 시연을 하고 인수인계하는 의례를 행한다고 합니다. 이것은 무당의 입장에서 본 세습, 대물림입니다.

    신도들도 대물림을 합니다. 부모가 따르던 무당을 계속 신봉하며 따르는 거죠. 이렇게 대물림을 통한 관계의 형성과 지속이 단골이 되는 계기 중에서 가장 중요하게 작용을 합니다. 계속 다니고 믿었던 무당이 우리 집안, 가족의 여러 가지 문제와 사정, 조상들과의 관계와 문제까지 훤히 꿰고 있으니 계속 주치의 비슷하게 내방하는 거지요.

    둘째는 명다리 등록입니다. 장수를 기원, 축원하는 내용을 쓴 천 명다리를 통해 신도는 특정 무당에게 등록되는 것이죠. 명다리만이 아니라 명도明圖, 제기, 종, 바라 등속이나 무당이 입는 신복神服 혹은 한지나 색종이 등에 고객들의 이름과 축원문을 써서 적어 보관하는 경우도 있다고 합니다. 그것도 명다리의 범주에 넣어야겠죠.

    아이였을 때 부모 손에 이끌려 명다리에 등록된 어린 단골이 성인이 되면 과거 명다리는 태워지고 새 명다리에 자신을 등록하고, 거기에 자신의 배우자까지 등록합니다. 아들, 딸이 태어나 식구가 늘면 명다리에 아들, 딸들을 등록합니다. 이것도 일종의 세습의 범주에 들어갈 수 있겠지만 물건에 이름과 기원문을 써서 보관한다는 점에 단순한 세습과 다른 것 같습니다.

    세 번째는 무당의 처방과 굿에 효험을 본 경우 고정 신도가 되는 것입니다. 애가 없어 걱정이 태산인데 굿을 한 후 애를 가지게 되었다든가 시름시름 앓아서 크게 고생을 했는데 굿을 한 후 병을 고치게 되는 등 무당의 굿에 크게 효험을 본 후 충성스러운 새 신도가 되는 것이죠.

넷째는 주위의 소개로 단골이 되는 경우입니다. 신도가 아닌데 주변 사람 손에 이끌려와서 무당에게 찾아온 후 고정 신도가 되는 것이죠. 티비와 미디어를 통해 이름을 알려져 고정 신도를 확보하는 경우도 있다고 합니다. 요새는 무당도 소셜미디어 네트워크로 홍보하여 신도를 모으고 유튜브를 통해 굿을 중계하기도 합니다. 실제 페이스북이나 인스타그램에 보면 전화번호와 신당의 위치가 적혀 있는 등 무당들이 SNS에서 활발히 활동하며 자기 홍보를 하고 있습니다.

신도들은 무슨 일을 하나요?

단골은 무당의 집을 내방해 부적이든 굿이든 치성이든 자기 돈으로 구복, 기복 서비스를 구하기만 하는 단순한 소비자가 아닙니다. 단골들은 서비스 소비자이기 전에 말 그대로 사제를 따르는 신도이니 신도로서 해야 할 일과 덕목이 있겠지요.

신도들은 단골 무당들이 주기적으로 행하는 의례에 참여합니다. 산신에게 드리는 산치성, 용왕에게 드리는 물치성 등 때 '오셔야겠습니다', '오시면 감사하겠습니다'라고 단골 무당에게 연락이 오면 가서 참여합니다. 음력 매월 초하루가 기독교로 치면 무속의 주일이라고 할 수 있는데요. 그때 초와 돈, 향 등을 가지고 무당집에 가서 기도를 하기도 하죠. 당면한 큰 문제가 없어도 정기적이든 부정기적이든 신도로서 무당이 주관하는 의례에 참여한다고 합니다. 물론 우환이 있을 경우 더 적극적으로 찾아 내방하고 의식에 참여하지만요.

무속의 세계에서는 단골 신도 주부가 사제가 되기도 하는데 자신의 집에서는 성주신, 업신, 제석신, 터주신 정말 많은 신을 모시고 섬깁니다. 무속은 역시 만신이 맞습니다. 신들이 참 많아요. 이렇게 집에서 행해지고 신봉되는 민간 신앙과 민간 신앙의 의식 역시 무속의 범주에 넣어야 합니다. 이것을 가택 신앙, 가신 신앙이라고 합니다. 집안에서 약식으로 행하는 의식을 행하는데 이러한 기도를 "'비손', '비나리' 또는 지역에 따라 '비념'이라고 합니다.

가택 신앙은 집안에 위치하는 신적 존재들에게 종교적인 믿음을 바치는 민간 신앙이라고 한국민족문화대백과사전에 나와 있습니다.네요. 두산대백과사전에는, 집이라는 건물 자체를 신체神體로 하거나 그 건물에 거주하면서 건물의 기능을 보호하는 동시에 그 공간에 사는 가족의 행·불행에 관계하는 그 신들에 관한 신앙이라고 되어 있습니다.

두산대백과에는 ① 성주 ② 삼신 ③ 조상신 ④ 조왕신 ⑤ 터신 ⑥ 업 ⑦ 대문신 ⑧ 외양신 ⑨ 뒷간신 등이 소개되어 있고 ⑩ 기타 우물에는 용왕신, 도장에는 도장지신, 마당에는 노적지신, 장독대에는 장독지신 등이 있다고 소개되어 있습니다. 이렇게 집에 신이 많이들 산다고 무속의 세계관에서는 믿었던 겁니다.

승려 출신 목사인 서재생 목사가 『목사님도 모르는 가택 신앙과 마을 신앙과 동물 신앙』이란 책에서 가택 신앙을 다음과 같이 정의했습니다.

"가택 신앙이란 가정의 각 공간마다 그 공간을 관장하고 있는 신이 존재하는 것으로 믿고 가업의 번창과 가족들의 안녕을 원하는 것을 목적으로 집안의 주부가 제사 및 고사를 정기적으로 혹은 부정기적으로 지내는 것이다."

가택 신앙의 전제는 집은 신체神體라는 것입니다. 여기서 집은 단순히 건물을 말하는 게 아니에요. 집터를 포함해서 건물과 가족, 집안에 사는 가축과 집의 경계인 울타리와 대문까지 포함합니다. 가택 신앙은 이 전부를 여러 신령을 상징하는 신성한 물체로 전제합니다. 그 집이라는 신체에 가족의 행복과 불행에 관계하는 신들이 아주 많이 산다니 그 신들을 신봉하는 것이죠. 그게 바로 가택家宅 신앙, 가신家神 신앙입니다

그 신들이 가정의 번창과 가족의 보호를 담당합니다. 외부에서 들어오는 잡귀로부터 가족을 지켜주고 행운을 주며 업 같은 경우 가정의 재물까지도 불려주는데 가족의 생존과 안녕이 가택의 신력神力에 달렸다고 보는 거죠. 그러니 신력이 잘 발휘될 수 있게 잘 모시고 의식까지 정성껏 행해야겠지요.

그 의식에 중심에 주부들이 있어요. 사제인 주부가 신들을 섬기는 것이 시원찮거나 신들끼리 갈등하게 하면 집안에 되는 일이 없다고 합니다. 가족들이 아프고 우환이 끊이지 않습니다. 그래서 그 신들이 있다고 믿는 자리마다, 그 신들을 상징하는 상징물마다 간단한 제식을 올리는데 대보름 때는 지신밟기 행사를 하고 안택굿을 거하게 하면서 모셨다지요. 대보름은 달집태우기, 쥐불놀이 등을 하며 밤새 즐기는 민족의 명절이었는데 풍물패가 동네를 돌면서 가가호호 집안을 방문하고 지신밟기를 하고 무당들이 와서 안택굿을 지내

면서 가신들을 섬겼습니다. 한해 가정의 안녕와 평안, 가족들의 재수를 그렇게 가신들에게 비는 거지요.

신체인 집안에 신들이 사는데 업신이라는 것이 있습니다. 말 그대로 신인데 돈을 담당하는 재신財神입니다. 광과 곳간과 같이 은밀한 곳에 머무는 신으로, 한집안의 살림을 보호하고 재물을 불게 해주는 존재예요. 그 업신은 실제 존재하는 동물을 섬기는 것이 특징이었다고 합니다.

예전에는 집에 두꺼비도 있었고 구렁이도 있었습니다. 구렁이는 처마 밑의 새나 집안의 쥐를 잡아먹고 살았어요. 그런데 집에 사는 두꺼비와 구렁이, 족제비가 그냥 짐승이 아니라 신이었어요. 집안의 재물을 관장하고 불게 해주는. 그래서 집에 있는 구렁이나 족제비, 두꺼비 절대로 해치지 말라고 어른들이 아이들에게 신신당부했죠. 집에 사는 구렁이와 두꺼비, 족제비가 나가면 집은 망하는 겁니다. 재물이 사라지니까요.

그런데 동물만이 아니라 사람업, 인업도 있습니다. 애를 낳은 이후 집안의 재물이 불어나는 경우가 있습니다. 또 며느리가 들어왔는데 그 이후로 살림살이가 피기도 합니다 그럴 때 새로 태어난 아이가 '업'이 되는 겁니다. 이를 인업, 사람업이라고 했지요.

그런데 어느 날 갑자기 대문 밖에서 아기 울음소리가 들립니다. 포대기에 싸여 집 앞에 버려진 아이도 업이라고 했죠. 그 아이를 업둥이라고 했는데 친부모가 버려두고 간 아이지만 절대 내치거나 유기해선 안됩니다. 내 자식도 키우기 힘들지만 그 아이는 재물을 붙게 하는 '업'이거든요. 업둥이를 함부로 버리면 가세가 기울고 집이 망한다고 했습니다. 남자 업둥이는 집안에 아들이 없으면 대를 잇게도 했고 여아는 곱게 길러 좋은 가문에 시집을 보내기도 했다는데 업둥이라는 민속 풍습은 불행한 아기를 거두어 기르도록 하는 좋은 풍속이 되었습니다.

가택신에는 누구 누구가 있나요?

조흥윤 선생은 가신 신앙을 분명의 무속의 범주에 넣고 파악해야 한다고 했습니다. 가신 신앙의 신령들도 무巫의 신령 체계에 속한다고 했는데 업 이외에 다른 신령들도 살펴보겠습니다. 이들도 한국 무속의 신들입니다.

- **삼신** : 삼신이란 산신産神으로서 아기를 낳게 해주고 또 길러주는, 가택 신앙에서 섬기는 신 곧 태신胎神을 의미합니다. 삼신이란 옥황상제의 명을 받아 인간 세상에서 아기의 많고 적음과 있고 없음 그리고 해산을 주관하는 신으로서 삼신할매, 삼신바가지, 삼신할머니, 산이라고도 부릅니다. 대개 태胎를 보호하는 신을 삼신이라고 합니다. 삼신은 아기의 출산뿐만 아니라 15세까지의 양육을 맡는다고 믿고 있습니다.
삼신의 신체는 보통 안방의 시렁물건을 올려놓을 수 있는 선반 귀퉁이에 대를 걸어 설치하는데 아기를 낳기 전에 짚을 깔고 아기의 안전한 출생을 빌며 삼신 할멈을 위한 삼신상을 차려놓기도 합니다. 삼신은 아기의 출생에만 관계된 신이 아니고 육아에도 관련된 신이기 때문에 산모의 젖이 부족할 때는 젖이 풍족하게 나오게 해달라고 삼신에게 빌고 첫 이레7일, 두 이레 14일, 세 이레21일 때는 아기의 무병장수를 비는 뜻에서 삼신에게 흰밥과 미역국을 올린 다음 산모가 먹었습니다. 또 백일 아침과 돌 아침에도 삼신상을 차려 삼신께 먼저 빌고, 그 음식을 산모가 먹습니다. 일곱 살이 지나면 그때부터의 수명은 칠성신이 관장한다고 합니다

- **성주** : 성주는 가신家神 중에서도 가장 중요합니다. 남자의 인격을 가졌고 가장을 지키는 수호신으로 가택신 중 서열 1위입니다. 가문 전체의 길흉화복을 좌우하는 최고의 가택신으로 성주대감, 성주 조상이라고 부르는 곳도 있습니다. 그러므로 성주신은 가택의 중앙인 안방이나 대청에 모셔졌습니다. '성주'는 집안의 여러 신을 통솔하며 집안의 평안과 부귀를 주관합니다.

성주를 상징하는 신체로서 성주단지, 성주독을 마련해 집에 배치합니다. 매년 가을에 햇곡식이 나오면 성주단지에서 낡은 곡식을 빼내고 햇곡식을 갈아 넣습니다. 그런 의식을 통해 집안의 길함과 안녕을 기도하는 거죠. 이 성주신은 남신이고 호주를 대표한다고 했는데 그래서 호주가 죽거나 바뀌면 성주단지도 교체합니다. 단 호주가 죽으면 상례가 끝날 때까지는 성주단지에 손을 대지 않아요.

이 성주신은 부정을 아주 싫어하여 집안에 부정한 일이 생기면 그걸 보기 싫어 집을 나간다고 합니다. 무당이 와서 굿을 할 때 성주맞이라는 의례를 했다고 하는데 성주가 있다고 믿는 대청마루에서 행해졌다고 합니다. 굿할 때 부르는 무가에 성주 관련 무가들이 있다죠. 그만큼 중요한 신입니다.

- **조왕신** : 조왕신은 부엌에 있습니다. 과거에는 취사와 난방을 같이했는데 조왕신에게 기도하면 음식이 부족할 일 없게 되며 화재를 막아준다고 했습니다. 무속의 신답게 자신만의 영역과 기능을 가지고 있는 것이죠.

  불교에도 흡수되어 사찰의 부엌에도 모셔져 있다는데 조왕신은 불교와 도교가 들어오기 전에도 우리에게 있던 신앙입니다. 베트남 등 다른 동아시아 국가에도 있다고 하는데 그 기원은 불을 다루는 데 있다죠. 불은 문명의 상징이요 벽사辟邪의 상징입니다. 불이 있기에 짐승으로부터 날 지킬 수도 있고 음식도 해먹을 수 있는데 그러기에 원시 시절부터 불은 신격화되었고 숭배 대상이 되면서 부엌에서 신이 된 듯합니다

  포박자란 중국 도교 문헌에 의하면 조왕신은 매월 그믐날 밤에 하늘로 올라가 옥황상제에 사람의 죄상을 아뢴다고 합니다. 그러니 조왕신께 잘 좀 봐달라고 빌어야죠. 그래서 매달 그믐날 밤에 조왕신에게 의례를 지내는 문화가 생겼다고 합니다.

  조왕신은 여신입니다. 부엌에 있으니 그리고 '조왕각시', '조왕할매', '조왕대신', '부두딱신'이라고 하는데 부녀자들이 매일 정화수를 바치며 섬겼습니다.

  과거에는 이사할 때 집안의 불씨를 죽이는 것이 아니라 그대로 가지고 갔습니다. 불씨가 신이기 때문입니다.

- **대문간신** : 대문에도 신이 있습니다. 수문신이라고 하는데 엄나무 가지를 베어오거나 호랑이 뼈를 문 앞에 매달아 놓아 신체神體로 삼았습니다. 대문으로는 사람만 출입하는 게 아니라 혼령, 액운, 화와 복도 드나듭니다. 그래서 신체를 상징물로 삼

아 나쁜 신들은 출입을 막고 조상과 선한 신들만 들이게 하는 겁니다.

가장 흔하게 매달아 놓은 것은 엄나무 가지였다지요. 굵은 가시가 박힌 엄나무를 보이게 해서 삿된 잡귀가 들어오지 못하게 하는 것입니다. 갯벌이 많은 서해안에서는 범게를 대문 처마에 걸어 두었습니다. 집게가 크고 힘이 뛰어나니 잡귀가 들어오려 하면 꽉 물어 잡는 거지요. 산중마을의 경우 호랑이 뼈를 달아두는데 호랑이는 산의 왕으로, 그 힘을 빌려 액운을 막는 겁니다. 입춘 때 입춘대길立春大吉, 건양다경建陽多慶이라고 써서 붙이지요. 이것도 대문 신앙의 범주로 이해하면 됩니다. 예전에는 호랑이와 닭을 그려 붙이기도 했고 소문만복래笑門萬福來라 써붙이기도 했다네요. 모두 대문간신을 섬기는 무속 문화입니다.

- **외양간신** : 소는 소중한 가족이자 재산이었습니다. 그래서 가택신앙에는 쇠구영신이라고 해서 소와 말의 번식을 돌보아주고 지켜주는 신이 있다고 믿었습니다. 소를 들인다고 해서 아무 날에 외양간을 만드는 것이 아니었습니다. 택일을 해서 만든 외양간에 구멍 뚫은 돌을 매달거나 백지를 달아 외양간신의 신체로 만들어두었습니다. 대보름에 안택굿을 할 때 이 외양간신을 모시기도 했다죠. 얼마나 소를 귀하게 여겼으면 소가 출산할 때 사람과 똑같이 외양간 입구에 금줄을 치기도 했고 섣달 그믐날 밤에는 소에게도 만두를 먹였다고 합니다.

- **용알뜨기** : 가택 신앙으로 행해졌던 의식입니다. 과거에는 임금 관련해서 용龍이라는 말을 많이 썼지요. 그런데 보통 사람들도 용이었습니다. 습의襲衣라고 시신에 입히는 옷이 있는데 '습襲'

자에 용이 들어가 있습니다. 장롱欌籠에도 '용'이 보입니다. 남의 귀한 손자는 용손龍孫이라고 했는데 모든 사람이 존엄하다는 인본주의 의식의 반영이라죠.

무속의 세계에서는 특히 바닷가에서 풍어제 형식의 굿을 할 때 용이 등장합니다. 용왕님을 모신다, 부른다고 합니다. 용이라는 신은 바다뿐만 아니라 보통 마을에도 살고 있다고 보았지요. 예전에는 우물에도 용이 산다고 생각했습니다. 정월 초하루 새물을 길어서 취하려고 했는데 이를 용알뜨기라고 했습니다. 그 물로 밥을 지으면 한해 농사가 잘된다고 믿었던 겁니다.

칠월칠석날에는 우물을 청소하고 제사도 올렸죠. 칠월칠석날 청소할 사람이 우물 바닥까지 내려가는데 주로 출산을 앞둔 집안의 남자가 들어갔다고 합니다. 용왕신이 아들을 점지해준다고 믿기 때문인데 청소를 마치면 금줄을 둘러 신성한 공간임을 표시하고 제물을 갖추어 축원까지 올렸다고 하네요.

6
굿의 종류와 구성

굿은 어떤 의식인가요?

무속이 종교가 된 것은 굿이란 의식과 제의가 있기 때문이고 그 제의를 행하는 무당이 사제가 된 것입니다. 굿은 비非조화의 상태, 비非구원의 상태를 극복하기 위한 종교 의례입니다. 억울함, 한恨, 살煞, 탈脫, 고苦 등 비구원의 상황을 제거하기 위해 많이 행해지는데 그렇게 불행의 요소를 제거하면서 궂은 일을 극복하고 행복 내지는 구원을 빌고 조화의 힘을 회복하기 위해서 무당에 의해서 행해지는 종교 의례가 굿입니다.

'굿'은 순수한 한글 용어인데 박일영 선생은 람스테드의 말을 인용하면서 굿의 원뜻을 설명했지요. 한국어와 같은 계열인, 혹은 계열이었다고 알려진 북부 시베리아 지역에 분포되어 있는 퉁구스어에 쿠투kutu란 말이 있답니다. 몽골어에는 쿠투크qutuq, 터키어에는 쿳kut이란 말이 있는데 모두 우리말의 굿과 같은 복이나 행운을 뜻한다고 합니다.

한국 종교학의 아버지로 새롭게 조명되고 있는 이능화 선생은 다른 의견을 내놓았습니다. 〈계명啓明〉이라는 잡지에 발표한 논문 '조선무속고朝鮮巫俗考'에서 굿이라는 용어가 궂은 비, 궂은 날씨, 궂은 일 같은 용례에서 보이는 '궂다'에서 유래하며 흉하고 험한 일을 가리킨다고 보았습니다.

학자들은 굿을 이야기하면서 '조화'를 이야기합니다. '조화의 힘'을 다시 회복해서 구원의 상황을 만드는 의식이 굿이라는 거지요. 비구원의 상황인 '궂은 일'을 완전히 제거하고 신령과 사람이 무당의 중개에 굿판에서 어울림으로써 그들 사이에서 조화의 힘을 회복하기 위해 굿을 한다는 거죠.

조화의 힘은 맺힌 한과 원이 있어서 상실되었다고 합니다. 조화의 힘을 잃어버린 상황에서는 귀신과 인간 사이의 관계가 틀어져 있습니다. 그럴 때 사제인 무당이 춤과 노래를 부르며 신령을 불러내 굿이란 의례를 통해 조화의 힘을 회복 충전시켜 원만한 관계로 돌아가게 하는 것입니다.

문제가 있다고 바로 굿을 하는 것이 아닙니다.니라 부적을 쓰기도 하고 비손을 하기도 하고 치성을 올리기도 합니다.

점, 비손, 치성

신도, 단골이 문제가 생겼다고 고통을 호소할 때 가장 먼저 하는 것은 점이겠죠. 신의 영력을 빌려 고객의 문제를 진단해보는 것인데

점/무꾸리⇒비손/비념/비나리⇒부적 혹은 치성⇒굿의 순서로 해결책을 제시합니다.

보통 '무꾸리라고 하는 점을 먼저 봅니다. 그리고나서 어떤 제의, 어떠한 신앙 행위로 문제를 해결할지 결정합니다. 문제가 가벼우면 신도 혼자, 혹은 무당과 함께 손을 비비면서 기도인 '비손/비나리'를 행합니다. 그래서 될 일이 아니라 판단하면 약식 굿이라 할 수 있는 '치성'을 드립니다. 사안이 너무 심각하고 엄중하면 날을 잡아 굿을 하도록 결정하는 것이죠. 부적은 신앙 행위나 의식은 아니고 방편적인 것인데 효력 강화를 위한 부수적 수단입니다.

무속인이 행하는 점은 사주四柱와 육효六爻 등 다른 수단으로 행해지는 점과 다릅니다. 점은 미래를 보는 겁니다. 인간에게 닥칠 미래와 길흉을 읽는 행위를 총칭하니 무당에게 보는 점과 역술원, 철학원에 가서 보는 점도 모두 점이라고 할 수 있겠지만 답을 도출해 내는 방법이 다르다는 차이가 있습니다.

무당의 점 즉 신점은 영계와 채널로 기능하는 몸주신의 힘을 통해 기복과 운명을 보는 행위입니다. 역학은 생년生年, 생월生月, 생일生日, 생시生時 이렇게 네 개의 기둥을 가지고 사주 명리학에 근거해 답을 줍니다. 당장 눈앞에 절박하고 심각한 문제가 닥쳐와 선택을 해야 할 것 같으면 무당집을 찾아 신점을 보는 게 좋다고 합니다.

박일영 선생은 무속 신앙에서 점은 그 지향에 따라 여섯 가지로 나누어 볼 수 있다고 했습니다.

- **신수점/재수점** : 앞에 있는 문제의 길흉에 대한 점입니다
- **병점**病占 : 내담객이나 가족이 아플 때 병을 어떻게 고칠지, 언제

나을지 가늠해보는 점입니다.
- **대인점**對人占 : 기다리는 사람, 헤어진 사람, 인연과 만남에 대해 가늠해보는 점입니다.
- **운세점** : 지금 추진 중인 사업과 벌리려는 일의 성패를 가늠해보는 점입니다.
- **태점** : 임신과 출산에 대해 가늠해보는 점입니다.
- **물실점**失物占 : 잃어버린 물건의 행방에 대해 가늠해보는 점입니다.

치성을 드리거나 굿을 하는 와중에 치는 점도 있다죠. 칼이나 방울에 쌀을 붙여서 숫자를 세거나 사슬 세우기 점법도 있고 무구巫具를 통한 점을 굿 중간에 보면서 신령의 의사를 확인한다고 하는데 공수의 형식으로 하는 점도 있고 신장기점神將旗占라는 점도 있다고 합니다. 적赤, 백白, 황黃, 녹綠, 청靑색으로 된 오방신장기를 둘둘 말았다가 그 중에서 깃대 하나를 뽑아 재수를 점치는 겁니다.

점괘가 안 좋다고 무작정 굿을 하자고 하면 타락한 무당으로 업계에서도 손가락질을 받는 무당이 됩니다. 점을 통해 일단 신도, 내담객에게 고통을 겪는 문제의 원인과 유래에 대해 말합니다. 그렇게 진단을 해주고 신도가 알아듣는 눈치면 둘째 단계로 해결할 수 있다, 고통에서 벗어날 수 있다는 전망과 낙관 확신을 줍니다. 셋째로 부적, 비손, 치성, 굿 사안의 경중에 따라 처방을 내립니다. 넷째, 이와 같은 과정을 통해 고통을 겪는 신도에게 심리적 중압감을 덜어내고 해방감을 주며 치유의 힘을 준다고 하는데 그런 치유의 힘이 무당이 점을 치는 데 있어 목표, 기능이라고 볼 수 있습니다.

부적은 정말 닭 피로 쓰나요?

동굴 속이나 암벽에 그려진 해, 달, 별, 짐승, 새 등의 그림은 원시인들의 소원과 소망을 담아낸 상징물이라는데 그걸 생각해보면 부적의 기원은 정말 오래되었다고 할 수 있습니다. 복을 내 것으로 하고 무서운 것을 피하기 위해 상징적인 주물呪物을 활용한 것은 아주 오래전부터의 일인데 그것이 부적이 된 게 아닐까 생각합니다.

부적을 닭 피로 그린다는 것은 잘못 알려진 정보입니다. 부적은 경면주사라는 돌을 갈아 만든 색소로 그립니다. 모든 무당이 부적을 쓸 줄 아는 것이 아닌지라서 다른 무당에게 부적을 사와 신도들에게 줄 때도 있습니다.

부적을 아무래도 신을 모신 강신무들이 전문적으로 한다고 합니다. 신령이 임한 상태에서 부적을 그린다고 합니다. 부적을 내린다고도 표현하는데 자신이 모시는 신령의 기능과 개성이 부적에 드러난다죠. 천신이면 하늘과 땅과 바다를 상징하는 별 부적을, 관우나 유비, 제갈량같이 중국 계통의 외래신을 몸주신으로 섬기면 한자를 합성하거나 파자한 부적을 그립니다.

부적을 작성하는 것도 모종의 신앙 행위 안에 들어가는 것이기에 무당이 자기 멋대로 만들고 그리는 것이 아니라 다 과정과 절차가 있다고 합니다. 몸과 마음 경건하게 하고 정성을 다하는 마음으로 만듭니다. 그래야 부적이 힘을 쓸 수 있다고 하는데 신도의 나이를 기준으로 택일을 하고 무당은 부정한 것들을 멀리하며 금기를 지키며 때를 기다립니다. 그날이 오면 무당은 목욕재계하여 정화하고 부적을 그리기 전에 신령들에게 정화수를 올리고 이제 부적을 만들겠다고 신고하고 신주神呪를 외웁니다. 괴황지槐黃紙란 종이를 준비하고, 물, 붓, 벼루, 먹, 경면주사 등 부적을 만드는 자료들을 모두 모으는데 거기에 기를 불어넣어주는 의식을 가진다죠. 그리고 나서 부적을 그립니다.

경면주사는 붉은색 빛이 나는 돌입니다. 이걸 계면주사라 하며 닭 피로 알려진 것 같은데 빨간 색소를 만드는 돌일 뿐입니다. 그런데 경면주사가 비싸기에 부적값이 비쌀 수밖에 없다고 합니다. 아무 종이에나 쓰는 게 아니라 괴황지에 쓰는데요, 괴황지란 회나무괴목槐木으로 만든 종이에 노랑색을 입힌 종이입니다.

괴황지에 벽사를 위해 붉은 색을 써서 부적을 그립니다. 때론 검정색이나 노랑색 혹은 파랑색을 쓰기도 하지만 보통은 노랑색 바탕에 붉은색을 쓰는데, 노랑색은 광명을 뜻하고 빨간색은 피나 불을 상징합니다. 모두 삿된 귀신과 잡귀를 물리치기 위한 겁니다. 나쁜 귀신은 광명을 싫어하고 피와 불 역시 싫어한다고 보기에 대체적으로 노랑색 괴황지에 붉은색 글과 상징 등을 써넣는 것입니다.

붉은색은 피를 상징하는데 단순히 귀신을 물리치는 것이 아니라 생명의 정수로서 창조와 생성의 의미를 담고 있다고도 합니다. 창조와 생성의 의미로서의 붉은색도 액을 가져오는 귀신을 물리치는 힘을 지니고 있습니다. 부적의 모양과 크기는 일정하지 않지만 보통 직사각형에 가로 5~10cm, 세로 15~25cm 정도입니다. 점의 결과가 아니라 매해 연초에 미리 그려놓고 단골들에게 나눠주기도 하지요.

부적의 종류는 두 가지입니다. 우선 복을 구하고 기원하는 부적이 있습니다. 돈과 행운이 내게로 오고 일이 잘 성취되고 사업이 잘 되기 바라는 부적이죠. 반면 액과 화를 물리치는 부적도 있어요. 제액과 초복이 분리되어 각각의 역할 기능을 하는 부적이 따로 있는 것인데 좋은 것을 부르는 기복起福의 부적과 나쁜 것을 물리치는 벽사辟邪의 부적이 각각 따로 있습니다.

박일영 선생에 의하면 기복 범주의 부적에는 오래 살기 위한 명부命符, 재물을 벌이들이기 위한 재부財符, 자손을 얻기 위한 구자부求子符, 높은 직책과 명성을 얻기 위한 구직 공명부求職功名符, 대학 입학을 목적으로 하는 합격부合格符, 가정 화목과 가족의 안녕을 위한 안택부安宅符 등이 있다고 합니다. 벽사 범주의 부적에는 물, 바람에 의한 재난인 삼재를 막는 삼재부三災符, 부정을 물리치고 잡귀의 침범을 막는 축사부逐邪符, 횡액을 당하여 우연히 죽도록 만드는 등의 나쁜 영향력인 살을 제거하기 위한 제살부除煞符 혹은 도살부度煞符, 가장 흔한 부적으로 병을 고치고자 하는 병부病符가 있다고 합니다. 병부는 일반적으로 모든 병을 포괄하는데 두통, 복통, 위장장애, 안과 질환, 치과 질환, 호흡기 질환 등 특정 병을 타깃으로 하는 의미와 상징을 담아 만들기도 한답니다

형태에 따른 부적 분류도 있습니다. 그림형 부적은 구상형과 추상형 부적으로 나뉜다고 합니다. 글자형 부적은 한자를 합성하기도 하고 파자破字하여 그린 부적입니다. 그림형 부적에는 용, 호랑이, 독수리 등의 동물과 해, 달, 별 등을 그립니다. 글자로 된 부적에는 日, 月, 天, 王, 金, 神, 火, 水, 龍 등의 한자가 파자되어 있거나 합성되어 많이 쓰이는데 글자 부적은 위에 '칙령勅令'이라는 글자를 따로 적어 둡니다. 강력한 신통력에 의해 귀신이 감옥에 갇힌 범인처럼 전혀 움직이지 못하는 형국을 나타내는데 문자형 부적은 벽사의 의미로 많이 쓰이나 봅니다.

부적은 보통 휴대를 많이 하고 집에 붙이기도 하고 불살라서 마시기도 합니다. 요새는 핸드폰과 지갑 휴대를 위해 작은 사이즈 부적도 만들어지고 있습니다. 그런데 부적은 무한정 가지고 다니는 것이 아니라 1년 정도 썼으면 깨끗이 불태워 없애라고들 하지요.

치성이란 무엇인가요?

치성의 개념과 종류

치성은, 점을 통해 사안의 경중을 판단했을 때 굿까지는 필요하지 않지만 뭔가 확실히 신에게 제의를 올려 문제를 해결하자고 했을 때 행하는 의식, 제의, 행사입니다. 굿에 비해 규모도 작고 시간도 짧은데 굿처럼 신도, 단골과 함께 행하는 경우도 많다지요. 그 치성을 드리는 데 있어 고객과 합의가 되면 길일吉日을 택해 잡는데 대개 무당의 집안에 있는 개인 신당神堂에서 한다고 합니다. 때론 야외 가서 하기도 하는데 산에서 하면 '산치성'이요, 강가에서 하면 '물치성'이라고 합니다.

치성의 종류에 대해서 알아보겠습니다.

- **기자**祈子 **치성** : 아들 낳기를 빕니다. 서울 북악산의 선바위나 대구 팔공산의 갓바위 등은 기자 치성의 장소로 유명합니다.
- **삼신맞이 점심 치성** : 임신한 지 3·5·7·9개월째에 매일 점심 시간에 맞추어 출산을 관장하는 신인 삼신에게 무사한 출산을 빕니다. 연구자에게 따라서는 '삼신 점심'이라거나 '삼신 점지' 혹은

'겜심바치', '삼신메'라고 조사, 보고하고도 있다지요.

- **삼신맞이** : 태어난 아기가 삼칠일21일 되었을 때와 백일, 첫돌에 삼신에게 정성을 드립니다. 특히 산모에게 모유가 부족할 때에는 젖이 잘 나오도록 비는 '젖비리'를 합니다.
- **명다리** : 어린아이의 명을 길게 하기 위하여 무당 집에 베를 바치고 비는 의식입니다.
- **푸닥거리** : 병귀病鬼의 축출과 질병의 쾌유를 기원합니다.•
- **상문풀이** : 상가喪家에 다녀와서 몸이 불편할 때 상문살喪門煞을 풀기 위하여 드리는 치성입니다.
- **헛장虛葬풀이** : 급살에 맞아 죽을 병에 걸리면, 그러한 위험을 모면하기 위하여 지냅니다. '헛장'은 가짜 장례라는 뜻으로 중병에 걸린 사람을 대신하여 지푸라기 인형제웅으로 마치 진짜인 양 장례를 치릅니다. 이것을 영장靈葬이라고도 합니다. 저승사자를 속여 병을 앓는 사람을 데려가지 못하도록 하려는 술수라고 볼 수 있습니다.
- **서낭풀이** : 서낭신에 의한 액을 막기 위해 지내는 치성입니다. 어느 무당의 단골이나 단골의 가족이 돈벌이하러 타향으로 갈 때 마을의 수호신당인 서낭당에 가서 작별을 고하며 돈을 많이

• 사람이 아플 때 액을 없애며 병을 고치기 위해 닭을 놓고 하는 푸닥거리가 있습니다. 푸닥거리는 밤에 하는데 환자의 머리맡에다 간단한 제물을 놓은 제상을 차려놓고 그 옆에 닭 한 마리를 놓습니다. 닭 발과 날개죽지를 묶어 움직이지 못하게 하고 그 날갯죽지 밑에 백지를 두는데 백지에 환자의 성명, 연령, 생일시, 주소를 써넣습니다. 무당이 고리짝을 나무채로 긁으며 병이 낫게 해달라는 축원을 한 다음 그 닭을 집 밖으로 나가 멀리 떨어진 곳에다 땅을 파서 묻습니다. 이것을 푸닥거리라고 합니다.

벌어 무사 귀환하기를 빕니다.
- **맹인풀이** : 눈병이 나서 오래 갈 때 시력을 상하지 말고 안질이어서 빨리 나으라고 비는 의례입니다.
- **살풀이** : 태어날 때부터라든지 혹은 대인 관계에 살이 끼었을 때 그러한 문제를 해결하기 위하여 지내는 겁니다.
- **동법풀이** : 동티가 났을 때 지냅니다. 동티란 나무, 쇠붙이, 돌로 된 제품을 집안에 새로 사들이거나 옮겼을 때 섬유제품, 나무제품, 그릇, 가구 등을 옮기고 나서 탈이 생기는 것을 말합니다.
- **식상도령 객귀풀이** : 외출한 후나 외식을 한 후에 병을 얻었을 때 음식의 귀신인 식상도령이나 길에 떠돌면서 해꼬지하는 귀신인 객귀客鬼를 물리치기 위하여 지냅니다.
- **길재풀이** : 운수회사의 경영 혹은 직업 운전기사 등 주로 길에 관계되는 직업에 종사하거나 길을 새로 냈을 때 길 위에서 사고가 없기를, 즉 길에서 재災를 면하기를 바라는 심정에서 지냅니다.
- **어부심**漁夫心 : 자식들이 잘되기를 바라는 뜻에서 살아 있는 자라나 미꾸라지를 사서 강이나 바다에 놓아주는 방생을 말합니다.
- **재수맞이** : 집안에 재물과 복이 들어오라고 지냅니다.
- **홍수막이** : 음력 정월 보름에 지내며 일 년 열두 달 내내 횡액수橫厄數 없으라는 목적을 가집니다. 조팝을 해놓고 무당의 집안이나 경우에 따라서는 강가에 가서 비는데 굳이 강가에 가서 비는 이유는 이렇습니다. 홍수橫數라는 말이 원래 횡액수를 뜻하지만 발음이 와전되어 홍수洪水와 같은 발음이 되어버렸으므로 일종의 모방 주술imitative magic적 성격이 있는 듯합니다.

- **초파일맞이** : 음력 4월 8일 석가탄신일에 불사신령부처을 모시는 무당과 그의 단골들이 지냅니다.
- **칠석맞이** : 음력 7월 7일을 기념하는 치성입니다. 견우와 직녀가 만나는 날에도 치성을 드립니다.
- **햇곡맞이** : 신곡맞이라고도 합니다. 햇곡식이 나오게 된 것을 농사를 관장하는 신에게 감사하여 가을 추수 때 지내는 일종의 추수 감사제입니다.
- **삼재풀이** : 화재火災, 수재水災, 풍재風災 이 세 재앙과 관련된 치성입니다.
- **동지 팥죽** : 동짓날 팥죽을 쑤어서 문 앞에 부리면 역신疫神의 범접을 막는다고 합니다. 동지부터는 해가 길어지기 시작하는지라 동서를 막론하고 광명을 주재하는 태양신의 날로 여겨져서 행사가 많습니다. 어둠의 세력인 귀신은 광명과 태양을 뜻하는 붉은 색을 싫어하기 때문에 붉은 팥으로 죽을 쑤어 악귀를 퇴치하는데 팥죽으로도 치성을 드립니다.

이상은 박일영 선생의 분류입니다. 여기 보면 조상들이 살면서 늘 고생하고, 고심해온 문제, 구체적인 욕망들이 잘 드러나 있는 것 같고 삶의 주기적인 행사도 보이는 것 같습니다.

이 치성들을 또 분류해보면 몇 가지 공통 접미사를 보입니다. 우선 '치성'이란 접미사가 붙습니다. 이는 신령에게 정성스레 기도를 드려서 소원 성취를 비는 의식들입니다. 상문풀이, 헛장풀이, 서낭풀이, 맹인풀이, 살풀이, 동법풀이, 식상도령 객귀풀이, 길재풀이, 삼재풀이 등 '풀이'라는 접미사가 붙은 것은 말 그대로 푸는 것입니다. 치성이란 의식을 통하여 신령의 도움을 청해 우리 인간의 능력으로 풀 수 없는 것을 풀려는 제의입니다. 삼신맞이, 재수맞이, 초파일맞이, 칠석맞이, 햇고맞이, 동지맞이처럼 '맞이'라는 접미사가 붙는데 복과 운, 재수, 좋은 것들 맞이해서 내 것으로 하자는 거죠. 또 홍수막이처럼 '막이'는 삿된 것, 나쁜 힘을 막고 위해 그렇게 잘 지키기 위해 드리는 치성입니다.

치성의 기능과 역할

치성은 다음의 다섯 가지 기능을 합니다.

첫째로 신령에게 인간이 정성을 다해 기도를 드리는 기능입니다. 치성致誠이라는 말 자체가 그러한 인간의 마음가짐을 표현하네요. 둘째는 문제 해결의 시도입니다. 풀이라는 말이 가장 많이 들어간 것을 보면 알 수 있습니다. 셋째로 병의 치료를 꾀하는 치병의 기능입니다. 푸닥거리, 상문풀이, 헛장풀이, 맹인풀이 등은 모두 치병을 위한 겁니다. 넷째로 예방의 기능입니다. 장래에 닥칠지도 모르는 액과 문제를 미리 준비해서 막자는 거죠. 마지막으로 영접입니다. 맞이라는 말에서 잘 드러납니다. 즐겁고 행복한 시기와 날에 기쁘게 맞이하며 더 기뻐하자는 것이죠.

치성은 굿에 비해 규모도 작고 준비하는 것도 작습니다. 악사를 부르지 않고 노래도 춤처럼 예술적, 오락적 요소가 없다고 하죠. 굿은 적극적이고 대대적인, 때론 전투적인 파티이자 때론 신을 압박하는 의례이기도 한데 치성은 수줍고 조용한 소극적 형태의 청탁이라고 볼 수 있습니다.

굿에는 어떤 기능이 있나요?

굿의 기능은 무속의 기능, 무당의 기능과 겹칩니다. 양재禳災, 기복祈福, 접복占卜, 오락娛樂에 의료 기능까지 있는데 마을굿이라면 여기에 공동체적 기능까지 더해집니다. 오락적 기능과 겹치겠지만 축제적 기능도 있습니다. 굿은 같은 마을 사람들이라는 연대감, 같은 신을 모시고 있다, 같은 신에게 보호를 받는 커다란 식구다, 굿을 통해 우리는 하나고 단순히 마을이 마을이 아니라 하나의 신앙·문화 공동체라는 유대감과 일체감을 느끼게 해줍니다. 마을굿이 벌어지면 노동이 중단됩니다. 특정 개인과 가정만이 쉬는 게 아니라 마을 전체가 휴식에 들어가는데 그렇게 푹쉬며 흥겹게 놀고 먹고 싶은 것들도 먹게 됩니다. 마을굿을 통해 놀고 즐기고 축제를 벌이는 거죠.

굿을 하면서 이런, 저런 금기가 해제되고 긴장을 이완시키고 갹출해선 낸 비용으로 기름진 것들을 차려 먹고 노는데요, 즐길 것들이나 문화생활이 없거나 아주 적었던 과거에 굿은 공동체가 돌아가는 데 큰 활력을 주지 않았나 싶습니다. 시끌벅적하게 먹고 마시면서 막연하게나마 풍요로운 내일에 대한 낙관을 해보고 고됨을 잊게 되는 것입니다.

조흥윤 선생은 굿의 기능을 조화의 회복이라고 했습니다. 그는 무속을 이야기하면서 조화, 조화의 힘을 거듭해서 역설했습니다. 맺힌 갈등과 원한을 풀어내 조화의 상태를 회복하는 것이 굿의 기능이고 무속의 원형적 도덕률이라고 말했습니다.

굿을 통해, 신내림의 체험을 통해 하나가 됩니다. 그렇게 해서 '어느 한 면, 어느 한 부분에 치우침 없이 온 구석 모든 부분을 망라

하여 고루 어우러지게 하는 것이 굿'이라고 조흥윤 선생은 말했는데 굿을 해서 조화의 힘을 회복하고 조화의 원리가 관통되게 하는 것이 무속에서 말하는 구원입니다.

여기서 중요한 것은 모두를 망라하는 것이죠. 하늘과 땅, 산과 바다 등 자연과 역사적 영웅이나 시조신 같은 인물은 물론이요, 도교 및 불교의 신령까지 모두 받들며 유교식 제사의 대상이 되는 집안의 혈연 조상만이 아니라 유교식 제사에서 배제되는 친족, 더 나아가 잡귀까지 모두를 망라하는 거예요. 굿은 다 껴안는 겁니다. 배척하거나 따돌리지 않고 누구 하나 소외시키면 안 됩니다. 모든 존재 하나, 하나를 존재로서 인정하고 때론 소외받는 존재일수록 굿이란 의식에서 적극적으로 호명해야 합니다. 그래야 조화, 조화의 힘을 회복하지요.

이런 무속의 조화론은 포괄적 신관으로 드러나고, 굿의 절차에서는 '뒷전거리'라는 절차에서 잘 드러나는 것 같습니다. 일단 신들을 모두 모십니다. 서로 대립되고 모순되는 것으로 보이는 신들까지 구별하지 않고 모두 함께 받듭니다. 단군, 최영, 석가, 트럼프까지 모두 모실 수 있는 게 무속의 조화주의인데 '뒷전거리'에는 맹인부터 팔을 못 쓰는 이, 자살해서 죽은 귀신, 꼽추, 아버지 모르는 아이를 낳다가 죽은 여자, 용창귀라고 해서 매독으로 죽은 귀신, 수살귀라고 해서 바닷가에서 조개 줍다 죽은 귀신, 다릿발 용신이라고 해서 배를 타고 조업하다가 죽은 귀신, 과거에 거듭 실패해 자살해 죽은 귀신, 군에서 죽은 병사 귀신. 이렇게 힘없고 소외된 존재들을 적극 호명해서 불러내 잘 먹이고 대접합니다. 굿의 맨 마지막 절차인 뒷전거리가 그러합니다.

이렇게 굿, 무속은 철저히 조화를 추구합니다. 갈등과 대립의 상태를 아주 부정적으로 비非구원의 상태로, 문제로 보는 것인데요, 그러니 굿을 통해서 조화로 가야 하지요. 갈등 없는, 대립 없는 조화주의가 무속의 대목표라고 하는데 굿의 기능은 그것을 추구하는 거라고 합니다.

굿에는 어떤 종류가 있나요?

굿판에서 섬기는 제의의 대상이 누구인가, 즉 누구를 위하여 굿을 진행하는가에 따라 굿은 세 가지 유형으로 나닙니다. 첫째, 신神굿. 이는 무당 자신을 위한 제의입니다. 둘째, '집굿'은 굿을 청한 신도인 기주祈主 가족을 위해서 치러지는 굿입니다. 셋째, '마을굿'은 지역 공동체를 위하여 치러지는 굿입니다. 박일영 선생은 이 세 유형의 굿을 다시 세부 목적에 따라 다음과 같이 분류했습니다.

먼저 신굿에는 내림굿과 진적굿, 물림굿이 있습니다. 내림굿은 신병, 무병을 앓는 이가 무당이 되기 위해 치러야 하는 하는 입무식입니다. 진적굿은 무당의 수호신인 몸주신을 모시는 정기적인 굿입니다. 이 진적굿을 통해 신령과 애정 관계를 회복, 확인하고, 그러면서 무당 자신의 영적인 힘을 강화하고 유지하려고 합니다. 물림굿은 큰 무당이 은퇴할 때 하는 행사입니다. 마지막으로 하는 굿이고 그 굿을 통해 제자에게 자신의 위치와 영업권 등을 물려주는 의식입니다.

집굿은 여염집에 하는 의식입니다. 일가 피붙이의 행복과 안녕, 총체적인 조화를 꾀하는 의례로서 재수굿, 병굿, 진오귀굿으로 나닙니다. 보통 굿하면 망자를 달래고 보내는 것을 많이 떠오르는데 재수굿은 망자가 아닌 산 사람을 위한 굿입니다. 과거 평균 수명이 짧았을 때 회갑, 칠순연 때 굿을 지내기도 했나 봅니다.

병굿은 치병을 목적으로 하는 제의입니다. 우환굿이라고도 하는데 특정 질병을 치료하기 위해서 벌이는 굿도 있습니다. 천연두를 퇴치하기 위하여 벌이는 별상굿, 손풀이 마누라 배송굿이 있고 안질을 예방하거나 치료하기 위하여 맹인굿이 있으며 정신병을 치료하는 광인굿, 두린굿이 있습니다.

진오귀굿은 망자를 위해 벌이는 굿입니다. 망인이 한을 품지 않고 극락으로 가게 천도하도록 돕는 의식인데요, 흔히 굿하면 많이 떠올리는 굿이죠.

마을굿은 지역의 축제이고 대행사인데 지역사회 구성원 전체의 통합과 단결, 화합, 안녕과 평화를 위해 치르는 굿입니다. 원래 굿이란 게 고대로 올라갈수록 국가 행사였고 사회 행사였다죠. 하지만 고등 종교들이 이 땅에 들어오고 정치의 장에서 무당이 배제되면서 공동체적 제의로서의 굿은 갈수록 범위가 축소되었습니다. 공동체의 행사로서의 굿은 마을굿으로 동네에서 치러지곤 했습니다.

마을굿은 도당굿이라는 이름으로 많이들 알려져 있죠. 별신제와 당신제, 산신제 그리고 대보름 때 하는 지신밟기도 마을굿이라고 볼 수 있습니다. 현재 마을굿은 많이 사라졌지만 민속놀이화, 관광상품화를 통해 겨우 명맥을 이어가고 있습니다. 개신교의 공격, 일제의 억압, 새마을 운동 때 벌어진 미신 타파 운동 등 소멸의 원인은 여러 가지이지만 가장 큰 원인은 이촌향도로 사실상 촌락공동체 대다수가 사라진 것이죠.

굿의 순서와 구성은 어떻게 되나요?

굿은 보통 '거리'를 단위로 해서 구성되어 있습니다. 거리는 제차라고도 하는데 굿은 여러 개의 거리와 제차로 구성되어 있죠. 그런데 각 거리와 제차는 청신, 오신, 송신 세 단계로 구성되어 있습니다.

청신請神은 말 그대로 신을 부르는 겁니다. 오신娛神은 신을 즐겁게 해주는 거지요. 송신送神은 강림시켜서 불렀던 신을 잘 배웅하는 겁니다. 모든 거리는 이렇게 크게 세 단계로 구성되어 있는데 박일영 선생은 청신 과정, 가무歌舞 오신 과정, 신의神意 청취聽取 과정 혹은 공수 과정, 송신 과정의 네 단계로 구분합니다.

신을 불러서 이 땅에 강림케하는 것이 첫 번째 과정입니다. 그리고 내려온 신을 춤과 노래로 즐겁게 해주는 것이 오신의 과정인데요, 오신 과정에서 단순히 즐겁게만 하는 게 아니라 뭔가 말씀을 올려야겠지요? 아니 애초에 즐겁게 해드리는 이유는 인간이 뭔가 원하는 바가 있고 소망하는 바가 있기 때문이지요. 신이 즐겁게 기쁘게 해드린 다음 인간이 원하는 바를 신에게 전달합니다. 이는 두 번째 과정에서 다 행해집니다. 오신을 하면서 민원을 전달하는 거죠. 그럼 신이 "해주겠다", "들어주겠다", "좀 힘들다", "그건 불가하다" 등 인간의 부탁에 답을 합니다. 이렇게 신의 의사를 청취하는 과정이 있고 그것이 공수로 내려오는데 그것을 박일영 선생은 세 번째 과정으로 본 것이죠. 그리고 송신하는 네 번째 과정이 있는데 두 번째 과정과 세 번째 과정을 보통 통합하여 오신의 과정으로 보는 경우가 더 많은 것 같습니다. 대표적으로 최준식 교수가 그렇게 얘기합니다.

세 단계로 보든 네 단계로 보든 어쨌거나 각 거리는 청신과 오신, 송신 혹은 청신과 오신, 신의 의사 청취, 송신 이렇게 뼈대가 이루어져 있다고 보시면 되겠습니다. 각각의 거리에서 특정 신령이나 신장, 군웅, 말명 같은 신령 집단이 모셔지지요. 한 거리에 각각 한 신령을 모신다고 보면 됩니다. 한 거리는 대략 30분에서 두 시간이 소요됩니다. 경우에 따라서는 한 거리가 여덟 시간까지 지속될 때도 있답니다. 거리에 소요되는 시간은 그때 그때 달라집니다. 구경꾼 등 의례 참가자들의 리액션이 좋고 별비와 인정이 쏟아지는 경우 길게 하기도 하는 등 참가자의 반응에 따라 노래, 춤, 암송하는 사설, 공수와 덕담의 길이가 달라진다고 합니다.

각 거리의 진행 절차는 비슷합니다. 먼저 제의가 진행 중인 장소에 신령이 내려오기를 청합니다. 신을 청하는 기본적인 방법은 신의 이름을 부르는 것입니다. 그런데 이름만 불러서는 안되고 신의 사연을 읊습니다. 일종의 신화 구연이라고 할 수 있는데 신이 되기 전까지의 스토리를 무당이 노래하는 것이죠. 이것을 '본本풀이'라고 합니다. 청신에서 이렇게 무당은 본풀이, 신의 내력을 노래합니다.

그 다음은 노래와 춤으로 신령들을 기쁘게 하는 오신입니다. 무당만이 아니라 악사와 조무들도 오신 파트에서 자기 역할을 열심히 합니다. 장고는 대체로 전담하는 장고재비가 치고 그 밖의 타악기는 진행 중인 거리를 맡지 않은 무당이나 조무助巫가 두드리는데 장고가 중심이 되어서 가락을 만들어내고 다른 악기들은 증폭 기능을 담당한다고 합니다.

이렇게 춤추고 노래 부르며 신을 기쁘게 하는데 오신의 과정에서 강신무의 경우 신에게 빙의되어 인간의 요청을 신령들에게 전하고 신령의 의사를 인간에게 전해줍니다. 이른바 공수供受를 내리는 것이죠. 공수를 전한 다음 무당은 신령들의 축복을 굿을 청한 공동체의 대표격인 기주에게 전해준다고 합니다. 이렇게 신을 기쁘게 하고 신의 말씀을 들으면서 원하는 바를 말하고 신의 답변을 들으면서 세 번째 송신의 과정으로 들어갑니다.

그런데 굿을 하기 전에 행하는 행사가 있습니다. 바로 '부정치기', '부정풀이'라는 일종의 정화 의식입니다. 모든 거리가 끝나면 잡신들을 불러모아 대접하는 '뒷전치기' 행사가 있습니다.

사전 행사로서 부정거리, 사후 행사로서 뒷전치기까지 다섯 마디 뼈대, 다섯 단계 구성이라고 보셔도 좋을 텐데 뒷전치기를 송신의 과정으로 보는 분도 있습니다.

굿을 하기 전에 시작하는 부정풀이, 부정치기는 성화聖化, 정화淨化의 의식입니다. 보통 신도, 구경꾼들은 참석하지 않고 무당 혼자서 진행합니다. 여기서 중요한 일은 지저분한 잡신들을 청소하는 것입니다. 이때 무당은 노래를 부르면서 술을 여기저기에 뿌립니다. 무당의 주술적인 행위에 힘입어 속된 공간에서 성스러운 공간으로 변모하는 것입니다.

그러나 잡신들을 없애거나 정말 적대적으로 대하면서 내모는 것은 절대 아닙니다. 좋게 좋게 부탁하는 겁니다. 잠시 굿을 할 동안 자리 비워달라고 하면서 달래는 거죠. 잡신이라고 적대적으로 대하거나 없애야 할 것이라고 생각하는 것은 조화를 강조하는 무속의 사고와 맞지 않습니다.

20세기 최고의 종교학자 중 한 사람이었던 루마니아 태생의 엘리아데는 종교를 '속된profane 공간에 성스러움the sacred이 침투하는 사건'이라고 정의했는데요, 하나의 독자적 의식을 통해 속됨을 치우고 성스러움을 불러올 준비를 하는 것인 부정치기가 무속의 종교성을 잘 보여주는 것 같습니다. 마을굿인 도당굿을 할 때 서낭당 주변에 황토를 깔고 새끼로 금줄을 치는데 이것도 역시 정화 의식입니다. 속된 것을 지우면서 성스러운 것을 불러오는 준비인데 이렇게 본격적으로 굿을 하기 전에 일상의 공간, 잡스러운 공간을 성스러운 공간으로 바꾸는 이런 상징적인 행위를 하는 거예요.

뒷전치기, 뒷전거리는 왜 하는 것이죠?

　잡신, 잡귀들이 우리의 부탁을 들어줬으니 어떻게 해야겠습니까? 세상에 공짜는 없지요. 중요한 행사인 굿이 끝난 후 잡귀와 잡신들을 대접하는 행사 '뒷전풀이', '뒷전치기'가 행해집니다. 뒷전은 굿이 다 끝나고 잡신들을 대접하며 먹이는 의식입니다. 특히 자리를 피해준 잡신들을 대접한다지요. 조화주의를 지향하는 무속은 잡귀와 잡신을 삿된 것으로 보지 않습니다. 절대 없애거나 구축驅逐의 대상으로 보지 않아요.

　뒷전풀이 의식에서 무당은 장구를 치면서 노래합니다. 아까 우리가 여러분이 미워서 적 대해서 쫓아낸 것 아닙니다, 우리의 말을 들어주어서 고맙습니다, 자리를 비켜주며 협조해서 고마우니 이것들 드십시오 하는 것이다. 김금화 만신의 일대기를 다룬 영화 '만신'에서 배우 문소리가 잘 연기했죠. "잘들 멕이라!!"하면서요.

　서울, 경기 지역 마지막 제차를 뒷전이라고 하는데 지역에 따라 명칭이 달라요. 황해도는 '마당굿', 평안도는 '뜰덩굿', 동해안 지역은 '거리굿', 제주도는 '도진', 전라도는 '중천맥'이라고 부릅니다. 어쨌든 마지막 제차로서 잡귀 잡신을 풀어먹이는 굿이라는 행사의 피날레입니다.

뒷전에서 대상이 되는 신격은 잡귀, 잡신인지라 그 수가 아주 많습니다. 이승과 저승과 떠도는 신격 모두가 소위 뒷전풀이라는 의식에서 '멕이는' 대상이 될 수 있습니다. 일단 자리의 정화를 위해 비켜주고 물러나준 신령들이 있습니다. 그리고 내가 청해서 왕림하신 신을 따라온 졸개신들이 있습니다. 그 외에 초대받지 못해도 올 수 있는 잡신들도 있는데 모두 대접합니다.

굿의 장구 소리를 반겨 듣고 기꺼이 굿판을 찾아와 혹시나 하면서 대접을 받지 않을까 해서 자신의 차례를 기다리고 있는데 뒷전에서 모두 대접을 하는 거죠. 그때 '풀어먹인다'고 합니다. 대접은 하지만 모시는 존재까지는 아니라는 겁니다. 인간의 삶에 나쁜 영향을 끼칠 수 있다고 보기에 대우해주는 것이고 그 잡신들이 또 기구한 사연들이 많기에 측은지심으로 존중해주고 더 대접해주는 것이죠.

뒷전을 하는 이유는 소위 '굿덕'을 입기 위해서입니다. 탈이 없기 위해서고요. 무당은 뒤가 맑아야 한다고 하는데 그것이 뒷전에 달려 있어요. 열두 거리 굿이든 스물네 거리 굿이든 앞의 의식을 아무리 잘해도 뒷전에서 잡신들 제대로 대접하지 못하면 굿의 효험을 보지 못한다고 생각하는 겁니다. 끝이 좋지 못한 것인데 그럼 뒤가 맑지 못하게 됩니다.

"뒤가 맑다"라는 말은 별거 아닙니다. 굿을 의뢰한 고객, 신도에게, 마을에 나쁜 일 생기지 않는 것, 탈이 나거나 흉한 일이 없는 것입니다, 쉽게 말해 뒤탈이 없는 거예요. 아니 큰 돈을 들여 굿을 했는데 마을이나 집안에 나쁜 일이 생기면 사람들이 누구를 탓할까요? 다 무당 탓합니다. 자잘한 탈이 나도 무당 탓, 바닷가인데 고기가 안 잡혀도 무당 탓, 늙은 사람이 자연사했는데도 무당 탓을 하는데 이런 일이 일어나는 빌미가 없도록 하는 겁니다. 그게 뒤가 맑은 것입니다. 그렇게 뒤가 맑게 하기 위해 뒷전치기, 뒷전거리를 하는 거죠.

메이저리그의 전설 요기 베라가 "끝날 때까지 끝난 게 아니다 It ain't over till it's over"라고 말했다죠. 굿 역시 마찬가지입니다. 잡신들을 초청해 제대로 풀어먹이지 못하면 끝난 게 아니고 굿의 효험이 없습니다. 그런 믿음을 무당들은 가지고 있지요, 절대적으로.

뒷전의식을 전담하는 무당이 따로 있습니다. 형식성이 강한 서울 지역은 '원무당', '창부무당', '뒷전무당' 등 역할별로 구분되는 무당들이 따로 있어요. 엄격하게 임무를 구분하는데 원무당은 신내림을 받은 강신무들이 합니다. 이들은 거리에서 춤과 노래, 신화 구연으로 굿을 하고 신이 실려 공수를 주거나 칼에 올라가는 묘기를 보여주기도 합니다. 창부 무당은 예능신을 모시는 '창부거리'를 담당합니다.

뒷전무당은 바로 뒷전을 담당합니다. 잡귀를 대접하고 먹이는 이들은 무복을 입지 않고 장구 치는 여악사와 함께 뒷전을 합니다. 세습권인 경기도와 동해안 지역에서는 남자들이 뒷전을 담당했다고 합니다. 경기도 도당굿에서는 화랭이 또는 사니라고 부르는 남자 굿꾼이 뒷전을 맡았고, 동해안 지역에서도 화랭이, 양중이라고 부르는 남자 굿꾼이 담당했다고 합니다.

뒷전이 끝난 후 짤막한 신칼을 던져서 바닥에 떨어진 신칼의 모습을 통해 뒷전이 잘 행해졌는지 확인해봅니다. 뒷전거리가 제대로 되어야 뒤탈이 없고 뒤가 맑을 수 있는, 워낙 중요한 의식이기에 다 끝나고 체크해 보는 겁니다. 바닥의 신칼을 보고 잡귀, 잡신들이 잘 먹고 배 두드리고 갔는지 아닌지 알 수 있다고 하네요. 칼끝이 밖으로 나가면 잡귀들이 잘 받아먹은 것이라 여기고 비로소 안심하고 파장에 들어섭니다. 하지만 만에 하나 칼끝이 안으로 들어오는 경우에는 남은 음식과 술을 마당에 뿌리면서 다시 한번 잡귀들을 대접하면서 달랩니다.

동해안 무당들은 하나의 거리가 끝날 때마다 뒷전 의식을 거행하는데 이를 '수비'를 풀어준다고 하죠. '수비'는 조수입니다. 수비는 메인 신령을 따라온 졸개 신령입니다만 이들을 굿 중간 중간에 바로 대접하는 겁니다. 다른 지방의 굿보다 뒷전을 많이 하는 셈이죠. 하나의 거리가 끝날 때마다 '수비'를 대접하면서 거리가 잘 행해졌는지 가늠해본다고 합니다.

무속은 누구도 없애거나 적대시할 대상으로 보지 않아요. 애초에 선악 구분이 없고요. 그 누구도 함부로 배제, 경멸해선 안된다고 보지요. 하찮은 잡신이라도 그 잡신이 살아생전 지은 죄가 많은 존재라고 하더라도 일단 포용하고 봅니다. 서양의 유일신 관념은 징벌과 구축의 대상이 있지만 무속에서는 그런 것 없습니다. 그래서 선악 개념이 분명치 않다, 뚜렷한 윤리 기준을 제시하긴 하는 거냐? 등의 비판을 받지만 서양 종교에서처럼 선신善神, 악신惡神 이런 이분법적 구분은 없고 모두가 포용의 대상입니다. 뒷전치기에 무속의 신령관, 더 나아가 무속적 세계관의 핵심과 한국인들의 기층 정서가 잘 드러나 있다고 할 수 있습니다.

무시해서는 안 된다고 했지만 잡신인 것은 사실입니다. 특정한 자기 관할과 기능, 역할이 없다는 게 잡신들의 첫 번째 특징입니다. 수많은 무속의 신에게는 대부분 자기 기능과 역할, 자기 자리가 있어요. 하지만 뒷전거리 잡신들은 자기 자리가 없습니다. 정말 잡신입니다. 자신만의 권능이 없는 것인데 그러니 평소에 인간이 소원을 비는 대상이 아니겠지요. 특정 기능이 없으니 독립된 신격도 못되고 이름도 없습니다. 그저 '귀신', '잡귀', '수비', '영산' 등으로 통쳐서 부를 뿐입니다.

무속에서는 사전에 자리와 시간을 빌리기 위한 부정치기에 협조를 한 잡신들 말고도 굿을 할 때 단순히 장고소리, 징소리 듣고 잡신들이 떼로 찾아오는 경우가 많다고 하죠. 그들 모두 굿을 발주한 기주나, 무당, 구경꾼들과 애초에 아무런 연관성이 없습니다. 하지만 뒤탈이 없게 하기 위해, 뒤가 맑게 하기 위해 무시해서는 안됩니다. 동해안 지역에서는 거리굿을 하는 양중男巫은 별도로 몫을 받기도 합니다. 그만큼 뒷전을 중요한 의식이라고 생각했기에 대가도 따로 준 것입니다.

김태곤 선생은 잡신을 대략, '영산', '수비', '객귀'로 나누었습니다. 잡신들이란 게 혼재되어 딱 떨어지게 구분하긴 힘들지만 대략 이렇게 세 범주로 나눌 수 있다고 하네요.

- **영산** : 김태곤 선생은 '영산'을 요절하거나 횡사한, 억울하거나 비참하게 죽은 사령死靈이라고 했습니다. 바닷가에서 조업하다가 죽은 귀신, 처녀와 총각으로 죽은 귀신, 자살로 죽은 귀신, 화재나 수재로 죽은 귀신 오만가지 사연이 많은데 영화 '만신'의 OST곡 '파경'을 들으면 잘 알 수 있죠. 병으로 죽은 귀신, 총

칼에 맞아 죽은 귀신, 아이를 낳다가 죽은 귀신 갖가지 딱한 사연이 많습니다. 그래서 더욱 대접을 해줍니다.

- **수비** : 조교, 졸개신입니다. 거리에서 모셔지는 메인 신령을 따라 다니는 신이죠. 수부라고도 하고 한자로 수배隨陪, 수령을 따라다니며 시중을 두는 아전 내지 군졸라고도 합니다. 대개 굿의 마지막 제차인 뒷전에서 대접하는데 동해안 굿은 하나의 거리가 끝날 때마다 대접합니다.
- **객귀** : 집 밖에서 죽은 귀신, 영혼을 객귀라고 부르는데 영산과 겹치거나 영산에 속할 수도 있는 존재지만 집 밖이라는 공간을 강조해 객귀라고 하는 거지요. 폐쇄적 농촌 공동체 속에서 산 과거에는 집과 마을이 신성할 수밖에 없었죠. 태어나서 죽을 때까지 한 공간에서 살았으니 안방에서 태어나고 안방에서 죽어야 한다고 믿었습니다. 집 밖에서 죽으면 모든 게 허사고 객귀로 전락하는데 결국 제대로 제사를 받지 못하는 존재가 되어 버립니다. 그런 한 때문에 저승으로 제대로 가지 못하며 인간에게 해꼬지를 할 수 있다고 보는데 굿판에 그 객귀가 올 수 있으니 대접하는 겁니다, 뒷전에서요.

뒷전거리 잡신들은 영산의 범주에 들어가는 잡귀가 많습니다. 이들 대부분은 사회적 약자들이었다죠. 사회의 외곽에서 인간 대접 못받은 채 살다가 힘하게 죽은 존재들, 보호받아야 하지만 공동체에서 소외받고 차별, 조롱당한 사람들이 뒷전 의식에서 많이들 등장한다고 합니다. 뒷전 의식은 주로 연극 형식으로 진행되어요. 극의 형식을 빌려서 저들이 어떻게 살다 죽는지 보여주고 희화화하면서 해학을 담아 보여주는데 그러면서 구경꾼들이 저들을 정말 이웃으로 끌어안게 해준답니다.

뒷전에 등장하는 사람들 장애인, 여성, 동시대의 소외된 서민들인데 특히 장애인들, 장애를 앓다가 죽은 사람들이 많이 등장합니다, 한 다리, 한 팔을 절거나 없는 사람, 기어다니는 기바리, 벙어리와 장님 그리고 여성이 많이 등장한다죠. 집에서 고생하고 소외받고 죽은, 때론 자살한 여성들이요.

황루시 선생은 더 세부적으로 보여주었는데 딸을 열셋이나 낳은 뒤에 여성성을 잃고 놀림받는 여인, 모진 시집살이 끝에 자살한 여인, 힘들게 아기를 낳았으나 곧 태아가 죽어버리는 해산모, 목숨을 걸고 물질을 하다가 결국 목숨을 잃고 마는 해녀와 바위나 김이나 미역을 따다가 사고를 당한 여자들. 뒷전치기에는 이런 인물들이 귀신으로 등장합니다. 그리고 살아생전 그들의 모습과 죽는 사연을 해학과 골계미를 담은 연극의 형식으로 보여주는 거죠.

뒷전은 어떤 형식으로 행해지나요?

넋굿인 씻김굿은 계속 공간을 이동하며 합니다. 거리마다 모시는 신이 다르고 그 신이 위치한 공간이 달라서 그래요. 부엌에서 안당굿으로 시작해 안방으로 들어가서 성주신과 제석을 모시고 마루에 와서 바리데기 공주신을 청하고 안마당에서 씻김과 고풀이를 하다 마지막으로 '중천맥이'를 합니다. 씻김굿의 뒷전인 중천맥이는 대문 앞에 상을 차리고 한다죠. 잡귀는 대문 밖에서 대접받는 것입니다.

이렇게 공간을 이동하는데 뒷전은 항상 밖에서 행해지므로 뒷전 앞에 하는 거리들은 '안굿'이라고 합니다. '안굿'에서 청하는 신령들은 모심, 섬김의 대상이라면 바깥굿의 잡신들은 풀어먹이는 대상인데 무시해서는 안되지만 모신다고 하기에는 좀 그런 존재들이지요. 보통 청신할 때 본풀이를 한다고 했죠. 신의 내력을 읊어서 신께서 왕림하시라고 부른다고 했습니다. 그런데 잡신들은 연극 형식으로 빌려서 접촉하고 만납니다.

같은 영계의 존재들인데 왜 방법이 다를까요? 잡귀, 잡신들은 사실 밑바닥에서 살다가 죽은 인간이 귀신으로 변한 경우입니다. 신령의 경우 자신의 내력을 읊는다는 건 칭찬과 칭송의 연속이죠. 듣는 신령 기분 좋고 신이 나지만 그건 신령 이야기일 뿐이지요. 뒷전의 대상들은 사회적 약자, 그중에서 억울하게 죽은 이들이 많아서 본풀이 형태로 부르거나 만날 수 없어요. 그들의 흑역사를 직설적으로 읊으면서 드러내며 아픈 구석을 두 번, 세 번 찌르면 정말 두 번, 세 번 죽이는 것이니까요. 그래서 본풀이가 아닌 연극 그것도 희극으로 그들을 부르고 소통하는 것입니다.

굿판 근처에서 기웃거리는 잡신들 각자가 기가 막힌 사연을 지니고 있어요. 살아생전에 겪은 그리고 죽음에 이르게 한 애통한 사연이 있는데 그것들을 연극 형식으로 보여줍니다. 예를 들자면 이런 겁니다. 시어머니의 시집살이를 이기지 못하고 자살한 여인이 있어요. 시어머니가 너무 무서워서 끼니도 제대로 먹지 못했답니다. 그 귀신이 굿판에 와서 어떻게 하겠습니까. 체면이고 뭐고 서둘러 음식을 입에 넣어두겠죠. 이렇게 연극, 특히 희극의 형식으로 보여 준다는 거죠. 그러면서 절로 사람들이 공감하게 됩니다. 딱하게 생각하고요.

뒷전을 통해 이름 없는 민중의 고통과 그들끼리의 갈등이 생생하게 드러나고 보여집니다. 굿을 보면 우리 나름 연극과 오페라, 뮤지컬을 해왔구나 느낄 수 있는데 그 전형이 뒷전거리가 아닌가 합니다.

뒷전의식에서 아이를 낳다가 죽은 귀신을 연극으로 보여줍니다. 애초에 원치도 않은 임신, 남자의 힘에 못 이겨 아이를 가졌는데 기껏 낳았더니 아이는 죽었어요. 해산하자마자 내 새끼의 죽음을 본 여자의 모습을 연극하는 무당이 빙의를 해서 통곡하는데 울다 말고 근처 남자를 잡고 매달리는 시늉을 합니다. 아이가 죽었으니 하나 더 만들고 가라면서요.

"야 이거 안될따. 사자는 불가불생이라 인제 이래 없어지는 놈을 아이고 지고 해봤던들 소용이 없다. 그너리 이거는 갖다 매장꾼 하나 사고 이래 가지고 저 갖다 매장시켜 부려야 되제. 이왕 가는 김에 하나 더 맹길어놓고 가거라."

구경꾼들은 다 같이 웃습니다. 그렇게 사연은 원래 비극이지만 연극을 통해 희극이 됩니다. 그 안에는 해학과 골계미까지 담기고요. 원치 않은 임신을 했던 여자는 해산하자마자 아이가 죽음으로써 비극이 겹쳤는데 이걸 이렇게 희극으로 만들고 웃음으로 승화시키는 겁니다. 승화를 통해 죽음은 죽음의 세계로 보내는 거죠.

황루시 선생은 이걸 보고 민중의 삶의 방식이라고 했습니다. 슬픔은 슬픔으로 가슴에 묻고 다시 새로운 생명을 잉태하는 것이 민중이 살아온 삶의 방식이고 그것이 뒷전에서 잘 드러난다는 거죠. 황 선생은 민중은 웃음으로 일어나고 다시 살아갈 힘을 충전하는 존재라고 보신 것 같아요.

뒷전에서 맹인이 자주 등장한답니다. 극을 통해 모욕을 당한다죠. 맹인의 지팡이를 뺏으려 하는 짓궂은 아이들이 극에 등장합니다. 그뿐이 아니라 동네 아낙들도 맹인을 무시하고 신체적 결함을 가지고 약을 올립니다. 아낙들이 글쎄 방아타령으로 맹인의 신체적 결함을 놀리기도 해요. "저기 가는 저 장님 색시방에 들었는지 감은 듯이 잘 먹었네", "저기 가는 장님 뜨물통에 빠졌는지 뿌옇게도 잘 멀었네" 등 계속 놀리는데 보호와 배려를 받아야 할 사회적 약자들이 외려 수모를 당하는 모습을 보여줍니다. 이렇게 놀림, 망신당하는 모습을 보여줌으로써 한번 되돌아보게 하는 거지요. 사람들이 나는 과연 약자들을 어떻게 대접했는가 반성도 하게 합니다.

"우리 어머니가 나를 뱄을 때 배나물을 잡쉈는지 배라먹게 설운지고", "우리 어머니가 나를 뱄을 때 고비나물을 잡쉈는지 고비 보기 설운지고". 속상한 맹인은 맹인대로 타령을 하면서 자기 한탄을 합니다. 부모 원망을 하며 때로는 자신을 놀리는 아낙들을 공격하는 타령도 합니다.

하지만 아무리 타령을 해봐야 바뀌는 것은 아무것도 없습니다. 맹인이 자신을 한탄하는 내용에 딱한 사연도 담겨 있는데 그러면서 배려받아야 할 장애인이 모욕이나 무시당하고 세상의 비정한 진실을 있는 그대로 보게 해줍니다. 그렇다고 폭로, 고발은 아닙니다. 흥겨운 노래와 타령으로 재미를 주고 웃음을 주고 그러면서 사람들이 자신을 돌아보게 합니다, 공감을 얻으면서요. 무엇보다 저들은 우리의 이웃이다, 저들도 사람이다, 저러한 모습은 나에게도 있는 모습이고 나의 처지도 비슷할 수 있다, 이런 집단적 공감 속에서 스스로 위로받고 살아갈 힘을 얻습니다. 그게 연극으로 행해지는 뒷전의 힘

같습니다.

　황루시 선생은 잡귀, 잡신들이 등장하는 뒷전이 무속신앙의 본질을 가장 잘 보여주고 있다고 했습니다. 이 의식에는 건강한 사람이 아니라 약한 사람, 힘들게 사는 사람, 불행했던 사람들이 등장해요. 모욕당하고 존중받지 못하는 사람들이 등장하는데요, 어디에나 언제나 있지만 항상 잊히고 무시당하는 존재들을 기억해서 대접합니다. 중요한 것은 그런 존재들이 나와 상관없는 존재들이 아니라는 것이죠. 절대, 무시해도 될 존재들 역시 아닙니다. 잡신이라 해도 내 삶에 영향을 끼칠 수 있고요. 그 이전에 그들의 아픔에 공감해야 합니다. 그게 무속에서 말하는 힘없는 사람들이 가져야 하는 사는 방식이고 사고라고 합니다.

　탁월한 권능이 있는 신에게 의지하고 때로는 아부도 하고 청탁도 하지만 나보다 약하고 비천하며 작은 존재를 잊지 않고 헤아리려는 공생과 공감의 정신, 특히 뒷전에서 잘 드러나는 그러한 메시지가 무속이 지향하는 가치, 이른바 조화와 조화의 힘이 아닐까 싶습니다.

　뒷전에 등장하는 여성 캐릭터들 사연이 참 하나같이 기가 막히다지요. 모진 시집살이에 약 먹고 죽은 며느리, 바닷가에서 미역 조금 더 따려고 하다가 파도에 휩쓸려 죽은 여인, 원치 않은 임신을 했건만 기껏 낳은 아이가 죽은 여인. 이들의 사연이 희극적 연극이란 퍼포먼스를 통해 뒷전에서 보이고 그러면서 구경꾼들은 같이 웃으면서 이들의 삶을 있는 그대로 받아들이게 된다고 합니다. 등장하는 캐릭터가 곧 자신의 모습으로 다가오니까요.

　구경꾼들은 뒷전거리에 등장하는 잡신의 인간 시절 모습을 보면서 자신의 과거와 현재의 모습 아니면 미래에 닥칠 모습을 투영시키는 겁니다. '나도 잡신이고 잡신이 나다'라고 생각하는 거죠. 그래서 함께 울고 웃으면서 힘든 삶이 주는 고통과 슬픔이 나만의 것이 아니라는 것을 느낀답니다. 인간은 웃어야 합니다. 지난한 내 삶의 과거를 웃어넘기면서 앞으로도 이 풍진 세상 살아갈 힘을 충전하는 겁니다. 다들 그렇게 힘을 얻는 게 뒷전치기 의식이라죠.

뒷전거리가 끝난 후 소지 올리기를 할 때도 있다고 합니다. 소지는 뒷전거리 후 태우는 종이입니다. 한지를 사용하며 색이 희고 깨끗해야 합니다. 창호지도 쓰는데 굿에 참여한 사람들에게 축원을 드리는 의미가 있다고 합니다. 굿에 직접 참여한 사람들, 굿판에 참여하지는 않았지만 굿 비용을 낸 모든 사람을 위해 축원하는 의식이라죠. 종이에 이름을 쓰고 불태워서 하늘로 올리는데 소지가 불에 잘 타서 하늘을 향해 올라가면 그 사람의 한해 운이 좋다고 믿는다고 합니다.

내림굿은 어떻게 진행되나요?

내림굿은 입무제入巫祭입니다. 무계巫界에 들어가는, 아주 중요한 통과의례입니다. 이 내림굿을 통해 모든 것이 바뀝니다. 전혀 다른 삶의 세계, 새로운 삶의 양태로 진입하게 되는데 그 분기점, 대전환점에서 드려지는 제의입니다.

보통 내림굿은 허주굿, 내림굿, 솟을굿의 세 단계로 구성되어 있습니다. 허주굿은 허튼굿 또는 허침굿이라고 합니다. 부정한 잡신들을 몸과 마음을 바르고 깨끗이 하는 단계입니다. 허주굿을 하고

3~4개월 정도 간격이 필요하다고 합니다. 내림굿을 하고 인턴 무당으로서 신어머니를 장시간 따라다닙니다. 그리고 굿판에서 기예를 익히다가 5~6년 뒤 제대로 된 된 만신의 기능을 하겠다 싶으면 새 신명의 위엄을 알리는 굿을 하는데 그게 바로 '솟을굿'이라고 합니다.

앞서 내림굿을 하기 전에 '걸립'을 한다고 했죠. 철과 쌀을 얻으러 다니며 굿에 쓸 비용을 충당하고 무구 만들 준비를 하는데 그 걸립에 주민들이 흔쾌히 응해야 한다고 했습니다. 응하면 복을 받고 걸립을 거부하면 액을 받는다고 믿었습니다.

내림굿의 열여덟 단계 구성은 다음과 같습니다. 설명은 차옥승 선생의 견해를 참고했습니다.

① **명받기** : 산에 올라가서 몸에 산신을 받는 절차로서 해뜨기 전 이른 새벽에 시작한다고 합니다. 마을 가까운 곳에 이름난 산이나 도당 당산에 가서 산의 높은 쪽을 앞으로 하여 굿상을 차리고 거행합니다. 신어머니는 홍치마 남쾌자에 장삼을 입고 꽃갓과 머릿수건을 쓰고 홍띠를 매고요, 무당 후보자인 입무자는 소복을 입고 합니다. 입무자가 굿상을 마주 보게 한 후 소지를 태우는 의식을 하고 '산신다리'라고 하는 3m 정도의 긴 무명천을 제단에 걸어놓습니다. 부정을 씻고 높은 곳에 계신 신에게 고하는 의식이라고 하네요.

② **신청 울림** : 신에게 굿을 하겠다고 알려고 신이 내려오기를 비는 의식이라고 합니다.

③ **상산맞이** : 굿을 하는 마을에서 가장 높은 산의 산신과 마을 부군님을 모시는 굿입니다.

④ **일월성신맞이** : 차옥승 선생에 의하면 일월성신맞이는 무당 후보가 일월성신을 모시어 그 위력을 받아 크고 맑은 무당이 되기를 기원하는 굿이라고 합니다. 앞마당에 멍석을 갈고 굿상을 차리고 시작하는데 예비 무당이 들고 있던 일월대에 신이 내리기도 하고 그렇게 신이 내리면 무당 후보는 준비해 둔 물동이 위에서 춤을 추다가 말문을 열어 주위 사람들에게 공수를 내리기도 한답니다.

⑤ **물베 바치기** : 예비 무당의 깜냥과 앞일을 점쳐보는 의식이라고 합니다. 만신으로서 크게 쓰일지 아닐지 가늠해보는 의식이지요. 삼베 한쪽 끝을 무당 후보자가, 반대쪽은 신어머니가 잡고 그것을 물동이 안으로 조금씩 집어넣는다고 하죠. 천이 물속에 잠기면서 물방울이 솟아오르는 모습을 볼 수 있고 그것을 진주라고 하는데 진주가 많이 올라올수록 큰만신이 되어서 사람들에게 자주 불려다니며 문제를 해결해주는 사제가 된다고 합니다.

⑥ **허주굿** : 허주굿은 정화 의례입니다. 무당 후보에게 현재 씌워 있는 혹은 있을지 허튼 귀신 지워내고 몰아내는 의식입니다. 중요한 의식인데 좁쌀과 흰콩을 섞어서 밥을 짓고 삼색 헝겊과 삼베를 잘라 섞은 잡밥을 바가지에 담아 머리에 이고 춤을 춘다고 합니다. 그렇게 춤을 추며 사방으로 맴돌다가 뒤로 바가지를 던진다지요. 바가지가 바로 놓이면 잡신들이 떠난 것이요 엎어지면 잡신들이 덜 벗겨진 것이지요. 밥을 해서 던지는 것을 보면 알 수 있듯이 그냥 내쫓는 게 아니라 대접해서 보내는 겁니다.

⑦ **내림굿** : 하이라이트지요. 신을 한 분, 한 분 받아 모시는 의식입니다. 방울부채 감추기, 신을 고하고 방울과 부채 신복 찾기, 말문 열기, 무구 던져주기, 머리 풀고 다시 올리기, 녹타기. 내림굿은 이렇게 여섯 단계로 구성되어 있습니다.

방울과 부채는 싸서 적당한 곳에 감추어두고 신을 고합니다. 마당에 흰 무명을 깔고 주관하는 큰무당이 중심에 서고 장구 옆에 앉은 다른 무당들이 옆에 있는데 무당 후보는 무명을 들고 동쪽을 향해 두 손을 높이 들어 신을 내림 받은 다음에 굿상 앞에서 고개 숙이고 무릎을 끌어 앉는다고 합니다. 내림굿을 주관하는 큰무당이 머리를 들거라 하면 중간 무당이 머리를 들랍신다고 소리칩니다. 그렇게 중간 무당의 매개로 큰무당과 무당 후보자 간에 다음과 같은 말이 오간다고 합니다.

큰무당 – "그대는 무엇이 되려는고?"
중간무당 – "그대는 무엇이 되려는지 여쭈랍신다."
예비 무당 – "백성을 구하는 큰무당이 되려 합니다."

영화 '만신'에서는 잘 드러났죠. 무당 후보자의 대답이 큰무당의 마음에 내키지 않으면 매질을 하는 것도 볼 수 있지요. 이렇게 큰무당은 묻고 입무자는 답하며 차례차례 모신 신을 한 분씩 고하고 그 다음에 신복을 찾습니다. 그리고 숨겨놓은 방울과 부채를 찾는데 그제서야 말문이 열린다고 합니다. '말문 열기'는 처음으로 신의 말씀을 전하는 겁니다. 이렇게 말문이 열리면 구경꾼들이 다가갑니다. 걸립을 주신 분들이겠죠. 그때 공수를 내리고 점을 칩니다.

무구받기는 성물을 받음으로써 새로이 태어나는 의식일 것이고요, 머리 풀고 다시 올리기는 신어머니가 직접 해주는 신딸의 머리 올리기인데 그냥 말없이 하는 게 아니라 신어머니가 어떤 말씀과 함께 한다죠. 그리고 '녹타기'는 지금 신내림을 받은 이 무당이 어느 정도의 혹은 어떤 기능의 무당이 될지에 대해서 가늠해보는 겁니다. 물베 바치기만으로 부족했는지 또는 구체적으로 어떤 기능을 할 무당이 될지 궁금한가 봅니다.

⑧ **초부정굿** : 굿당의 부정을 씻어내고 모든 신령을 청하여 즐겁게 놀려주고 제단에 앉힌다고 합니다. 신은 일방적으로 섬기는 대상이 아닙니다. 굿은 수직적 관계를 수평적 관계로 만드는 이완의 작용을 합니다.

⑨ **영정 물림** : 부랑하는 잡귀, 객귀들을 대접합니다. 그래야 질병, 근심, 액운이 사라진다고 합니다.

⑩ **칠성제석굿** : 안방귀신을 대접합니다. 인물이 많이 나게 해달라며 자손들의 명복을 기원합니다.

⑪ **성주굿** : 집안의 대표신 성주신을 대접합니다. 그래야 집안의 길한 일이 많이 생기겠죠.

⑫ **소대감놀이** : 재물을 관장하면서도 육식을 먹지 않는 소蔬대감을 모시는 의식입니다.

⑬ **성수거리** : 만신이 모신 신령님들을 청배하여 집안의 안전과 복을 기원하는 거리로 조성제 선생에 따르면 '제거리'라고도 하는 이 거리에서 무당이 작두를 타기도 한답니다.

⑭ **대감놀이** : 재물을 관장하는 대감신에게 풍요를 기원하고요.

⑮ **서낭굿** : 열어주는 의식입니다. 인간들이 마음먹고 뜻한 대로

모든 일이 잘 이루어질 수 있도록 문을 활짝 열어주고 나쁜 액은 물려달라고 기원하는 굿이라고 합니다.

⑯ **조상굿** : 조상님네들의 극락왕생을 축원하는 의식입니다.

⑰ **솟을굿** : 클라이맥스 의식입니다. 더 이상 애기무당, 인턴 무당, 견습 무당이 아니게 되는데 여기서 작두타기가 시전된다죠. 김금화 무가집에 근거한 차옥숭 선생에 의하면 3m 높이의 승전기를 마당 양쪽에 세웁니다. 그 사이에 칠성단을 쌓아놓습니다. 여기서 큰무당은 새 무당에게 작두 어르는 법을 보여주고 가르치는데 직접 자신이 작두를 타고 새 무당이 타게 한답니다. 새 무당은 작두 위에 올라가 신을 받고 춤을 춥니다. 그리고 내려와서 오방신장기를 들고 춤을 추는데 이때 구경꾼들에게 공수를 주고 점을 칩니다.

⑱ **마당굿** : 행사를 위해 물리쳤던 잡신들을 다시 불러와서 대접합니다. 잡신이지만 자리를 비켜주며 협조를 했으니 대접을 하는 것이죠. 굿에 사용했던 무명, 종이, 조상 옷 등을 모두 태우면서 정리에 들어갑니다. 굿이 끝나면 많은 것을 태웁니다.

내림굿에서 공수가 터지고 나서 하는 의식이 네 번째 의식인 무구 던지기입니다. 방울과 부채 같은 무구를 큰무당에게서 애기무당이 전해 받습니다. 그때 신어머니는 무가를 불러주며 그 노래를 통해서 무당이 가져야 할 마음가짐 앞으로 각오, 감내해야 할 무당의 삶에 대해서 말해준다네요.

"외기러 가세 불리러 가세 검으나 땅에 희나 백성 굽어 보살펴 잘 도와줄제. 정한 마음으로 원수가 있거든 내리 사랑하고 잘 도와주어라. …… 건너다 지치면 힘을 내고 용기를 얻어라. 모든 시련과 싸워 이기고 극복하여라. 멀리 보고 힘을 갖고 결심하여라. 네가 가고 있는 길을 잊지 말고 명심하여야 한다. 높이 보고 가거라. 깊이 생각하며 가야 하느니라. 지치면 넘어간다 / 넘어가면 일어나거라 / 일어나면 또 넘어진다 / 또 넘어져도 다시 일어나야 하느니라. …… 수없이 넘어지고 수없이 일어나거라. 넘어지고 넘어지다 보면 네가 설 곳이 있으니라. 이리 오너라 가까이 오너라, 이만치 오너라. 잘 받아라 잘 받아야 한다"

– 차옥승, 『한국인의 종교 경험 무교巫敎』 중

이제 무당 후보가 아니라 정식 사제가 되었습니다. 그간 신병을 앓느라 여간 고생이 많은 것이 아니었지만 고생은 끝이 아닙니다. 인내해야 할 역경들이 많다고 일러주는데요, 무당이 아니더라도 힘든 길, 고행의 길, 나 아닌 타인과 사회를 위한 삶을 살겠다고 다짐하는 사람들도 읽어보고 명심하면 좋을 말이라 생각합니다.

자, 내림굿을 통해 가족이 되었습니다. 신어머니와 신딸은 다음 의식으로 넘어갑니다. 네 번째 무구받기가 끝나고 다섯 번째 의식은 머리 올려주기입니다. 머리를 새롭게 풀어 올려주는데 청수淸水를 소나무 가지에 축여 머리에 뿌린다고 합니다. 부정한 것을 깨끗이 씻어내고 다시 태어나게 하는 정화의 의미를 담고 있습니다. 그러면서 신어머니가 또 말합니다.

"천상 옥황상제님, 천지신명님 다 맑은 물에 내려주시니 마음이 편하고 욕심을 갖지 말지어다. 한없이 맑은 마음을 가지고 없는 사람을 도와주고 마음의 부정을 풀어내야 한다. 길 모르는 사람 길 가르쳐 주고 불쌍한 사람 도와주고 외로운 사람 벗이 되고 배고픈 사람 배 불려주고 병든 사람 고쳐주고 ……"

– 차옥승, 『한국인의 종교 경험 무교巫教』중

역시나 사제로서 가져야 할 마음가짐입니다. 병든 사람 고쳐주라니, 치병자 노릇을 하라고 하는 것이죠. 치병治病은 무당의 중요한 기능입니다. 내림굿 여섯 번째 의식 녹타기는 새로 무계에 입성한 애기무당의 앞날을 점쳐보는 것입니다. 굿당 왼쪽 구석에 놓은 상에 뚜껑이 있는 놋쇠로 만든 밥그릇 일면 주발을 일곱 개 두는데 주발 일곱 개에 청수, 쌀, 잿물, 돈, 흰콩, 여물, 쌀뜨물을 담아놓습니다. 애기무당이 그 중 어느 것을 여느냐를 지켜보는 것이죠. 일곱 개의 그릇에 담긴 내용물에는 각각 이런 의미가 있다고 합니다.

- **청수** : 맑은 물입니다. 생명의 근원, 항상 뒤가 맑은 무당이 된다는 징조입니다.
- **쌀** : 만백성을 먹여 살리는 것이니 여러 사람 잘 보살피는 무당이 된다는 징조입니다.
- **잿물** : 부정을 씻어내는 의미가 있는데 그런 역할을 하는 무당이 된다는 징조입니다.
- **돈** : 돈 밝히는 무당이 된다는 징조인데 이런 경우는 우려를 한다고 합니다.
- **흰콩과 여물** : 좋은 징조입니다. 콩과 여물을 먹이면 소가 건강

히 자라니 부자가 된다는 뜻인데 좋은 무당이 된다는 징조라 합니다.
- **쌀뜨물** : 마음의 부정을 씻어내리는 의미로 좋은 징조입니다.

녹타기만 봐도 무당의 기능, 역할을 알 수 있는 것 같죠. 돈과 재물을 탐하지 말고 사람들을 돕고 먹여 살리고 부정한 것을 씻어내듯 병을 고치고 마음의 상처도 씻어내는 게 무당의 일입니다.

진적굿은 무엇인가요?

'진적'은 '진작'으로도 불리는데 누군가의 발주를 받아서 하는 굿이 아닙니다. 무당이 주기적으로 자신이 모시는 신을 놀리기 위해 행하는 의례인데, 무당들에 있어 진적은 여러 가지로 의미 있는 행사이고 또 잔치입니다. 무당은 주기적으로 가서 산에 가서 치성과 기도를 드리지만 진적이란 의식도 따로 해야 한다고 합니다. 그래야 매해 재수가 좋아지고 영력이 유지가 된다고 하네요. 자신의 신을 모시고 행사를 하지 않으면 점사도 잘 맞지 않고 영발도 서지 않아 무당으로서 능력이 처지게 된답니다.

이때 무당이 주도하지만 해당 무당의 신도들까지 모여서 즐겁게 노는 잔치, 파티로서 성격이 있다고 합니다. 가장 화끈하고 즐거운 의례인 진적굿, 무당은 진적굿에서 거리마다 노래와 춤으로 신령을 모신 다음 즐겁게 해주고 다시 보내는 과정을 되풀이한다고 합니다. 거리마다 무당은 격렬한 춤을 춤으로써 망아경忘我境 상태로 들어가

신을 받는데 정말 화끈한가 봅니다.

　자기 신령을 모시는 행사인 만큼 격식도 잘 차리고 열정의 정도도 최고고 옷과 음식 등 무엇이든 최고로 장만한다고 하죠. 솜씨 좋은 악사들로 초빙하고요. 여기에서는 강신무 이영희 선생이 주재한 햇곡맞이굿을 사례로 해서 진적굿에 대해 알아보겠습니다. 홍태한 선생의 연구와 저서『한국의 굿』를 참고했습니다.

　진적굿은 잔치 분위기에서 시작한다고 합니다. 맛난 것들 잔뜩 차리고 신도들 많이들 불러서 모셨습니다. 참가한 단골들은 굿판이 끝날 때까지 자리를 함께합니다. 자신의 신당에 무화巫花들을 늘어 놓음으로써 굿판의 분위기를 화사하게 하고 잔치를 한다는 것을 과시하는데 이 진적굿은 총 열여섯 거리로 진행된다고 합니다.

- **주당 물림** : 모든 참가자가 밖에 나와 있고 신당에 무당이 장구를 치며 주당을 물립니다.
- **부정 가망 청배** : 굿판을 깨끗이 정화합니다. 주무가 장구치며 진행하고 여러 제자가 옆에 앉아 함께 장단을 맞춰줍니다.
- **불사거리** : 천궁맞이라고도 하는데 불사신장, 천궁 대감과 함께 놉니다. 굿당 마당 밖에 차려놓은 불사상 앞에서 고깔 쓰고 진행을 하는데 여러 사람에게 밤, 땅콩같은 과일을 나누어줍니다. 사람들은 복을 받는다는 의미에서 즐겁게 받는데 한바탕 잔치 같은 느낌을 주는 거리입니다.
- **산신거리** : 갓을 쓰고 신당에서 놉니다. 통돼지를 세우는 퍼포먼스를 하면서 자신의 영력을 뽐내고 신의 위력 보이기도 하고, 오방신장기점을 쳐서 복채를 받습니다. 산신대감, 차읍, 호구,

서낭 등의 신도 호출해 함께 놉니다. 각각의 신격을 나타내는 무복을 입고 춤을 추고 공수 주는 것을 반복합니다.

- **상산거리** : 작두신장을 호출해서 놉니다. 작두신장 임할 때 작두를 타며 신령성을 강조하고 자신의 영력을 과시합니다. 신을 모시는 것 아니라 놀려주는 겁니다. 굿은 신과 인간 간의 관계를 종속 관계에서 평등 관계로 이행시키는 과정입니다.
- **몸주** : 자기 몸주를 불러서 한바탕 놀리는 거리입니다. 무업을 가르쳐준 신아버지, 신어머니 영혼을 불러 놀리는데 강신한 무당들의 혼령은 슬프게 울면서 공수를 주기도 한다네요.
- **대감** : 이 거리에서는 터대감을 놀린다고 합니다. 집에 상주한다고 생각하는 가택신을 놀리는데 가장 흥겨운 거리 중 하나라고 하네요. 무당은 신주神酒를 들고 다니며 술을 따르며 여러 사람에게 복을 나누어줍니다. 오방신장기를 들고 다니며 사람들에게 점을 쳐주고 복채를 받습니다. 받은 돈을 갓끈에 꽂아 놓아 사람들의 웃음을 유도하기도 합니다.

터대감을 놀리기 위해 제물로 바친 육고기, 떡 등을 머리에 이고 집안 곳곳을 뛰어다니는데 여러 무당이 제물을 그릇 채 들고 따라다니며 온 집안을 돕니다. 심지어 뒤뜰과 앞뜰까지 다니면서 집이라고 생각되는 모든 영역을 뛰어다니며 한바탕 노는데, 특히 우물은 반드시 놀아야 한다며 지금은 사용하지 않아 폐허가 된 우물터에도 반드시 들린다고 합니다. 이때 한번 머리에 인 제물은 집안을 도는 동안 절대 내려놓지 않는다고 하는데 무당은 집안을 다 돌아다니고 나서 신당에 돌아와 구경꾼들과 함께 신명나게 춤을 추며 놉니다.

- **가망** : 조무가 무악에 맞추어 춤을 추며 진행하는데 가망 거리는 아주 짧습니다.
- **조상** : 조상거리에는 흰옷을 가져와 큰할머니, 작은할머니, 외삼촌, 외숙모 등 가족의 혼령 부르며 놉니다. 강신한 가족의 혼령들은 이렇게 잊지 않고 불러줘 고맙다고 무당에게 이야기하는데 역시나 다같이 춤을 추며 놉니다. 유교 제사에서는 섬길 수 없는 조상들도 모실 수 있다는 게 무속의 장점입니다.
- **안당제석** : 고깔에 흰 도포를 입고 춤을 춥니다.
- **호구** : 얼굴을 가리고 춤을 춥니다.
- **성주** : 집안의 으뜸가는 신인 성주를 호출해서 노는 거리입니다.
- **대신** : 조무가 진행하는데요, 춤을 추다가 공수를 주고 간단하게 끝낸다고 합니다.
- **창부** : 무당의 예능신이라 할 수 있는 창부신을 호출합니다. 창부신을 불러내는 거리답게 무당이 여러 가지 노래와 재담으로 사람들의 흥을 돋우며 주무를 불러 별비를 요구하기도 합니다.
- **신령 놀리기** : 신당에서 굿을 진행하는 동안 굿판에 부르지 않았던 신령을 죄 호출해서 놀아줍니다. 신당에 배설排設한 기물들을 들고 한바탕 춤을 추고 모두 밖으로 내가는데요, 삼지창을 비롯해 무신도, 모조 금관 등 몸주신을 모시기 위해 바쳐놓은 물건들을 모두 밖으로 내가며 신들과 놉니다. 이렇게 하지 않으면 신당에 모셔놓고 놀리지 않은 여러 신이 화를 내기 때문이랍니다. 무속은 소외를 지양합니다. 조화제일주의죠. 이때 신당에 바쳐놓은 여러 꽃이나 제물들도 사람들에게 나누어 주는데 신도들은 받은 물건을 소중히 들고 가서 간직한다고 합니다.

- **뒷전** : 현관에 뒷전상을 차려놓고 조무의 장구 장단에 맞추어 진행합니다. 귀신들의 사연을 극의 형식을 통해 재현하는데 해학적으로 하는 게 특징이죠.

무당이 자신의 몸주신을 불러서 진적굿을 하는 이유는 무당 자신의 영험성의 지속과 충전을 위해서입니다. 몸주신 모시고 섭섭하지 않게 해드려야 무당으로서 힘, 자신의 영력靈力을 줄지 않고 강화된다는 거죠.

진적굿을 하는 또 다른 이유는 이 굿이 자신의 신도와 관계를 새롭게 정립할 수 있는 계기가 되기 때문입니다. 신도들과 모여서 신나게 놀고 먹으면서 그들이 계속 그들이 마음 편하게 신당을 찾을 수 있게 계기를 만드는 것입니다. 진적굿이란 의식이 단순히 무당이 신령 모시는 행사, 신령에게는 의례라는 차원을 넘어서서 무당과 단골 자신이 동일한 존재라는 것을 새삼 느끼고 깨닫는 그렇게 일체감과 동일시의 감정을 느끼는 계기입니다.

굿이 진행되는 동안 틈틈이 무당은 단골들의 점을 봐주고 음식을 대접하고 제물들도 나눠주고 일이 바빠 늦게 온 신도들도 반갑게 맞아주고 공수와 덕담을 해주며 유대감 이상의 신뢰감을 계속 유지합니다.

진적굿은 무당 자신의 한풀이와 신명풀이의 계기가 된다는 기능도 있습니다. 몸주신을 불러서 신나게 춤을 추고 분위기를 고조시키면 무당에게 내린 신들은 그들대로 자기 감정을 발산하면서 공수를 주고 무당에게 고마움을 표시합니다. 또 신령들도 그 자리를 빌어 신세 한탄도 하고요. 무당은 자신과 직접 관련이 있는 여러 신명을 만남으로써 자기 가슴에 맺힌 한들을 풀어줍니다. 무당은 늘 다른 사람을 위해 아파야 하고 울어줘야 하는데 이날만큼은 자기 자신을 위해 울 수 있는 겁니다. 모처럼 자기 한을 푸는 기회죠.

　이러한 한풀이는 신명놀리기 거리에서 확인된다고 하지요. 신명놀리기는 자기 신당에 모셔 놓은 여러 기물을 머리에 이거나 손에 들고 신명나게 춤을 추는 것이 전부라고 합니다. 굿을 하는 동안 한 번 손대지 않은 여러 기물이 모두 들려나와 무당에게 전달되고 무당은 이를 들고 빠른 장단에 맞추어 춤을 추며 신당 밖으로 나간다는데 이렇게 그동안 소외되었던 모든 신격을 호출해 함께 놉니다. 인간들처럼 소외와 외면에 쌓인 게 많을지 모르는 신들의 억눌린 감정까지 풀어줍니다. 신령의 한은 또 무당의 한입니다. 이렇게 하면서 무당의 한을 풀어줍니다.

　수원에서는 고성주 명인에 의해 행해지는 진적굿을 볼 수 있습니다. 분명 진적굿인데 경기 안택굿이라는 이름으로 행해집니다. 이 굿을 하는 이유는 자신이 모시는 신령들과 자기를 믿고 따르는 단골 신도, 다른 말로 수양부리들의 안녕을 위해서입니다. 진적굿이 원래 열린 축제의 현장입니다. 누구든 와서 먹고 갈 수 있게 수백 명이 먹을 음식도 준비합니다. 자기 행사에 오는 이는 무조건 복을 받아야 한다는 것이 고성주 명인의 철학이라죠. 하루종일 굿이 열리고 중간에 소리꾼과 춤꾼도 한몫 거들고 막판에는 다같이 춤추며 뛰어논다고 합니다.

재수굿이란 무엇인가요?

　재수굿은 해마다 또는 3년에 한 번씩 정월이나 10월 상달에 햇곡식과 과일을 차려놓고 신들을 대접하는 굿이라고 합니다. 힘들게 살던 시절, 배고팠던 그 때 부자집이나 유지들이 일부러 마을굿을 해서 사람들을 먹이며 인심을 쓰기도 했다는데 비정기굿은 단골 집안이 경제적으로 크게 신장되거나 반대로 큰 걱정거리가 있을 때 행해졌다고 합니다.

　가을 추수가 끝나면 집안 어른들끼리 상의해서 굿날을 정하고 굿날이 정해지면 여주인은 목욕재계하고 술빚을 밥을 짓고 굿에 따로 쓰는 술인 조라술을 큰 항아리에 부어둡니다. 동쪽으로 향한 소나무 가지를 꺾어다가 추녀 끝에 놓아두고 대문 한쪽 옆에 황토를 깔아 잡인의 출입을 금하였다고 하는데 차옥승 선생에 의하면 중요한 행사를 앞두고 부정을 물리치기 위한 의식이었다고 합니다.

　재수굿이 벌어지기 전에 동네 사람들이 모여서 음식을 준비했다는데 이웃이나 친적집이 상을 당해도 우선 모여서 음식을 준비했다고 합니다. 그만큼 이 행사가 중요했나 봅니다. 마을 단위의 재수굿이든 집안 단위의 재수굿이든 마을 사람들 모두 모여 놀았다지요. 의논할 거리가 있어도 이때까지 묵혀둔 다음에 재수굿을 한 날에 의논하고 마을 사람들 전부가 풀건 풀고 화해도 하고 그랬다고 하네요. 차옥승 선생에 의하면 마을굿이라는 게 사회적 응어리, 생리적, 심리적 응어리 등이 발산되는 신명의 현장이라고 합니다.

　재수굿은 스물네 거리로 구성되었다고 하고요. '조상거리'는 재수굿에서도 행해지는데 친가 외가 4대 조상을 모시고 논다고 합니다. 조상님들 극락왕생 빌어주고 조상님들 맺힌 한 풀어주는 의식을 조상거리에서 행했습니다. 다음 두 예문은 차옥승 선생의 『한국인의 종교 경험 무교巫敎』를 참고한 것입니다.

"착한 내 자식, 얼마나 마음고생이 많으냐. 살아생전 너에게 잘해주지 못한 것이 마음이 아프구나. 나는 이북에 두고 온 형제들을 그리워하면서도 만날 수 없었던 것이 한이 되었다. …… 형제 간에 우애하라, 형제들을 사랑해주라. 그동안 네가 마음 상한 것이 많은 줄 내가 다 안다. 상한 마음 다 풀어버리고 형제들을 사랑해주어라. 착하고 착한 내 며느리 얼마나 고생이 많으냐. 아범 때문에 겉으로 웃어도 네 속이 다 까맣게 타버렸구나. 미안하다, 미안하다, 그래도 네가 아범 좀 잘 돌봐주어라."

"고마워요, 고마워요. 내 새끼들 키우느라고 고생했지요. 정말 고마워요, 남편 버리고 자식 버리고 어느 남자를 따라갔다가 결국 나는 쥐약을 먹고 내 목숨을 끊고 말았지만 …… 미안해요, 정말 미안해요. 용서를 빌어요."

살아생전 친밀했던 조상이 들어오고 시부모님이 임하기도 하고 죽은 전처가 들어오기도 합니다. 무당이 저렇게 공수를 내리면 현장이 울음바다가 된다고 하죠. 무당들도 울고 가족들도 울고 구경꾼들도 울고 모두 울면서 하나가 됩니다. 그렇게 다같이 울면서 일체감을 느끼면서 삶의 고비를 헤치고 다시 살아나갈 힘을 얻는 것이 우리의 민족성인 것도 같습니다.

재수굿 조상거리에서 죽은 조상과 가족이 찾아오고 그들이 무당의 입을 빌어 말하고 그러면서 망자와 산사람 조상과 후손 사이에 맺했던 한과 응어리가 다 풀어지고 그러면서 조화가 만들어집니다. 조화의 힘이 회복되었으니 가족, 가정이란 공동체가 화복, 화평을 얻게 됩니다. 조상거리를 보면 부조화를 조화로 바꾸고, 조화의 힘을 충전하는 것이 뭔지, 그걸 통해 공동체의 하나됨을 만들어내는 게 뭔지 알 수 있습니다. 그게 무속입니다.

마을굿은 어떻게 치러지나요?

마을굿은 마을 축제입니다. 한 지역 공동체의 구성원 전체가 하나 되어 공동체의 평화와 부귀를 기원하는 의례입니다. 굿은 부족 국가 시대에 하늘에 제사를 지내는 집단 제의였고 국가적 행사였지요.

하지만 고등 종교들이 수입되면서 무당들은 국가적 행사에서 제의를 담당하지 못하게 되었습니다. 무속이 국가와 사회 단위의 통합 위상과 기능은 상실하며 갈수록 소규모화해 갔지만 그래도 마을과 동네에서 통합 행사로서 굿은 살아남았습니다. 그렇게 사회통합적 기능을 나름대로 잘 수행해온 것이죠.

마을굿은 마을 공동체의 안녕과 풍요를 기원하는 행사입니다. 굿이니 동네에서 서로 간에 맺힌 것들을 당연히 풀어야지요. 풀어내서 조화를 회복하고 단결을 확인하고 협동을 다짐하는 마을의 대축제입니다. 마을굿은 단조롭고 지루한 일상생활에 활력을 불어넣어주고 마을 공동체 구성원을 하나로 묶어줍니다. 그리고 신과 인간, 인간과 인간이 하나가 되어 어우러지는 와중에 만들어지는 멋과 신명이 있습니다.

마을굿은 열린 의례입니다. 모두가 참여하고 준비해온 음식을 정답게 나누고 젊은이들이 이것저것 사와서 동네 어르신들을 대접하며 끝나갈 무렵 모두가 흥겨운 춤판을 나누는 행사입니다. 이렇게 모두에게 열린 흥겨운 놀이 속에서 서로가 서로에게 복과 안녕을 빌어주고 아픔을 나누고 같이 울고 웃는 의식입니다.

굿판은 종교 의례가 행해지는 경건한 장소이지만 신나는 놀이판입니다. 제수상의 음식을 나누며 가무를 즐기는데 제상의 음식을 나누어 먹는 것은 단순히 맛있는 음식을 나누어 먹는 것이 아니라 신성의 은총을 나누어 먹는 겁니다. 원초적인 근원적 활력과 생명력을 이웃들 모두가 나누어 먹는 행위입니다.

마을굿의 대표라 할 수 있는 별신굿에서는 구의 거리와 거리 사이에 노인들을 위한 공연 무대가 펼쳐지고 그때마다 주민들이 앉은 자리에서 일어나 덩실덩실 춤을 춘다고 합니다. 굿판이 다 춤판이지만 마을굿은 더 확실한 춤판입니다.

풍어제에서는 '무감서기'라고 해서 무당이 아닌 사람들이 무복, 신복을 입고 춤을 추는 일이 많았다고 합니다. 무당이 아닌 구경꾼이 나서서 무복巫服, 신복神服을 입고 악기 반주 소리에 맞춰 춤을 춥니다. 흥이 나니 참여해서 노는 것이지만 무당의 춤처럼 신령님을 즐겁게 해드리기 위한 퍼포먼스이기도 합니다. 무감서기를 통해 신을 즐겁게 했으니 신덕을, 굿 덕을 더욱 크게 받을 것입니다. 그러니 더욱 신납니다. 더 많은 사람이 끼어들어 무감서기를 하며 춤춘다고 하지요. 응어리와 한, 슬픔, 고통을 이렇게 무감서면서 풀어내는 것입니다. 그러면서 조화를 회복하죠.

우리 속담에 며느리 춤추는 꼴 보기 싫어 굿 못한다는 말이 있죠. 무당만이 아니라 구경 간 사람들 특히 여자들이 신나게 춤을 추는데 평소에 소외되고 억눌린 것들이 많았던 여자들이 굿을 기회로 풀어내는 겁니다.

　초상집인지 잔치집인지 구분하기 어려워야 잘 치르는 장례라고 합니다. 유교가 이 땅에 들어오고 성리학으로 심화되면서 유학자, 사대부들 눈에 못마땅한 것이 한두 가지가 아니었나본데요. 특히 장례가 마을굿으로 치러지고, 상가집에서 술 마시고 노래 부르고 춤추는 모습도 영 못마땅했던 것 같습니다. 사실 조선 초기 실록을 보면 무당들이 상가집에서 가서 장례에 참여하고 흥겹게 먹고 마시고 놀았나 봅니다. 조선 유학자들이 모계제적 풍습은 상당 부분 뿌리를 뽑아내고 부계제와 가부장제로 바꿨는데 상가집에서 술 마시고 춤추고 노래 부르는 것은 끝내는 못 바꿨던 것 같습니다. 박철수의 영화 '학생부군신위'나, 임권택의 '축제'만 봐도 알 수 있습니다. 상가집이 축제 장소인 것은 유구한 역사적 전통이고 아직도 진하게 남아 있는 우리 모습입니다.

　　"초상에는 곡哭과 읍泣을 하지만 장사 지낼 때는 북치고 춤추며 풍악을 울리면서 장송한다."

　　　　　　　　　　　　　　　　　　　　　－『수서 동이열전 고구려』

　　"가을 7월 1일에 김유신이 자기 집 자기 방에서 죽으니 향년 79세였다. 대왕이 부음을 듣고 크게 슬퍼하여 부의로 문채를 놓은 비단 1천 필과 조粗 2천 섬을 주어 장사에 쓰게 하였으며 군악軍樂의 고취수 100인을 주어 금산원에 장사 지내게 했고……"

　　　　　　　　　　　　　　　　　　　　　－『삼국사기 열전』 김유신 편

김유신이 죽자 악단을 보내는 왕. 상가집이니 정말 신나게 놀라는 거죠.

> "고려 말기에 외방의 무지한 백성들이 부모가 죽으면 도리어 간사한 마음으로 즉시 그 집을 무너뜨리고 또 부모가 거의 죽어갈 때에 숨이 아직 끊어지기도 전에 외사로 내어두게 되니, 비록 다시 살아날 이치가 있더라도 마침내 죽음을 면하지 못하게 되었다. 그 장사 지내는 날에는 향도香徒들을 많이 모아서 술을 준비하고 풍악을 베풀기를 평일과 다름이 없이 하니, 어찌 유속이 아직까지 없어지지 아니하였는가"
> ―『조선왕조실록』 세종 11년 4월 4일

> "예조께서 아뢰길 경상도, 전라도, 충청도는 풍속이 사치를 숭상하여 장사를 지내는 데 힘써 사치하고자 합니다. …… 비용은 수곡에 이르고 주찬酒饌을 많이 갖추고 인근 사람들을 널리 불러서 성악을 크게 베풀어 밤이 지나고서야 파하며 이름하여 오시라 하는데 이 때문에 파산하는 자가 많습니다."
> ―『조선왕조실록』 성종 5년 1월 15일

어찌나 흥청망청했는지 장례를 치르면서 파산도 했다네요. 발인 전날 밤에는 상여놀이라는 것을 했는데 다음날 상여 메고 장지로 떠나는 예행 연습입니다. 출상 전날 밤에 상여꾼들이 운구 준비를 위해 손발과 호흡을 맞추는데 상여를 메고 놀며 상가집을 놀이판으로 만들었습니다.

상여놀이 이전에도 질펀한 모습이 많죠. 문상하면서 곡을 하는 체 하다가 욕설하고 진한 농담 던지고 막춤도 추고 상스럽게 개사한 노래도 부르고……. 상가집이 사실상 동네 마을굿, 약식 동네 도당제, 대동제였던 것을 생각하면 유교와 성리학이 바꾸지 못한 것이 많은 것 같습니다. 무속은 참 힘이 셉니다. 이런 축제로서의 상장례 문화는 망자는 망자대로 살아 있는 유가족은 유가족대로 죽음을 현실로 받아들이라는 배려의 의미였지 않았나 싶습니다. 슬픔은 흥으로 이겨내고 흥을 통해 현실로서 죽음을 인정하며 다시 살아갈 힘을 충전하는 것이죠.

국사편찬위원회에서 펴낸 『상장례, 삶과 죽음의 방정식』이라는 책에서 주강현 선생이 말하길 장례 전일에 무당을 초청하여 밤낮으로 음주 작란하였고 그렇게 행사를 하지 않으면 불효로 간주하였다고 합니다. 장례식장에 무당을 모셔 오신娛神 행위를 하고 야제野祭를 통한 재화災禍를 예방하였다고 하는데 성리학자들에게는 철저히 음사淫事로 보였나 봅니다.

우환굿은 무엇인가요?

우환굿은 개인이 아파서 하는 굿입니다. 사람이 아픈 것만큼 큰 우환이 어디 있겠습니까? 병원에서 치료가 안 되는 병들 때문에 우환굿을 합니다. 그렇게 치병을 위한 우환굿은 재수굿을 벌이면서 하는 경우가 많은데요, 재수굿에 끼어넣는 것이죠. 하지만 병 자체가 위중한 경우 독자적으로 치병굿, 우환굿을 따로 치른다고 하는데 우환굿은 재수굿과 기본적인 틀과 형식이 같다고 합니다. 단지 공수의 내용과 축원이 달라질 뿐이라고 합니다.

신도가 아프면 무당은 병의 원인을 찾고 해결하고자 합니다. 의학적 원인을 규명하는 게 아니라 사람 사이의 생겼던 문제, 한, 죄 등에서 병의 원인을 찾습니다. 치병굿, 우환굿에서 그런 것들이 드러나고 인간들이 저지른 일들이 규명됩니다. 하지만 누군가를 단죄하기 위한 것이 아니라 원인을 캐내어 산 자와 죽은 자와의 화해를 도모하고자 함입니다.

그런 과정을 밟으면서 병도 치유되고 집안이 다시 하나가 되는데 우환굿만이 아니라 재수굿을 하는 과정에서도 집안의 내력, 특정 개인의 이력 등이 드러나고 들추어지고 공개되나 봅니다. 그래서 요새는 개인굿을 할 때 공개를 꺼린다고도 하는데 옛날에는 개인굿을 해도 온 동네 사람들, 옆동네 사람들까지 와서 구경했고 이러저러한 내력과 일들이 공개되면서 굿판이 여론 재판 법정이 되기도 했다지요. 하지만 밝혀진 잘못이 있으면 용서를 빌고 구하면 끝입니다. 산 자와 죽은 자, 산 사람과 산 사람 사이에 그렇게 조화의 힘을 회복하고 화해를 위한 과정이지요.

넋굿, 진오귀굿이란 무엇인가요?

굿 중에 꽃은 사령제일 겁니다. 우리가 흔히 굿하면 떠올리는 게 바로 한을 품고 죽은 이를 위로, 위무하는 굿이겠죠. 망자를 위로하는 넋굿 말입니다. 서울과 경기에서는 '진오귀굿'일 것이고 호남에서는 '씻김굿'일 것인데 무속에서 죽음은 새로운 세계로 가는 것일 뿐이고 산 사람들의 세계와 망자의 세계가 완전히 절연되는 것은 아닙니다. 이승의 모퉁이만 돌면 바로 저승이라는 게 무속의 세계관이고 죽음관입니다.

이승과 저승은 서로 완전히, 불가역적으로 분리된 세계가 아니기에 망자를 잘 살펴야 이승에 사는 우리의 삶도 평안하다고 합니다. 굿에서는 그것을 위한 의식들이 발전되어 있지요. 무속에서 그렇게 사령제, 넋굿이 잘 발달되어 있는데 그러한 의례를 통해 망자가 좋은 곳으로 갑니다. 편안한 곳으로 천도되어 잘 쉴 수 있다고 합니다. 그런데 사실은 죽은 사람이 아니라 산 사람들을 위한 행사겠죠. 망자가 좋은 곳으로 가서 잘 쉬어야 가족과 식구 모두 편안하게 살 수 있다고 믿으니까요.

진오귀굿의 순서는 ① 주당, 부정, 가망청배 ② 상선거리 ③ 도당거리 ④ 별상거리 ⑤ 초영실 ⑥ 신장거리 ⑦ 대감거리 ⑧ 조상거리 ⑨ 시왕 가망거리 ⑩ 사제거리 ⑪ 말미거리 ⑫ 도령거리 ⑬ 베 가르기 ⑭ 상식거리 ⑮ 뒷영실 ⑯ 시왕 군웅거리 ⑰ 뒷전, 이렇게 총 열일곱 개 제차로 구성되어 있습니다.

③ 도당거리는 마을의 수호신을 모셔 정성을 드리고 소원을 비는 자리이고 ④ 별상거리는 연산군, 광해군, 사도세자를 모십니다. 비극적으로 왕위를 잃고 한을 품고 죽은 인물들이라는 공통점이 있지요. 무속은 본래 한을 품고 죽은 신일수록 영험하다고 생각합니다.

⑤ 초영실에서는 무녀가 춤을 춥니다. 근데 무복이 아니라 망자의 옷을 입고 장단에 맞추어 춤을 추는데 혼을 부르는 거라고 합니다. 그렇게 춤을 추다가 망자가 실리면 무당을 통하여 망자는 남아

있는 가족에게 인사를 합니다.

⑥ 신장거리는 길흉을 관장하는 신령님께 비는 자리입니다. ⑦ 대감거리는 제갓집에 재물과 복운이 있기를 기원하는 거리입니다. ⑨ 시왕 가망거리에서 한자로 '十王'이지만 시왕이라고 읽습니다. 시왕十王은 불교 경전에서 등장하는 지옥의 신들로, 『시왕경十王經』에서 언급되는 인물들입니다. 망자들의 세계에서 망자에 대한 죄의 경중輕重을 다루는 열 명의 왕을 말합니다. 이는 무속과 불교가 서로 영향을 준 무불습합巫佛褶合의 증거입니다.

⑩ 사제거리는 사자에게 잘 봐달라고 부탁하는 자리입니다. 망자를 저승으로 인도하는 사자에게 잘 보여야 별탈 없이 망자가 저승으로 잘 가시겠지요. 긴 삼베로 북어를 등에다 묶고 춤을 추면서 등장한 사자가 망자를 빨리 잡아가겠다고 위협합니다. 이때 망자의 식구, 제가집 가족들이 나섭니다. 제상을 뒤로하고 일렬로 늘어서서 트집도 잡고 이런저런 재담, 웃기는 멘트를 던지며 사자를 달래고 최대한 연행이 늦어지게 합니다. 슬프고 엄숙한 사령제가 이렇게 익살의 현장, 놀이마당으로 변하고 해학이 지배하는 현장이 됩니다. 이렇게 해학적 요소를 통해 슬픔에 잠긴 가족들의 마음이 풀어지는 것이죠.

⑪ 말미거리에서는 바리데기 공주 무가가 울려 퍼집니다. 진오귀굿의 하이라이트 아닐까 싶은데요. 말미거리를 위한 조그마한 상이 따로 차려진다죠. 말미상이라는데 그 옆에 의복과 신발이 들어있는 상자를 둔답니다. 상위에 향로와 향초들을 놓고 거기에 쌀을 부은 다음 종이로 덮어 놓는데 종이 위에는 종이를 꼬아 만든 '새발' 심지를 올려놓는답니다. 그리고나서 무당은 바리데기 공주 무가를 부릅니다.

바리데기 공주는 무속신앙의 큰어른, 무조巫祖입니다. 아들만 바라던 왕가에서 태어나는 바람에 버려진 막내딸이지요. 부왕이 고칠 수 없는 중병을 앓을 때 부모에게 길러진 언니들은 모두 거부했지만 바리데기 공주는 아버지를 고칠 수 있는 명약을 찾아 저승 세계로 떠나 갖은 고난과 역경을 이기고 귀환했지요. 죽음의 세계를 떠나 돌아와 아버지를 고쳐낸 바리데기공주는 재수 사망을 관장하는 권능을 가지게 되고 백성들을 고통과 재난을 어루만져주는 신령이 되었습니다.

무속에서는 이 바리데기 공주께 잘 빌어야 망자를 좋은 곳으로 천도한다고 믿습니다. 말미거리에서 바리데기 무가를 읊는 게 끝나면 새발 심지에 불을 붙여 태웁니다. 그리고 쌀 위에 덮어 놓은 종이를 걷어내고 거기에 나타난 자국을 통해 망자가 무엇으로 환생했는지 가늠해본답니다.

⑫ 도령거리가 말미거리보다 더 하이라이트라 할 수 있습니다. 무가를 부르며 춤을 추면서 걸어 나가는 무당, 그 무당을 망자 가족들이 향대와 촛대, 향불 항아리를 들고 따라간다고 합니다. 그렇게 무당을 따라 망자상을 중심으로 돕니다. 세 바퀴를 도는데 무당은 한동안 춤을 추다가 다시 세 바퀴를 돌고 들고 있던 물건들을 제상 위에 올려놓습니다. 혼자서 더 춤을 추고 다시 한번 돈 다음에 당 밖으로 나갑니다.

이제 베를 가르는 의식이 남아 있습니다. 무당에게 빙의된 바리공주께서 베를 가르는데 양쪽에서 무명과 베를 펴서 잡아당기면 무당이 가운데를 잘라버립니다. 망자의 혼이 어려움 없이 무사히 저승 세계에 가도록 길을 헤쳐주는 의미를 담고 있다고 합니다. 이제 길을 재촉하라는 의미가 아닌가 싶은데 이렇게 베를 가르고 나면 길이 열리고 이승과 저승으로 통하는 길이 뚫립니다.

저승으로 통하는 길이 열렸으니 망자는 떠나야 할 것인데 그래도 미련이 남았는지 망자에게 식사와 술을 대접하는 의식이 남았습니다. 이게 ⑭ 상식거리입니다. 가족들이 차례로 술잔을 올리고 재배하는데 무당은 넋전을 들고 춤을 춥니다. 망자가 극락으로 갈 기원하는 것이죠. 그러면 망자도 답을 합니다. 무당이 춤을 추고 그 무당에 망자가 내려 이야기하는 공수가 오는데 무당을 통하여 망자는 가족들에게 마지막 작별 인사를 합니다. 작별 인사가 끝나고 무당은 절을 합니다. 이제 망자는 완전히 명계冥界, 영계靈界로 떠납니다. 그 의식이 ⑮ 뒷영실입니다. ⑯ 시왕 군웅거리는 저승 세계에서 심판을 내리는 시왕을 모시는 신장님에게 망자의 혼백을 인도하니 잘 좀 봐달라고 부탁하는 겁니다.

드디어 대단원의 막이 내렸습니다. 굿에 참석한 신령님들 총배송하고 의식을 위해 물리쳤던 잡귀, 잡신들을 죄 불러 먹이는 행사 ⑰ 뒷전거리를 합니다. 그리고 의식에 썼던 것들을 불태워 없앱니다

오구굿은 무엇인가요?

동해안의 넋굿, 사령제가 오구굿입니다. 종교학 연구자 최준식 선생은 이 오구굿을 주목하라고 했죠. 어떤 종교의 위령제 의식보다 뛰어나다고요. 죽은 사람의 가족들에게는 늘 망자에 대한 미안함과 죄책감 등 감정의 찌꺼기가 남아 있습니다. 그런데 오구굿을 통해

망자와 제대로 이별할 수 있게 됩니다. 오구굿은 그런 감정의 찌꺼기와 죄책감을 덜어낼 수 있도록 의식이 구성되어 있기 때문입니다.

오구굿에서 부모의 혼이 무당에게 빙의했을 때 서로 간에 그동안 나누지 못한 말을 나누면서 감정의 앙금을 모두 털어내는 대목이 중요하다는데요, 그 대목에서 자식은 하지 못한 효도, 하지 못한 자식 도리로 인한 죄책감을 탕감받을 수 있다고 합니다. 부모와 대화할 때 현장이 울음바다가 되는데 무당이 먼저 운다고 하죠. 남은 가족들, 자식들의 곡을 유도하는 것입니다.

이렇게 혼이 빙의된 무당과 가족들이 서로 부둥켜안고 통곡하는데, 정말 원 없이 웁니다. 울기만 하는 게 아니라 울면서 용서도 빈다죠. 부모가 되어 해주지 못한 것, 하지 못한 자식 도리, 불효하거나 못되게 군 것들을 이야기하면서 용서해달라고 말하는데 망자 특히 부모의 혼이 빙의된 무당은 난 괜찮다, 아니다, 미안해 마라, 네 덕에 잘 살았으니 내 걱정하지말라고 말한다고 합니다. 최준식 선생은 이렇게 면책을 위한 세팅이 오구굿에 잘 되어 있다고 합니다.

오구굿에서 무당은 빙의된 상태라고 하지만 그 의식에서만큼은 망자의 역할 대행을 아주 충실히 합니다. 생전 알지도 못하는 사람들의 가족, 특히 부모 역할을 하면서 자식들을 달래면서 죄의식을 탕감받게 해주는데, 정말 어려운 일이겠지요. 정말 영혼까지 끌어모아서, 가족 잃은 사람들, 죄의식 속에 부모 보낸 사람들의 슬픔을 껴안은 채 달래는 것이 오구굿에서 무당이 하는 역할입니다. 차분하고 경건한 의식, 건조한 의례로는 죄책감 탕감 어려울 것이고요. 오구굿은 다음과 같은 순서로 진행됩니다.

- **비나리** : 망자의 집 안방에 제상을 차려놓고 조상님께 굿을 한다고 아뢰는 거리입니다.
- **부정굿** : 굿판의 모든 부정을 씻어내고 굿장을 깨끗이 정화하는 거리입니다
- **골매기굿** : 동네에서 제일 어른인 골매기 성황님을 모시는 굿인데 무당은 신대를 들고 춤을 추며 내려온 신과 만나는 강신 현상이 보입니다. 그때 영혼을 위해 문을 열어달라고 골매기 성황님에게 부탁합니다. 신이 내린 경우 가족들, 구경꾼들 모두 통곡하기도 합니다.
- **문굿** : 이승과 저승 사이의 문을 열어주는 굿입니다. 그래야 망자의 넋이 자유롭게 넘나들 수 있으니까요.
- **오는 용선가, 뱃노래** : 저승과 이승을 가르는 '유수강'에 부처님이 부리는 용이 있다고 합니다. 그 용을 부처님께서 부르고 용의 등에 배를 싣습니다. 그 배에 망자의 넋을 태우는데 그 뱃노래를 부르는 거리입니다.
- **조상굿** : 조상에게도 고합니다. 후손의 극락 천도를 도와달라고 부탁드립니다.
- **초망자굿** : 망자 넋의 한을 풀어주는 굿입니다. 이때 망자의 넋이 빙의되어 가족들에게 말을 한다고 하죠. 어머니에게, 배우자에게, 자식에게 당부의 말도 남기고 먼저 가서 용서를 구한다는 말도 남기고, 이때 울지 않는 사람이 없다고 합니다. 망자의 넋이 빙의된 무당은 망자 유가족을 붙들고, 껴안고 우는데 무당은 다른 것을 떠나 남 대신 울어주는 사람인가 봅니다.
- **길 닦는 염불** : 저승으로 가는 길을 닦아줍니다. 이승의 한을 모

두 풀어버리고 놓아두라는 의미입니다.

- **놋동이굿** : 놋동이는, 동해안 지역의 군웅굿에서 무녀가 군웅신의 위력을 보이기 위해 입에 무는 무구로 놋쇠로 만든 큰 동이입니다. 차옥승 선생에 의하면 보통 놋동이굿은 죽은 군웅 장수의 넋을 위로하고 군웅 장수의 영험으로 인간의 소원하는 바를 기도하는 거리이지만 오구굿에서는 망자의 넋이 놋동이에 실려오라는 굿으로 놋동이에 영혼이 실려오면 그 영혼을 위로하고 극락왕생을 축원한다고 합니다. 놋동이굿에서 망자의 옷을 가지고 춤을 추다가 신이 내리는 강신 현상이 일어나기도 한다는데 세습무에 의해 진행되는 굿도 이렇게 접신, 강신 현상과 무관하지 않습니다.

- **발원굿오구풀이** : 여기서 바리데기 무가를 부릅니다. 이렇게 오구굿에서도 무조巫祖인 바리데기가 등장합니다. 이승과 저승을 제집 안방 드나들 듯이 왔다갔다 하는 대단한 권능을 가진 신령이 부모의 혼을 데리고 저승길을 간다고 생각해 자식들은 안심하게 됩니다.

- **시무풀이시무염불** : 차옥승 선생에 의하면 망자가 이승에서 지은 죄를 다 탕감하고 좋은 곳으로 가라고 길을 닦는 거리라고 합니다.

- **넋내림** : 특이하게 이 거리에서는 무당이 아닌 제3자에게 망자의 넋이 내립니다. 망자가 못다한 말을 그렇게 전하며 이별을 고하는 것이죠. 이 거리가 끝나면 제장에 온 넋을 본격적으로 보내기 위한 굿으로 이어집니다. 넋 일으키기로 돌입합니다. 굿을 시작하기 전에 넋전사람 모양을 백지에 그려 오려놓은 것을

백지에 깝니다. 그것을 돗자리에 넣어서 말아놓습니다, 흰 꽃을 가지고 넋전에 대고 넋을 일으켜 세운다고 합니다. 일어나서 가시라는 거죠.

- **세존굿** : 집안과 자손의 발복을 비는 굿입니다.
- **판불경판염불** : 지옥을 면해 가라는 지옥가를 부르고 길 닦는 염불도 부르는데 열 지옥문을 벗어나서 좋은 곳으로 가라는 탄일가대왕풀이라고 부릅니다.
- **꽃노래** : 염라대왕의 물음에 제대로 대답하도록 저승의 꽃 이름을 망자에게 가르쳐줍니다. 망자가 좋은 꽃밭에 머무르라는 의미를 담고 있는 거리입니다.
- **뱃노래용선가** : 이승과 저승 사이에 있는 유수강을 건너가야 하니 뱃노래 구성지게 불러줘야죠. 무당이 뱃노래를 부르면서 춤을 춥니다. 유가족들은 긴 흰 천을 묶어서 늘어뜨린 채 양쪽에 잡고 서 있는데 이로써 망자가 저승으로 완전히 떠나게 됩니다.
- **초롱가** : 오색 초롱에 불을 밝힙니다. 길을 가야 하는데 어두우면 안되겠죠. 망자를 열 지옥, 흑암 지옥을 지나서 저승으로 무사히 인도하는 거리입니다.
- **등노래** : 등을 타고 극락왕생하라는 거리입니다. 이 고개, 저 고개 이 산, 저 산 넘어서 가자, 정든 친구 정든 산천, 정든 부모, 형제, 자식과 안녕하고 어서 극락으로 가자고 노래를 불러 길을 재촉한다 합니다.
- **길가름씻김굿** : 천을 가릅니다. 가족들이 흰 천 양쪽을 잡고 서 있습니다. 무당이 연꽃에 위패를 두고 연꽃을 천위로 왔다 갔다 하게 한 다음 천을 자르는데 이로써 끝입니다. 이승과 저승

을 가르는 의식으로 이승에 대한 미련을 깨끗이, 모두 접은 채 저승으로 가게 돕습니다.
- **뒷전거리굿** : 뒷전굿을 하고 굿에 사용된 조화, 등, 망자의 옷 등을 모두 태우며 마무리 짓습니다.

씻김굿은 어떻게 진행되나요?

'씻김굿'은 호남 지역의 사령제, 전남의 망자를 위한 넋굿입니다. 여기서 씻어내는 것은 불결한 외형적인 것이 아니라 여한과 모든 미련입니다. 그것들을 말끔히 씻겨주면서 잊어버리라는 것이죠. 그러면서 안심하고 저 세계로 가게 해주는 의식입니다.

열다섯 거리로 구성된 씻김굿은 다음과 같이 진행됩니다.

- **안당** : 대청마루에서 의식을 시작합니다. 대청마루에서 성주신과 조상신에게 씻김굿 의식을 행한다고 합니다. 그러면서 중요한 의식을 행하니 액을 막아달라고 부탁을 합니다
- **초가망** : 모두 불러들입니다. 망자를 비롯해 조상이나 망자 생전에 친구였다가 망자가 된 영혼들까지 그날 저녁에 모시는 모든 신을 청하는 거리라고 합니다.
- **처올리기** : 초가망에서 신을 불렀으니 즐겁게 해드려야 합니다.
- **손님굿** : 마마신을 불러서 대접합니다. 그리고 따라온 손님 신들까지 모시는 거리라고 합니다.
- **손님 여의고** : 따라오신 손님 신령들 잘 보내드리는 배송 거리입

니다.

- **제석굿** : 제석을 청하고 성주를 모시는 거리입니다.
- **조상 모시기** : 망자를 저승으로 씻겨 보내 드리기 전에 조상님들 먼저 배송하는 거리입니다.
- **액막음** : 촛불을 여러 개 켜놓은 액상을 차립니다. 그렇게 촛불로 액을 막는다 합니다.
- **고풀이** : 안방에 안치시켜 놓은 관 위에 고인의 옷을 두고 그 관 앞에 사진을 놓는다고 합니다. 그리고 흰 천을 준비해 한쪽을 관에다가 걸어놓고 관 앞에 늘어뜨린다고 합니다. 신발 위에 따리를 놓고 그 위에 누룩을, 누룩 위에, 한지를 사람 모양의 형상으로 오려 만든 것으로 대략 20cm 정도 크기의 '넋'과 돈을 담은 주발周鉢을 흰 천으로 싸서 올려놓습니다. 주발 위에 솥뚜껑을 덮으면 영받이가 만들어집니다. 관 위에 걸쳐 놓은 흰 천으로 솥뚜껑 위를 덮고 일곱 개의 매듭을 만든다고 합니다. 죽어서 북두칠성으로 돌아간다는 의미입니다.

일곱 개의 매듭을 모두 만든 후 무당은 고풀이 무가를 부른다고 하지요. 풀지 못한 한, 남은 원망 모두 놓아두고 내려두고 가라고 무가를 부르며 축원한 후 묶어낸 매듭을 하나 하나 풀어낸다고 합니다. 그래서 고풀이입니다.

- **씻김** : '영덕말이', '씻금이'라 부르기도 하고 물을 뿌려 씻는다고 하여 '이슬털이'라고도 합니다. 망자의 죄와 한 모두를 씻는 겁니다. 대나무잎 묶은 것에 향물, 쑥물, 맑은 물을 차례로 묻혀서 관 위를 닦고 솥뚜껑을 닦아내고 천에도 물들을 묻혀 솥뚜껑과 관 위를 닦아내고 마른 천으로 관과 솥뚜껑 위를 닦아냅니

다. 솥뚜껑을 열고 넋주발, 넋이 담겼다고 여겨지는 놋쇠밥 사발도 향물, 쑥물, 맑은 물의 순서로 씻깁니다. 마른 천으로 닦아내고 그 넋주발을 가지고 절을 한 후 그 그릇을 관 위에 둡니다.

- **넋풀이** : 넋이 저승으로 무사히 가도록 액과 살을 잘 풀어줍니다.
- **넋올림** : 무당은 수저 끝으로 앞서 만든 넋주발을 몇 번 치고 나서 넋을 꺼내고 넋과 지전을 들고 한참 춤을 추고 관 위의 망자의 옷에 접촉합니다. 그런 다음 울면서 망자의 가족에게 갑니다. 한 사람, 한 사람 유족들 머리 위에 넋을 두고 올려놓고 엎혀 두었다가 거듭 건져 올리는 행동을 한다죠. 이것은 망자와 유가족들 사이를 분명히 하는 의례입니다. 망자가 가진 가족에 대한 미련, 유가족이 가진 망자에 대한 집착 모두 내려놓게 하는 겁니다. 애착과 슬픔 모두 벗어던지라는 것인데 이로써 망자가 맺힌 한이 풀리는 것으로 이해합니다
- **희설** : 넋올리기가 끝나면 장구를 치면서 무당이 육갑풀이를 합니다.
- **길닦음** : 망자의 저승길을 닦는 거리인데 가족들이 나섭니다. 길베를 가족이 양쪽에서 팽팽하게 잡고 섭니다. 길베는 망자의 저승길을 상징하는 것입니다. 길베 위에 망자의 옷과 넋주발을 올리고 무당이 그것을 밀고 왔다갔다 하면서 무가를 부릅니다. 이렇게 해서 망자가 편안하게 저승길을 갈 수 있도록 저승길을 잘 닦아주는 것입니다. 그때 가족과 구경꾼들이 지갑을 열고 길베 위에 노잣돈을 올려놓습니다. 가족만이 아니라 정든 이웃들도 인사를 해야죠. 이제 다 끝났으니 망자의 옷을 들고 한바탕 춤을 춥니다. 여한이 모두 씻겨졌으니 마지막으로 놀다 가

라는 의미입니다.
- **종천** : 무당 혼자 징을 두드리면서 배송을 하는 거리입니다. 모든 한 다 풀어주었으니 극락왕생하시라고 축원합니다. 그리고 지전, 넋, 망자의 옷 등 굿에 사용되었던 각종 도구를 모두 태웁니다.

씻김굿은 모시는 신령에 따라 거리마다 의식을 행하는 공간을 달리합니다. 공간의 이동 궤적을 살펴보면 굿의 목적이 보인다지요. 시작은 부엌에서 하는 안당굿으로 출발합니다. 그러고는 안방으로 들어가서 가신인 성주와 제석을 모십니다. 마루에 나와 바리데기를 청하는 오구풀이를 부르고 마당으로 갑니다. 마당에서 밤이 깊어가면 안마당에서 씻김과 고풀이를 하며 죽은 영혼을 정화하고 한을 풀어주는데 마지막은 '중천맥이'입니다. 중천맥이란 씻김굿의 뒷전거리인데요. 대문 앞에서 합니다. 대문 앞에 상을 차리고 밖을 향해서 절을 합니다. 가택 신령은 집안에서, 망인을 천도할 신령은 마루에서, 망인의 넋은 마당에서 모시고 잡귀는 대문간에서 대접합니다. 이처럼 씻김굿은 안에서 밖으로 공간이 이동하는 하는데 정화의 의미를 담고 있다고 합니다. 산 사람은 살아야 하니 산 사람의 공간을 청소하는 것입니다. 이는 결국 죽음으로 야기된 부정과 잡기를 집 밖으로 몰아내서 인간의 삶을 회복하는 것을 상징한다고 합니다.

"씻기시나 씻기시나 불쌍한 망자씨에 오늘날 씻기시나 / 해갈처도 씻겨 세왕극락 가옵시네 / 쑥물로 씻기시면 악사지옥도 면하시고 도탄지옥도 면하시고 / 생왕극락 가옵시니 쑥물로 씹깁시다. / 명사십리 해당화야 나 꽃 진다 설워마라 / 나 꽃은 졌다가도 명년 삼 월 봄이 되면 / 잎도 나고 싹도 나서 나 꽃 다시 되건마는 / 불쌍하신 망자씨는 한 번 아차 가게 되면 / 가는 길은 있건마는 오만 기약은 전혀 없네 / 쑥물로 씻겼으니 향물로 씻기시면 / 하탄지옥도 면하시고 태산지옥도 면하시고 평등지옥도 면하시니 / 향물로 씻깁시다. 향물로 씻기시면 맑은 물로 씻깁시다. / 맑은 물로 씻기시면 십대옥을 면하시고 / 천근도 여의시고 중복도 가시옵고 왕생극락 하옵시니 / 맑은 물로 씻기실 때 상탕에는 머리감고 중탕에는 몸을 씻고 / 하탕에는 열 손발 고이고이 씻기시니 / 진옷 벗어 내던지고 마른 옷 갈아입고 왕생극락 옥경연화당 / 수구품 밑으로 일실성불되옵시고 물물되어 가옵시네."

— 황루시, 『우리 무당 이야기』 중

씻김굿에서 불리는 이 무가 한 편이 씻김굿에 대해 더 확실히 말해주는 것 같습니다. 이렇게 모두 씻기는 겁니다. 살아 있는 동안 못다 한 일에 대한 미련을 씻기고 사랑하는 사람을 두고 죽었을 때 가슴에 맺힌 원한을 씻깁니다. 그래서 쉬이 저승을 떠나지 못하고 이승을 떠도는 가엾은 넋의 부정까지 씻깁니다.

망자뿐만 아닙니다. 가족들에게 남은 한과 절망, 허탈함, 슬픔, 그리고 구경하는 사람들 안에 있는 슬픔과 인생에 대한 허무까지 모두 씻겨냅니다. 어찌 되었든 앞으로 살아야 하고 살아내야 하는데 살게끔 가는 긍정의 기운들을 방해하는 부정적인 것들을 죄다 씻어내는 거죠.

7
지역별 굿의 특징

지역의 문화의 기질, 지역성과 해당 지역의 굿은 잘 연관되는 것 같습니다. 아니 연관 정도가 아니라 굿이야말로 해당 지역민들만의 정서를 가장 잘 담고 있다고 볼 수 있는데요. 지역별 굿에 대한 연구는 단순히 무속이란 신앙 체계에 대한 연구가 아니라 지방의 문화와 언어, 더 나아가 우리 역사에 대한 연구가 아닐까 싶습니다. 이 장에서는 민속원에서 출판한 『한국의 굿』이란 책을 많이 참고했습니다.

함경도와 평안도 굿

함경도는 앉은 굿이 많은 지역으로 특별한 거리에만 춤을 춘다고 합니다. 다른 지역과 비교할 때 유별나게 서사무가가 많은 지역이라고도 합니다. '창세무가'를 비롯하여, '도랑선비'와 '청청각시', '궁상이', '양산복', '짐가재굿' 등의 무가가 왕성하게 전승되는 지역인데요, 이러한 양상은 제주도와 비슷합니다. 제주도와 함경도가 한양이라는 중심부에서 멀리 떨어진 변방이었죠. 꽤 주변부임을 고려하면 우리 무속 신화의 원형일 가능성이 상당히 많다고 하지만 안타깝게도 분단으로 인해 현재 자세한 실상에 대해선 알 수가 없다지요.

평안도의 사정도 함경도와 별 차이 없습니다. 남북이 분단된 지 70년이 넘어서 알 수 있는 것이 많지 않은데 그래도 정통 평안도굿을 보유하고 있는 정대복, 이정연 일행이 활동하였지요. 현재 알려진 평안도 지역의 굿에는 '다리굿', '선황굿', '요왕굿', '재수굿' 등이 있습니다.

평안도의 굿 중 가장 널리 알려진 굿은 '다리굿'입니다. 다리굿은 평안도판 진오귀굿, 씻김굿입니다. 사령제, 넋굿입니다. 죽은 이를 저승으로 천도하기 위하여 행하는 이 굿은 평안도의 가장 대표적인 굿으로 '다리'라는 상징성으로 인해 한국인들이 가지고 있는 죽음관을 확인할 수 있다지요. 다리는 이어짐과 단절의 모순된 의미를 모두 담고 있습니다. 다리를 통해 이승과 저승이 이어지기도 하고 다리를 통해 완전히 이별하기도 합니다. 다리굿에서 다리의 상징을 통해 죽음에 대한 한국인의 의식을 제대로 느낄 수 있다고 합니다. 다리 굿은 모두 열네 거리로 되어 있고 이틀 또는 사흘 이상 행하는 굿입니다. 무당의 입을 빌려 망자와 소통, 망자의 한을 푸는 '기밀'이란 게 다리굿에서 특히 중요하다고 합니다.

굿에서 다리로 상징되는 것은 무명으로 만든다고 합니다. 무명으로 만든 다리는 이승과 저승을 잇는 것을 상징하는데 이곳에 혼을 실어 저승으로 보내고 배웅하는 겁니다. 무당은 서른다섯 자 치수의 무명으로 조상, 사재, 망자, 수왕 등 다릿발 네 개를 길게 메워놓고 그 다릿발 사이사이를 오가면서 염불을 외운답니다. 그렇게 극락 천도를 빌어주는 것입니다.

염불을 외는 데서 알 수 있듯이 불교의 영향을 많이 받은 굿입니다. 승무에서처럼 하얀 고깔을 쓰고 의식을 집행하기도 하는데 아직 망자가 내려놓지 못한 억울함과 아쉬움을 벗어던지는 게 하는 것에 초점을 둔다고 합니다. 그래서인지 다리굿에서는 망자가 아직 죽지 않은 상태를 가정해 굿을 시작합니다. 망자를 잡으러 온 사자가 등장하는데 시간을 지체하고 시간을 벌려고 거짓말을 합니다. 실랑이를 벌이면서 시간을 지연시키는 거죠.

하지만 결국 망자는 사자와 함께 가게 됩니다. 그때 무당은 가능한 한 잘 모셔달라 당부를 합니다. 이렇게 해서 유가족들은 죽음이란 것은 운명이고 되돌릴 수 없는 현실이라는 것을 깨닫게 됩니다. 사자에게 망자를 뺏기지 않으려고 최대한 시간을 늦춰보려지만 결국은 보내야 하는 것을 보면서 산 사람 모두가 죽음을 말 그대로 체험하고 수용하게 됩니다. 그것을 돕는 의식이 평안도 다리굿입니다. 2004년 돌아가신 정대복 만신과 그 뒤를 이은 김남순 만신이 다리굿 대가로 알려져 있습니다.

황해도 굿

황해도 굿은 북한 지역의 굿 중 비교적 가장 많이 알려져 있는 굿입니다. 월남해온 많은 이북 출신 만신들이 있었고 특히 그중 황해도 출신들이 많은 활약을 했는데 황해도 굿은 인천을 중심으로 전승되고 있고 오늘날 이북 지역의 굿을 대표할 수 있을 정도로 발달되어 있습니다. 황해도 지역의 무가에서는 서사무가가 발견되지 않는 특징이 있다죠. 전국적인 전승 양상을 보이는 '바리공주'나 '당금애기'도 황해도 지역에는 없다고 합니다.

황해도 굿은 해변을 중심으로 발전되어온 해변 굿과 내륙 지역을 중심으로 발전되어온 내륙 굿으로 나누어 볼 수 있습니다. 어업을 주업으로 하는 해변 지역 어촌에서는 해상의 안전과 풍어를 기원하고 어민의 번영 및 무사태평을 축원하는 '배연신굿배용신굿'이 크게 발달해 있습니다. 황해도 해변 굿 중 옹진과 연평도의 것이 남달리 규모가 크며 마을의 남녀노소가 참여하는 대동적 마을굿으로 발전되었습니다.

특히 배연신굿이 유명한데 첫째, 풍어를 상징하는 봉죽종이꽃을 오려 대나무 가지에다 꽂아 만든 커다란 꽃다발을 세우고 둘째, 선주와 사공들이 해상 안전과 풍어를 기원하는 뱃기내림 의식을 합니다. 셋째, 굿을 마무리하면서 마을민의 액운을 배에 실어 바다에 띄워보내는 의식이 있고 넷째, 어민들과 마을민들이 풍어와 대동단합을 축원하기 위해 풍물을 울리면서 배치기소리를 한다고 합니다.

한편 내륙 지역의 굿은 마을민들이 대거 참여하는 대동굿을 비롯하여 만신집에서 행하는 '대택굿만구 대택굿, 만수 대택국' 범에 물려간 조상을 달래기 위한 '호살량굿', 죽은 후 좋은 곳으로 보내기 위한 '시왕굿', '신내림굿', '운맞이굿', '재수굿', '병굿' 등이 있다고 합니다. 과거에는 호랑이와 표범에 많은 사람이 죽고 다쳤는데 호환으로 사망한 사람을 위한 굿도 많았다지요. 호환으로 죽은 사람을 위한 굿은 황해도에만 있는 것은 아닙니다.

황해도 굿에는 봉신되는 수많은 장군신 / 사설이 긴 청배신을 청할 때 부르는 노래 / 다양하고 화려한 신복 / 연극적으로 짜여진 신담과 짓거리 / 지방색을 나타내는 신음식 / 경쾌하고 빠른 굿 음악과 그에 따른 활달하고 웅장한 신춤 / 다양한 공수 / 다양한 굿 제차 / 관객들이 참여하는 무감서기 / 굿당 설치에 따른 다양한 깃발 등 열 가지 특징이 있다고 합니다. 그 내용은 다음과 같습니다.

첫째, 황해도 굿은 장군발이 세다고 합니다. 수많은 장군신령을 황해도 무당이 섬기기 때문입니다. 장군님들을 몸주신으로 하고 그 장군신령들을 모시기 위해 춤과 음악을 연주하고 장군신령들 호출하기 위해 옷과 신구들을 갖춰서 그런지 황해도 굿은 춤은 웅장하고 과격하며 음악이 경쾌하고 활달하다지요.

둘째, 황해도 굿은 사설이 깁니다. 청배라고 해서 신을 청할 때 부르는 노래가 있는데 이 노래 사설이 비중이 큽니다. 셋째, 다양하면서도 화려한 무복을 가지고 한답니다. 적게는 수십 벌이지만 크게는 수백 벌을 준비한답니다. 넷째, 황해도 굿은 만신과 음악을 연주하는 잽이가 주고 받는 대화가 많습니다. 이 대화를 '신담'이라고 부르는데 거리에 따라 신담을 주고 받는 제3자의 인물까지 등장해 연극적인 요소가 강하다고 하죠.

다섯째, 토착 지역 음식, 황해도 음식이 준비된다고 하는데 특히 황해도 떡이 등장한다고 합니다. 지방색을 간직한 해와 달을 상징하는 일월떡, 별떡, 무지개떡, 쌀·조·수수 등으로 빚어지는 반대기 등은 이 지방만이 갖은 독특한 떡들입니다.

여섯째, 장군님들이 놀기 좋도록 경쾌하고 빠른 장단으로 음악이 연주되는데 다 장군신과 교신하고 접신하기 위해서라죠. 일곱째,

굿의 거리마다 긴공수, 서린공수, 허리공수, 흘림공수등 공수가 다양하다고 하고요. 여덟째, 일반적으로 열두 거리지만 거리 수가 대폭 증가되어 스물네 거리를 하기도 합니다.

아홉째, 황해도 굿은 '무감서기'가 활성화되어 있다고 합니다. 무감서기란 관객이 끼어들어 춤추는 것을 말합니다. 굿거리 중간 중간에 관객 중 누구라도 춤을 추고 싶으면 무복을 입고 신나게 춤출 수 있는데 아무도 안 말립니다. 무감서기가 활성화되어서 굿을 하는 데 시간이 많이 소요된답니다. 마지막으로, 다양한 색과 형태의 깃발이 있다고 합니다. '일월기', '신기', '부군기', '제만신기', '백호기', '장발영기', '걸립기', '몽기', '홀기' 등이 있다는데 깃발도 고려의 군사·무사 문화 영향이 때가 아닌가 싶습니다. 황해도 지역 굿에 대해서는 양종승 선생의 연구를 참고했습니다.

서울과 경기 지역 굿

서울 굿의 특징

서울에는 궁궐이 있고 주 고객 중에 왕실과 사대부 집안 사람들도 있었습니다. 그래서인지 서울 굿의 컨셉트는 엄숙, 장중, 격식 지키는 것이 강조된다죠. 서울 굿은 새남굿이라는 사령제가 발전되어 중요무형문화재로 지정되어 있는데 춤도 음악도 모두 엄정함이 컨셉트입니다.

분단으로 북한 지역 무당들이 대거 월남하여 서울 지역에 거주하게 됨에 따라 황해도 굿, 평안도 굿 등이 서울 굿에 유입될 수 있었고 충청도 굿도 들어왔다고 합니다. 하지만 서울 굿은 한양 나름의 정통성을 유지한 채 현재도 많은 굿당에서 행해지고 있습니다.

서울 지역 무당의 특징을 꼽자면 첫째, 명확한 사승 관계를 갖고 도제식 교육을 통해 굿에 대한 전반적인 지식과 기예를 습득하는 것입니다. 둘째, 바리공주 같은 대표적인 서사무가의 습득과 구송을 위한 훈련을 많이 해 탁월한 무가 암송 능력을 보유하고 있다는 것입니다. 셋째, 신도들과 명확하게 정립된 관계입니다. 이상이 서울 무당의 특징이라고 하는데 하지만 세월이 변해가며 옛날 같지는 않다고 하네요.

서울에서는 '오구굿'이 가장 많이 행해집니다. 대표적인 서사무가 바리공주가 불리는 것을 현장에서 볼 수 있지요. 서울 지역 오구굿은 크게 정화, 신놀림, 망자 천도, 뒷전의 네 단계로 구성되어 있습니다.

- **정화** : 굿을 행할 장소를 깨끗하게 만들어 잡귀들이 범접하지 못하도록 하는 절차입니다. 주당물림, 부정이 여기에 속합니다.
- **신놀림** : 신을 호출하고 도착한 신과 신나게 놀아줍니다. 무당이 숭배하는 여러 신을 모시고 한바탕 노는 것인데 이 역시 다른 지방의 모든 굿에도 있는 의식입니다.
- **망자 천도** : 죽은 이를 천도시키는 부분으로 가장 핵심적인 의식이겠죠. 영실, 바리공주, 사제삼성, 도량돌기, 베 가르기가 여기에 속하는데 '영실'은 평안도 굿의 '기밀'과 비슷한 것으로 무당을 통한 망자와 유가족의 소통을 위한 것이라 이해하시면 됩니다. 사제삼성거리와 바리공주거리가 망자 천도의 하이라이트

인데 바리공주거리에서 망자가 극락으로 천도되기를 소망하는 모습을 보여줍니다. 사제삼성거리에서 극락으로 가는 과정을 연기를 통해 보여줌으로써 망자가 무사히 극락에 천도되었음을 가족들에게 알려줍니다.
- **뒷전** : 잡귀들 불러와서 맥이고 우스꽝스럽고 해학적인 연극의 형태로 취해지는 의식을 보면서 망자를 보낸 슬픔도 잊게 되고 신명 나는 음악까지 즐기면서 다시 일상으로 돌아갈 힘을 얻게 됩니다.

서울 굿은 여러 가지로 많이 변하고 있다고 합니다. 첫째, 본래 정형성과 엄숙성, 의식을 철저히 지키려는 깐깐함이 서울 굿의 특징인데 본질이 변하고 있는 것입니다. 서울의 특성상 여러 지역 무당들의 유입으로 상호 영향을 받을 수밖에 없겠죠. 둘째, 간소화 경향도 강하게 진행되고 있다고 합니다. 시간을 줄이고 제물도 줄이고 이렇게 무당들은 꼭 필요한 거리만 골라서 또는 축약하여 굿판을 진행하는 압축식 굿을 한다고 합니다. 그래서 몇몇 굿은 중요무형문화재로 지정해 보존하라는 목소리도 높습니다. 압축의 경향에서 원형이 잘 살아남을 수 있게 보호하기 위해서요.

셋째, 무당들이 굿을 제의라기보다는 하나의 연희로 인식하는 경향이 높아지고 있다고 합니다. 무당들이 사제라기보다는 광대, 예인이 되는 거죠. 사람들의 원과 한의 해소, 조화의 회복이 아니라 경제적 대가가 주목적이 되고 작두타기 같이 눈요기 위주의 퍼포먼스가 주가 되고 있답니다. 넷째, 대부분 굿을 무당 자신의 신당이 아닌 산에 있는 굿당에서 행하는 것도 변화의 특징이라고 합니다. 일반 주택가에 있는 무당의 집에서 했다가는 소음 민원으로 난리가 나겠죠.

다섯째, 굿보다는 점사만 하는 무당들이 늘어나는 추세입니다. 쉽게 말해 굿을 못하는 겁니다. 신내림 받고 장시간 신부모 따라 다니면서 도제식으로 배우고 굿판에서 여러 일을 익히는 트레이닝 과정을 생략한 채 하루 빨리 독립해서 자기 가게 차리려는 젊은 무당이 많은가 봅니다. 정통굿을 제대로 하지 못하는데 말이죠. 이상 서울 굿은 홍태한 선생의 연구를 참고했습니다.

서울 굿에서 사용되는 무복은 화려하고 우아합니다. 수도 한양에 있어서 그렇습니다. 조선시대 관복과 유사한 옷들을 입고 굿을 거행하는 경우가 많습니다. 사용되는 무복은 '홍천익', '남천익', '별상옷', '전복' 등으로 모두 조선조 궁궐에서 입었던 문무관의 옷입니다. 자신을 공주라고 호칭하며 공주옷을 입고 굿판을 벌인다는 것은 그 시절 절대 그냥 넘어갈 수 있는 일이 아니었습니다. 하지만 그게 가능했던 것을 보면 궁중 내부에, 사대부 가문에 무당의 신도와 수요자들이 있었던 것이 틀림없습니다. 사실 궁궐에서도 굿판이 벌어졌고 참가하는 사람들은 당연히 왕족이나 궁녀들인데 이들이 후원자인 이상 당연히 묵인, 용인되는 게 많았을 겁니다.

타 지역에서는 바리데기라고 하는데 서울 지역 굿에서만 바리공주라 하고 공주복, 곤룡포를 입은 채 연기하는 데는 다 이유가 있습니다. 놀이로서의 굿의 본래 성격을 다 버리진 못했겠지만 궁궐 안에서 행해지기도 했으니 신에게 바치는 제의임을 강조하여 엄숙함의 컨셉트를 유지하고 격식을 준수할 수밖에 없었을 것입니다.

경기 지역 굿

경기도 남부 지역에서는 광범하게 도당굿이 많이 행해지고 있다고 합니다. 도당굿은 마을굿입니다. 도당굿은 본래 '재인', '화랭이' 등으로 불리는 세습무가의 남자 굿꾼이 주재하는 굿인데 지금은 도당굿을 주재할 수 있는 화랭이가 거의 사라지고 없어서 우려의 말이 많습니다. 하지만 다행히 경기 도당굿이 중요무형문화재로 지정되어 전승의 길이 생겼습니다.

지역을 중심으로 주민들의 건강과 안녕을 기원하는 굿인 도당굿은 '당주굿'에서 시작하여 '돌돌이' 등을 거쳐 뒷전까지 열여섯 거리로 구성되어 있다고 합니다. 경기 남부 지역인 수원, 화성, 오산, 안성 등지에서 도당굿이 왕성하게 행해지고 있었으나 지금은 명맥만이 남아 있다고 합니다.

도당굿으로는 강신무인 고성주 명인이 유명하다고 합니다. 할머니를 거쳐, 고모, 고모의 신딸인 최영욱 만신에서 고성주 만신으로 110년 넘게 이어졌다는데 경기도 전통 굿의 전승자로 일 년에 두 번이나 진적굿을 행한다고 합니다. 그게 고성주 명인 무당 가계의 법이고 지켜야 할 사항이라고 하네요. 경기 안택굿을 전승해 당사자로서 자부심과 책임감 모두 가진 분인데 고성주 명인은 "신령은 점괘로 인간사를 풀어주지만, 기악이나 가무 등 의례는 스승에게서 배우고 익혀야 한다"라고 강조합니다.

충청 지역의 굿

충청도는 법사가 있는 지역으로 유명합니다. '앉은굿', '앉은뱅이굿'이란 이름으로 가장 개성 있는 굿을 하는 지역입니다. 충청도 무당은 춤추고 노래하지 않습니다. 법사는 그저 북 장단에 맞추어 경을 읽습니다. 경을 읽으면서 '안택굿', '삼신굿', '용왕굿', '병굿', '신명굿', '넋굿' 등을 주관합니다. 충청도의 앉은굿은 '양반굿'이라 하여 한복에 두루마기를 입고 갓을 쓰고 진행합니다. 부여의 단잡이굿은 가장 대표적인 충청도의 굿이라 할 수 있습니다.

충청 지역의 굿은 '거리'가 아닌 '석'이라는 명칭을 쓴다죠. '조왕석', '성조석'과 같은 명칭이 사용됩니다. 그런데 현재 충청 지역 강신무가 점차 세력을 넓혀서 신내림을 받은 무당들이 선굿을 하고 앉은뱅이굿은 갈수록 줄어들고 있다고 합니다.

'앉은굿'은 말 그대로 앉아서 하는 굿입니다. 반주와 춤이 필요 없고 갓과 두루마기 등 양반 차림을 한 채 북과 징만을 두드리며 점잖게 앉아서 무경을 구송하는 것으로 일관되게 진행을 합니다. 이것도 충청인 기질의 반영인 것 같은데 감정 기복 없어요. 울고 불고 안 합니다. 공수가 내려올 때 침통해 하거나 슬퍼하지 않고 조상신이 내려도 우는 사람이 없고요. 타 지역 굿처럼 클라이막스 때 무당이 통곡을 유도하지도 않습니다. 굿 전체가 그저 담담하고 미지근하게 전개됩니다.

굿을 하는 데 요란한 춤과 음악이 없으니 신을 놀게 하는 오신의 과정이 없겠지요. 대신 축사逐邪 과정이 부각됩니다. 혼내고 쫓는 겁니다. 잡귀, 잡신을 잘 먹이고 달래어 인간의 소원을 이루려고 하는 게 아니고 위협하여 몰아내는 위엄을 보이는 거죠.

앉은굿의 명칭도, 앉은굿을 이끄는 사제를 이르는 명칭도 다양합니다. 경무經巫, 경객經客, 경사經師, 경문經文장이, 복사福師, 술사術士, 술객術客, 행술인行術人, 법사 등으로 불리고 있다지요. 모두 독경 및 점복占卜과 관계된 명칭들인데 오늘날 현장에서는 법사 호칭을 많이 씁니다. 경을 읽음으로써 초복 내지 축사하는 행위가 흡사 승려들의 염불과 유사하기도 하고 무당들을 천대하던 사회 분위기 때문에 법사라는 명칭을 썼다고도 합니다.

앉아서 하는 충청의 굿은 형식만이 아니라 수요자, 발주자가 주로 양반들이었다 합니다. 컨셉트와 분위기도 무겁고 엄중하고 닫힌 굿이라 청중과 동네 사람들의 참여가 제한됩니다. 보통 무속 굿들의 거리를 보면 불교 냄새가 진하기도 한데 충청 굿은 유교 냄새가 많이 난다죠. 양반 계급의 권위와 특권 의식, 선비들 특유의 반상 의식과 남녀유별 내지 남존여비 의식이 보이는데요 오락적 분위기 속에서 노래하고 춤을 추는 여자 무당 중심의 굿판과 사대부 문화와는 본래 상극이었을 것입니다.

폐쇄적 굿거리를 진행하는 경우가 많고 보통 굿에서는 누구나 알아들을 수 있는 구어체 무가 사설을 구연하지만 양반굿은 그런 것 없어요. 일반인들이 알아듣기 힘든 한문 어투의 무경을 일관되게 구송합니다.

경을 읽는, 즉 독경을 하면서 굿을 하는 행위는 원래 점을 치는 것을 업으로 삼는 소경 판수判數가 하던 의식이라고 하죠. 고려까지 소급해보면 맹승盲僧이라는 승려가 있었는데 중 노릇보다는 무당 노릇을 하는 사람들이었습니다. 조선 시대 들어서 독경을 통해 병을 다스리고 재액을 예방하기 위한 퍼포먼스를 하고 살았는데 맹승, 판수는 사대부가에서 많이 활약했고 그런 전통이 충청도에 진하게 남아 있다고 보시면 됩니다.

타령, 놀이, 술이 없고 청중의 참여가 제한되고 스텝도 없이 법사 단독으로 진행하고 의식의 구성과 절차가 엄격한 충청도의 굿은 타 지역 굿과 참 다릅니다. 그래도 법사를 무속인의 범주에 넣어야 합니다. 앉은굿도 한국 무의식巫儀式의 또 다른 형태라 봐야겠지요.

앉은뱅이굿은 독경을 통해 '안택굿'으로 많이 행해진다는데 '안택굿'은 집안을 편안하게 하기 위한 굿입니다. 개인 굿으로 과거에는 대보름에 많이 하곤 했어요. 안택굿은 가택신을 대상으로 하는 종합 제의라고 하는데 보통 4~5개의 작은 굿거리들이 모여 이루어집니다. 거리마다 일정한 역할을 지닌 신령이 등장하는데 대개 조왕, 제석, 터주, 삼신, 조상 등으로, 모두 집안에 있다고 믿는 신들입니다.

안택굿의 제일祭日은 정월과 시월을 전후한 시기로 잡는데 과거에는 사실상 정기제定期祭로 행해졌습니다. 지금은 어떤 재화災禍가 있을 때나 집을 새로 지었을 때 단발성으로 합니다. 충청도의 굿은 거리가 아니라 석으로 구성되었다고 했죠. 타지역이 열두 거리라면 충청도는 열두 석 이런 건데 안택굿은 총 다섯 석입니다. 제1석 조왕굿, 제2석 터주굿, 제3석 성조굿, 제4석 제석굿, 제5석 조상굿으로 행해진다고 합니다. 조왕굿은 조왕신이 부엌의 신이니 당연히 제장祭場은 부엌이 됩니다. 터주굿은 터주대감을 모시고, 성주굿은 성주를 모시는데 마루나 안방에서 합니다. 제석굿도 안방에서 하는데 제석신을 모실 때는 제석신의 근본, 프로필을 읊는다고 합니다. 마지막으로 조상을 청배해서 자손들의 발복과 부귀공명을 빕니다. 이 석에서는 가족이나 가까운 친척들이 기도하고 노자돈을 올려놓기도 한다네요.

호남 지역의 굿

호남 지역은 단골이라고 불리는 세습무가 우세한 지역이라고 했습니다. 이 세습무들은 단골판이라는 독자적인 영역을 가지고 있다고 했는데 예전 같지는 않다고 합니다. 호남 지역의 대표적인 굿은 망자의 넋을 씻기는 굿, 미련도 한도 모두 씻겨 극락왕생을 기원하는 씻김굿입니다. 그 외에 음력 정월에 집안의 안녕과 운세를 빌기 위해 하는 '도신굿', 집을 새로 짓거나 이사를 했을 때 가장 큰 가신인 성주의 신체를 봉안하면서 행하는 '성주굿', 아기를 갖지 못하는 경우나 아기가 아플 때 하는 '제왕맞이', 망자의 사망일에 맺힌 액을 풀어주는 '사자맥이', 아픈 환자가 있는 경우 치병을 목적으로 하는 '삼설양굿' 등도 호남 지역에서 행해지는 굿입니다.

세습무들이 지배력을 행사하는 호남은 세습무계 출신의 여자가 세습무계 출신의 남자와 결혼하며 굿을 배웁니다. 시어머니로부터 배워 무당이 되는데 기능, 기예도 배워 물려받습니다. 아들은 아버지에게서 기예를 배워 물려받고 부인과 함께 무업巫業 활동을 합니다. 이렇게 해서 부인은 굿을 하고 남편은 악기를 연주하는 하나의 독립된 사제 집단, 하나의 스텝이 형성되는 거죠. 이처럼 혈연을 고리로 하기에 무당 집안에서 무당이 나오고 그렇게 계속 배출되면서 무속인 가계가 만들어집니다.

남무와 여무는 각각 호칭도 다르고 역할도 다릅니다. 남무는 흔히 고인鼓人이라고 부르고 여무는 단골 또는 당골, 당골네라 합니다. 고인은 음악을 맡고 굿에 필요한 소도구를 만드는데 또한 이들 중에서 가창이나 기악이 뛰어난 사람은 소리꾼이나 연주자가 되기도 했고 기예에 재능을 타고난 이는 땅재주나 줄타기를 익혀 광대를 업으로 삼기도 했습니다. 굿일은 굿일대로 하고 관에서 부르면 관의 행사에 참여해서 재주를 뽐내고는 했지요.

세습무 지역 호남의 굿과 강신무 지역의 굿과 가장 두드러진 차이는 예술성과 오락성입니다. 호남의 무당은 세습에 의해서, 학습에 의해서 인위적으로 무당이 된 경우가 많기 때문에 영력을 가지고 의례를 하는 것이 아니고 강신 현상과 접신 체험이 약합니다. 그래서 춤과 노래로 신을 잘 놀리고 관람객들 즐겁게 하고 그렇게 오락성과 예술성으로 굿을 이끌어갑니다.

세습무는 음악성 높은 무가나 풍부한 사설, 제의적 행위, 춤 등을 통해 강신무와 다른 개성과 장점을 보여줍니다. 호남 굿이 그렇습니다. 그래서 노래 잘하고 사설 좋고 구성지고 춤 잘 추는 굿을 높이 삽니다. 또 그런 걸 잘 하는 무당을 예인으로서 광대로서 재능과 실력 출중하고 훌륭하다고 인정합니다.

호남인들 특유의 신명이 있고 호남인들은 원래 기예에 능하다고 합니다. 호남만의 예술적 소울이 있다고 하고요. 판소리는 원래 광대들의 예술로 시작된 것인데 특히 호남의 광대들이 판소리를 발전시키고 지금과 같은 수준 높은 경지로 승화시켜 하나의 독자적 장르로 만들어냈어요. 판소리는 무속에서 나왔기에 철저히 민간 문화에 뿌리를 둔 예술 장르이지만 19세기부터 양반들에게도 애호되기 시작했습니다.

광대들은 조선 시대에 인간 대접을 받지 못했지만 권력자들에게도 사랑받으면서 지위 상승을 하게 되었습니다. 판소리의 열렬한 팬이었던 흥선대원군은 광대에게 벼슬까지 내렸다지요. 소리 잘하면 신분 상승도 가능해진 것입니다. 그러자 세습무가 남자들이 너도나도 판소리를 연마하게 시작했습니다.

호남 굿판에서 나온 예술이 판소리만이 아니라죠. 줄타기, 기악 가야금, 대금, 피리, 농악 등의 많은 전통 공연 예술이 호남 세습무계의 예인들과 상관 있습니다. 판소리 외에 각종 기악 연주자들도 무속 집안에서 배출되었죠. 가야금 산조와 대금 산조를 창시했다고 하는 김창조와 박종기는 각각 영암과 진도의 세습무계 출신이라죠. 무속 특히 호남의 무속이 전통 음악과 예술을 낳고 기른 텃자리, 뿌리라 할 수 있겠습니다.

남해안과 동해안 지역의 굿

남해안 지역의 굿

남해안 지역도 호남처럼 세습무가 관할합니다. 남해안 지역의 굿으로 유명한 것이 거제도와 통영을 중심으로 해서 행해지는 별신굿인데 지금은 별신굿을 주재할 수 있는 무당이나 악사가 많이 사라지고 대가 끊겨서 몇 년에 한 번씩 거행되고 강신무들이 많이 맡아서 하고 있다고 합니다.

남해안 별신굿은 남자의 비중이 크다죠. 남자가 악사 역할을 맡아 전문잽이로 굿판에 나오는데 이들은 부계를 통해 기예를 배우고 악기를 배워 명인, 대가가 됩니다. 무당보다도 악기를 연주하는 잽이가 훨씬 비중이 크고요, 일급 무당을 만드는 것도 이들 잽이 손에 달렸다고 합니다.

남해안 별신굿은 마을굿으로서 마을의 평안과 풍농, 풍어를 기원하는 행사입니다. 특히 바닷가라는 지역 특성상 풍어제로서 성격이 강하다고 합니다. 해마다 하는 마을도 있으나 보통 2~3년, 길게는 10년 만에 한다고도 하네요. 별신굿이란 말의 뜻은 '개를 먹인다'라는 뜻이랍니다. 남해안에서는 '개'는 바다를 의미하는데 확실한 견해는 아니지만 바다를 먹여 풍어와 마을의 안녕을 기원하는 의식이라 볼 수 있습니다.

별신굿이 그런대로 잘 전승되고 있는 곳이 거제도라고 할 수 있습니다. 거제도 마을에서는 별신굿이 있기 3개월 전부터 상의를 한다고 하죠. 이장을 보조하는 각 반장이 집집마다 거두어 이장에게 주면 이장은 일정 금액을 굿 장모에게 주어서 제물 준비를 시킨다고 합니다. 제물 구입 시 값은 절대 깎지 않는 것이 원칙이라고 합니다.

제물 구입 등 1차 준비가 끝나면 마을 사람들은 마을회관 앞에 모여 금줄로 사용할 새끼를 꼬고 적당한 길이의 대나무를 골라 마을 입구, 당산 등에 서낭기를 설치하고 적당한 굵기의 소나무를 베어 장승을 제작하여 서낭당에 세웁니다. 마을 곳곳을 쓸고 닦으며 청소하며 소, 염소, 개 등 가축들을 한곳으로 모으고 마을 주민 모두는 바깥 출입을 자제하며 조용히 집에서 굿을 기다린다고 합니다.

마을로부터 굿을 해달라는 요청을 받은 대모가 있습니다. 큰무당으로서 굿을 주관하는 대표인데 악사양중와 조무助巫 등에게 연락하여 굿 날짜를 알리고 인원 등을 조율합니다. 특이한 것은 굿값과 보수를 사전에 정해놓지 않고 당일 흥정에 들어간다는 겁니다. 당일 상을 다 차려놓고 사제무 일행이 마을에 도착해 들맞이굿을 마치고 굿청으로 들어온답니다. 마을 유지들과 인사 후 별신굿 비용에 대해 밀고 당기기를 하면서 자신들이 받아내야 할 혹은 줘야 할 행사 비용을 합의한다고 합니다. 꽤 오래 실랑이를 벌이면서요.

별신굿 중 용왕굿거리가 있습니다. 바닷가에서 하는 굿이니 용왕님을 모시지 않을 수 없겠죠. 바다의 용왕님과 수중 고혼들을 위해 주는 의식입니다. 이때 바닷가로 선주 몇 집에서 차려내온 상床들을 가져다놓고 촛불을 켜놓는데 각 가정의 조상상을 차려놓기도 한답니다. 굿이 끝난 후에는 상에 차려진 밥과 제물을 바다에 던집니다. 이때 던지는 밥을 용왕밥이라 합니다.

거제도만이 아니라 통영에서도 별신굿을 치르는데 마을 주민들 주도로 치러지는 게 아니라 통영시 당국과 수산어업 협동조합의 지원을 받아 행해진다고 합니다. 매해 10월에 충무공 장군 추모를 위해 열리는 한산대제漢山大祭 행사 중 하나로 치러지는 의식이라죠. 마을 주민들이 신앙심으로 치러지는 거제도 마을 별신굿과는 굿을 하는 순서와 양상, 제단 구성과 제물 차림 등 여러 가지가 다르다고 합니다. 마을 제사로서의 성격은 없고 철저히 행사적, 연희적 성격이 강하다고 하는데 제단의 장식을 축제 분위기가 나도록 꾸미고 제단의 제물 차림도 실제 별신굿이 치러지는 다른 마을의 몇 십 배나 될 정도로 많은 양을 올린다고 합니다.

남해안 별신굿의 특징은, 굿을 하는 제의 지역이 좁게 한정되어 있고 해당 굿을 치러낼 수 있는 기능자, 예능자 수가 매우 적다는 것입니다. 세습무에 대한 무시도 심한 편이라 별도의 생업에 종사해야 하는 경우가 많습니다.

굿하는 과정에서 악기를 잡고 이 양중과 무당이 주고 받는 재담이 별로 없고 무가 중간 중간에 삽입되는 사설도 없고 오락적 요소가 약합니다. 관중을 웃기는 희극적인 놀이가 많은 동해안 별신굿에 비해 남해안 별신굿은 현장에서 주는 흥미적 요소가 약합니다. 하지만 말 그대로 제의로서 신앙성이 강해 참여자들을 굉장히 진지하게 만든다고 합니다. 남해안의 굿에 대해서는 하효길 선생의 연구에서 참고했습니다.

동해안 지역의 굿

동해안의 지역적 범위로 북쪽은 강원도 고성군, 남쪽은 부산까지로 봐야 한다고 합니다. 부산은 남해안의 동쪽 출발점이기도 하지만, 굿의 전승 지역으로 보면 동해안 범주로 넣어야 한답니다. 이 지역은 앞서 언급한대로 오락성과 엔터성이 강하다고 합니다.에서는 '맹인놀이', '원님놀이', '탈굿' 등 관중을 웃기는 연극들이 행해진다고 하죠. 동해안도 세습무 지역입니다. 별신굿에 참여하는 무당들은 가족, 친척 관계입니다. 사설이 가장 풍부하고 말과 노래를 반복하며 즉흥적으로 관중을 들었다 놓았다 합니다. 특히 다른 지역에서는 전승되지 않는 '심청굿 무가'를 부른다고 합니다.

동해안 굿 별신굿에서는 전승력을 기억해야 합니다. 가장 강한 생명력, 대를 이어 가는 능력이 있다는데 대한민국의 어느 지역 바닷가 마을보다 많이 마을굿이 계속되고 있다고 하네요.

동해안 바닷가는 갯벌이 완만하고 양식업, 채취업이 많은 서해나 남해와 달리 동해안은 험하고 사나운 파도에 부대껴야 합니다.

항상 위험하고 늘 불안하고 사람 다치거나 죽고 또 농지가 협소해 농사와 같이 생산 활동하기도 어렵습니다. 바다에서 나오는 것에만 의존해야 하는 등 여러 가지로 남해, 서해보다 삶의 환경이 위험하고 생존이 어렵습니다. 그래서 바다의 의미가 다르고 바다에서 행하는 굿의 의미 역시 다를 수밖에 없지요. 인간, 공동체 삶의 불안정성에 주술적 믿음은 비례해서 커질 것이고 그래서 동해안 굿은 왕성한 전승력을 가졌다고 합니다.

현재 활동하고 있는 동해안의 세습무는 크게 보면 김석출 무가계와 송동숙 무가계, 두 가계라고 합니다. 김석출 무가계는 부산·경남 지역에서, 송동숙 무가계는 경북·강원 지역에서 활동하는데 이렇게 담당하는 지역이 분리되어 있지만 서로 교유도 하고 필요에 따라 함께 굿을 하기도 한다고 합니다. 김석출은 국가 지정 무형문화재이고 송동숙은 경상북도가 지정한 무형문화재입니다.

동해 별신굿은 주관하는 마을의 사정에 따라 별신굿을 행하는 간격이 다르다고 합니다. 어떤 마을은 3년마다 어떤 마을은 5년마다 하는데요, 3년마다 하면 '3년 두리굿', 5년마다 하면 '5년 두리굿', 10년마다 하면 '10년 두리굿'인데 간격이 길수록 드물게 하는 굿이기에 마을 주민의 관심과 무당들이 의식에 임하는 태도가 다르다고요 하네요.

굿 경비의 계산은 '앞돈'과 '뒷돈'으로 나누어지는데 앞돈은 사전에 마을 측과 무당 측의 계약으로 정해지고 뒷돈은 그날 즉흥적으로 정해지는데 뒷돈을 받는 것은 무당의 능력에 따라 달라진다고 합니다. 뒷돈 이외에도 퍼포먼스가 좋아 관람객들로부터 받는 '별비'가 있습니다.

동해안 별신굿에서도 용왕을 모시는 거리가 중요합니다. 용왕님 모시고 선주와 마을 주민을 위해 축원합니다. 풍어와 뱃길의 안전을 마을 사람들의 평안을 비는 의식인데 중요하지 않을 수 없겠죠. 용왕굿거리를 진행할 때 무당의 축원을 받기 위해 마을의 배 주인들이 모두 나온다고 합니다. 마을 주민들도 수시로 나와서 굿판에 있는 용선龍船에 돈을 넣고 절을 한다고 합니다. 배 주인들은 각자의 제물을 준비해서 제물대 앞에 바치고 정성껏 절을 합니다.

무녀는 무가를 부르면서 중간중간 계속해서 주민 대표와 마을 주민들로부터 건네받은 명단의 이름을 일일이 호명해가면서 축원한다고 합니다. 이 용왕굿은 용왕님을 모셔놓고 주민들에게 축원하는 축원 무가와 놀음굿으로 나뉘어 있습니다. 용왕님께 바치는 별도의 무가는 없다고 하는데 그래서 즉흥적인 멘트를 던질 수 있는 무당의 센스가 제일 필요한 거리라고 합니다. 용왕님 모시고 최대한 신명나게 놀아야 성공한 거리라고 합니다. 동해안의 굿은 이균옥 선생의 연구를 참고했습니다.

제주도 지역의 굿과 무당

제주도의 무당을 심방이라고 합니다. 심방은 다시 '심방', '삼승할망'으로 구분된다고 하는데 각자의 역할이 다릅니다. 심방은 굿을 주관하는 무당이고 삼승할망은 조산원의 역할과 소규모 의례인 비념을 주관하는 이를 말합니다. 또한 모든 굿을 주관하는 큰심방, 쉬운 부분이나 작은 굿을 할 수 있으며 악기를 연주하는 소미, 굿을 할 때 심부름을 하는 제비로 나누기도 합니다.

제주도의 심방이 주관하는 굿을 보통 큰굿이라고 합니다. 다른 지역에 비해 제주의 굿은 매우 엄격한 정형성이 있어서 함부로 굿 절차를 바꿀 수 없다고 하는데 서울 못지않게 격식을 준수해야 한다죠. 제주도 무당인 심방이 굿을 하는데 굿법에 어긋나면 바로 항의를 받습니다, 단골들에게 '문서에 없는 심방'이란 말을 듣는데 요즘 말로 하면 근본 없는 무당이라고 할까요? 자격이 없다는 뜻으로 무서운 말이죠. 그런 말 듣지 않으려고 제대로 굿을 배우기 위해 정말 노력해야 한다고 합니다. 신굿이라는 큰굿을 거듭하면서 원로들에게 지적도 받고 오류도 시정하면서 배운다고 합니다. 제주도 굿은 장시간 거행하는데 큰굿은 '두 이레 열나흘 굿'이라 하여 14일 동안 계속 진행한다고 하죠.

제주 무당인 심방이 자신의 집에서 하는 굿은 신굿이라고 하는데 굿 중의 굿이라고 할만 합니다. 제주도 무당이라면 반드시 해야 하는 성무 의례로, 이 신굿을 하지 않으면 제주도에서 무당으로 인정받지 못하고 무격 단체에 등록도 할 수 없습니다.

제주도는 함경도와 더불어 서사무가가 발달한 곳입니다. 큰굿에서 '무조신 본풀이'가 전승되고요. 각 마을에서 모시는 마을 당신의 유래를 설명한 '신당본풀이', '세민황제본풀이'와 같은 '특수본풀이' 등이 전해지고 있다는데 변질되지 않고 원형을 간직한 한국 신화의 원류라는 평을 듣고 있어 연구 가치가 높다고 합니다.

'큰굿'은 정말 큰 굿입니다. 경험 많은 큰 무당을 '수심방'이라고 우두머리 무당으로 삼아 굿법을 준수하며 행해지는 '차례차례 재 차례 굿'이라고 하는데 모든 무구를 사용하고 그 굿의 필요한 모든 의례를 연속적으로 다하는 일종의 종합 제의라네요. 4~5명 이상의 심방이 동원되고 심지어는 '두 이레 열나흘 날' 동안 하는 규모가 큰 굿입니다. 규모도 크지만 누구나 인정하는 큰심방 즉 '문서를 제대로 아는' 근본과 자격 있는 심방에 의해서 굿법을 준수하며 행해지는 매우 중요한 굿이기에 '큰굿'이라 명명한다네요. 현재 제주도에서는 굿법에 따라 큰굿을 제대로 할 줄 아는 사람이 드물다고 합니다. '신굿'은 큰굿 중의 큰굿인데 제주도 굿의 모든 형식과 내용이 다 들어가 있다고 하죠.

제주 굿에는 시왕맞이거리가 있습니다. '시왕맞이'를 하여 죽은 영혼들의 저승 가는 길을 닦아줍니다. 이때 영혼이 제주 무당인 심방의 입을 빌어 말을 합니다. 이것을 '분부 사룀'이라고 하고 분부 사룀하는 것을 '영개울림'이라 합니다. '영개'는 영혼이라는 뜻이고 울림은 울게한다는 뜻이라고 합니다. 영혼이 자기 서러움을 울면서 말해서 영개울림이라고 한다네요.

영개울림으로, 영혼이 떠나기 전에 자기 서러움을 털어놓고 가족들에게 당부와 부탁의 말을 하는데 가족들은 그때 전부 운다고 하죠. 이때 심방은 영혼의 역할을 하는 것 아니라 정말 영혼 그 자체가 된다고 하는데 이때 가족과 영혼이 서로 같이 울면서 한을 푼답니다 이렇게 영개울림을 통해 영적 교류를 하고 영개울림을 잘해야 좋은 심방이라고 합니다.

8
무속의 신령들

무속의 신에는 누구누구, 무엇무엇이 있나요?

종교 체계 안에서 어떠한 신들 모시고 있고 신들을 어떻게 보는가의 문제, 무속의 신관神觀은 아주 중요하죠. 무속의 핵심에 대해 이해하게 해주고 더 나아가 전통적인 한국인의 신관, 세계관, 정치관까지 이해하게 해주니까요.

일단 무속을 이야기할 때 '만신'이라고들 합니다. 그만큼 신들이 많다는 거예요. 하느님, 옥황상제, 제석에서 부엌 조왕신까지 아주 많은데 김태곤 선생은 한국 무교의 신령들에 대하여 전국에 걸쳐 조사한 자료를 토대로 무속에 신령이 총 273종이나 된다고 했습니다.

여기저기 신력이 깃들고 신들이 산재해 있는데 하늘 위에 지고신으로서 하느님이 있고 우주 만물을 다스린다고 합니다. 무속에서 말하는 맨 위에 계신 하느님은 자신의 능력을 하위 신들에게 양도하고 인간 세계 일에 절대 직접 나서지 않습니다. 직접 나서는 주체들은 지고신들에게 각각 권능, 능력을 양여받은 신령들이죠. 하느님은 항상 한가한 신deus otiosus으로서 뒷짐지고 물러나 있습니다. 인간 각자가 처한 위치, 하는 일, 생활 환경에 따라 접촉하는 신령들이 다르니 신령의 종류가 많을 수밖에요.

무속의 신은 영원히 존재하고 영원히 섬김을 받는 존재 아닙니다. 생성 소멸된다고 하는데 신령의 주된 형성 요인은 원한입니다. 어떤 역사적 인물이 한을 품고 죽으면 권능을 가진 신이 되고 무속인들이 섬기는 대상이 된다고 이렇게 통상적으로들 주장해왔죠. 사도세자, 남이장군, 최영 장군이 대표적인 예입니다. 무속에서 섬기는 신령들을 크게 나누자면 천신, 자연신, 인격신 등인데 이 셋이 모두 인간사에 자주 개입하고 나서는 건 아닙니다. 인간사에 자주 관여하고 힘이 있는 주체는 인격신들인데 그 인격신들이 원한을 품고 죽으면서 만들어진 경우가 많다는 겁니다. 그러다보니 자신처럼 억울하고 고통받는 사람들을 품고 살피는 신이 되었다고 보는 것입니다.

무속의 신들은 억울한 게 많은 무지랭이 백성들을 포용하고 돕는다, 한을 품고 죽었으니 자신처럼 한을 품고 죽을 수 있는 사람들을 살핀다는 것인데 신령의 생성 요인을 보면 신에 대한 관점이 잘 보이죠. 바로 이러한 신에 대한 관점에서 무속이 어떻게 수천 년 동안 이 땅에서 살아남았는가를 보여주는 거죠.

조흥윤 선생의 연구를 보면 무조건 원한이 신령 형성의 직접적인 원인이고 계기인 것은 아닌 듯합니다. 하지만 많은 무속인이 섬기는 스타 신령들을 보면 인격신이 대부분이고 원한이 주 생성 요인인 것은 부정하기 어려울 것 같습니다.

신령이 되는 계기나 원인은 무엇인가요?

조흥윤 선생은 서울 지역 전통 무당들을 조사한 결과 신령 형성의 일곱 가지 가능성을 제시했습니다. 이성계 같은 왕조의 창건자, 최영 같은 영웅적 삶을 산 자, 사도세자처럼 비극적 운명의 왕족, 도교의 옥황상제같이 타 종교로부터의 수용, 관우의 스승인 옥천대사처럼 기존 신령과의 관계, 바리데기 같은 무당의 조상, 천연두신 '마마' 같은 전국적 규모의 역병, 몇 가지 원인이 결합하여 신령이 되는 경우. 가령 천연두신과 처녀귀신이 합체를 해서 천연두로 죽은 처녀라는 신령이 될 수도 있는데 이른바 호구별성.

조흥윤 선생은 신령 형성의 주된 동기와 원인으로 '신앙공동체의 감정 이입empath'과 '사회적 공감sympathy'을 들었습니다. 쉽게 이야기해서 많은 사람이 공감하고 감정 이입하면 신이 된다는 겁니다. 한 번 신령은 영원한 신령 아닙니다. 공동체 구성원의 공감 여부, 인기에 따라 생성 소멸과 흥망 성쇠의 길을 걷는 존재입니다.

그런데 신령 형성의 계기라기보다는 과정, 신령으로 거듭나는 서사의 핵심으로 죽음과 재생을 잊지 말아야 합니다. 강신무가 신병을 앓다가 내림굿을 받아 신병을 치유하는 과정과 비슷합니다. 강신무도 신령과 비슷한 계기로 커다란 존재의 변환과 거듭남을 겪어서 사제가 되는 것인데 종교학의 용어를 빌려서 말한다면 '돌아온 영웅hero revenant'의 서사, 과정이라고 한다네요.

그분은 애초에 존귀한 존재였어요. 위대했던 존재가 비천한 존재가 되어서 세상의 온갖 고통, 부조리, 모순, 간난신고를 겪는 겁니다. 그게 바로 죽음입니다. 갖은 고생이라는 말로도 부족할 지경으로 나락에 떨어져 고생하는데 이렇게 비⊧구원의 상황을 겪다가 극복해서 다시 존귀한 본래의 자리로 다시 돌아갑니다. 그게 바로 재생이죠. 이런 과정을 통해 만들어진 돌아온 영웅은 큰 힘을 가진 존재, 영험한 신령이 됩니다.

나락으로 떨어졌지만 비구원의 상황을 극복해 다시 존귀한 존재로 돌아온 주체는 구원의 능력을 가지게 되고 구세주로서 권능을 가지게 되는 것입니다. 무당들은 이것을 '재수사망을 섬겨주는 님'이라고 표현하죠. 돈과 부, 행복 그것을 넘어서 조화의 힘을 갖춘 인간의 총체적 완성을 달성한 신격이 된 것입니다. 이 전형적인 사례가 바리데기 공주입니다. 성밖에 버려져 갖은 고생을 다하고 무섭고 험한 죽음의 세계, 영계로 갔다가 살아서 귀환했기에 구원의 힘을 가진 신령이 되었습니다. 이 바리공주 설화는 전형적인 죽음과 재생의 이야기 구조를 가지고 있습니다.

죽음과 재생은 신령 형성의 계기로 많이 이야기되는데 강신무도 비슷한 서사 구조를 가지고 있죠. 신병을 앓아 고통을 겪는 것은 죽음이요 내림굿을 받아 몸주신령을 받아 독자적 무당이 되면 부활이고 재생인데 그러면서 인간이 아닌 영력을 지닌 영험한 사제로 재탄생하는 겁니다. 죽어야 합니다. 그런 다음에 재생, 부활해야 합니다. 그래야 신령이 되든 무당이 되든 합니다. 영험한 힘을 가지게 됩니다.

바리데기 공주 설화

옛날옛적에 불라국이란 나라가 있었습니다. 임금님은 오구대왕,

왕비는 길대부인. 여섯 명의 아이를 낳았는데 모두 딸, 일곱 번째에는 얼마나 아들을 기대했을까요? 그러나 또다시 딸, 갓 태어난 공주는 너무도 상실한 아버지에 의해서 버림받게 되고 성문 밖에 버려졌지요. 그 공주의 이름은 '바리데기'인데, 버렸다는 뜻입니다.

그런데 아버지가 어느날 병에 걸렸습니다. 고칠 수 있는 의원은 없고 백약이 무효한 상황. 하지만 치료할 수 있는 약이 없는 것은 아닙니다. 그 약은 저승 세계에 있다네요. 누군가 가서 약을 구해와야 하는데 집에서 곱게 기른 딸들은 모두 거부합니다, 약이 서천 저승 세계에 있다는데 거긴 이 세상이 아니라 저 세상이라 정말 목숨을 걸어야 하는 일이기 때문입니다.

그런데 바리데기 공주가 나섭니다. 대궐 밖에서 자란 이 바리데기 공주는 아버지의 위독함을 듣고 약이 있다는 사후 세계로 감히 길을 떠납니다. 대단하지요. 여러 가지 시련이 그녀 앞을 막습니다. 말할 수 없이 험한 관문들이 기다리고 있어요. 하지만 바리데기 공주는 보통 사람이 아니라 영웅입니다. 효심 깊고 마음씨 착하고 의지까지 강한 인성과 의지를 모두 겸비한 영웅이었는데요. 그런 영웅들에게는 늘 조력자가 등장합니다. 고난과 위기가 닥칠 때마다 관음보살님 같은 대신령들께서 등장해 도와주십니다.

결국 무사히 저승 세계에 도착했는데 저승의 수문장은 순순히 약을 내주지 않습니다. 수문장은 자신과 결혼해달라, 아내가 되어서 수발들을 들어주고 아들을 낳으면 약을 내어주겠다고 조건을 내겁니다. 바리데기 공주는 그의 요구를 다 들어줍니다. 결혼해서 아내가 되고 밥을 짓고 빨래하고 아들을 무려 일곱 명이나 낳아줍니다. "당신이 말했던 요구 조건 모두 들어줬으니 이제 약을 주세요"라고 말하자 남편인 수문장이 대답합니다. "당신이 매일 길어오던 물이 바로 그 약이오." 실망하고 허망할 겨를없이 약을 챙긴 바리공주는 이승으로 돌아옵니다.

남편인 수문장과 아들들 모두 데리고 귀환을 시작합니다. 귀환의 과정도 그저 서두르기만 하는 게 아니라 어려움에 빠진 여러 중생을 돕고 그런 과정을 거치면서 귀환합니다. 이 세계로 돌아온 바리데기 공주가 아버지를 살려내자 아버지는 원하는 것은 모두 들어주겠다고 합니다.

하지만 바리공주 끝까지 비범합니다. 다 필요 없고 자신이 무당들의 조상이 되겠다고 합니다. 그는 그렇게 해서 무당의 조상이 되고 아들들은 북두칠성이 됩니다. 칠성신이 되면서 바리데기 공주 이야기는 마무리되지요.

아버지로 대표되는 공동체에 의해 버림받은 존재, 공동체의 덕을 보고 공동체에 의해 길러진 존재. 전자는 공동체를 위해 희생하고 후자는 공동체 문제를 외면하지요. 죽음의 세계로 가서 돌아온 영웅, 죽음과 재생 모티브, 가장 귀한 존재가 가장 천한 존재가 되었다가 다시 귀한 존재로 돌아오고 그러면서 위대한 권능을 가진 존재가 되었다는 이야기 구조만이 아니라 공동체에 버림받고 괄시받던 존재가 공동체를 위하고 사람들을 챙기고 희생까지도 감내한다는 그 역설을 보셔야 합니다.

바리데기 공주 설화의 구조를 보면 여러 가지로 무당들의 서사와 포개지죠. 신병을 앓고 가족들까지 고통을 겪어야 했던 세월은 죽음의 과정이고 신내림을 받고 내림굿이 성공하고 이후에도 무업의 기예를 열심히 닦아 무당으로 완성해가는 것은 재생의 과정일 것입니다

다. 무당이란 사회에서 차별받고 업신여김을 당하지만 외려 자신을 멸시하는 공동체를 위해 기도하고 의례를 행해야 하는 존재입니다. 그게 무당의 업이고 명이자 존재 이유입니다.

바리데기 공주 설화에서 두 가지만 기억하면 됩니다. 힘과 권능은 거저 얻은 게 아니다, 죽음과 재생의 과정을 통해서 얻었다. 그래서 얻은 힘은 자신을 무시하고 차별했지만 세상을 위해 쓰고 희생까지도 감내하면서 중생을 돕는다. 바리데기 공주는 무당들의 역할 모델입니다.

무속에서의 단일신론은 무엇인가요?

다신론적 신관을 가지고 있는 것이 무속입니다. 그런데 무속의 신령들에 대해 연구자들은 '단일신론'을 말하기도 합니다. 단일신론이란 현대 종교학의 창시자 막스 뮐러Max Miiller가 처음 주장한 이론인데요, 특정한 상황에서 한 신을 주신主神으로 모시지만 지조나 충성심이 아주 대단하지는 않다는 거예요. 임경업을 모시든 최영 장군을 모시든, 관세음보살을 모시든 자신이 몸주신으로 섬기는 신령들이 있지만 그렇다고 다른 신들의 존재를 부정한다거나 숭배를 거부하지는 않는다는 것이죠. 무당집 간판을 봐도 알겠지만 자신이 섬기는 신이 있습니다. 하지만 다른 신령들의 존재나 기타의 신들에게 도움을 청할 여지를 부정하지 않고 늘 열어놓습니다. 특정 신을 섬기면서도 언제든 다른 신을 섬길 수 있어요. 그래서 '단일신론'이라 하는데 선택적 일신론 또는 교체 일신론kathenotheism이라고도 합니다.

아카마츠라는 일본 학자는 조선 무속의 신관을 보면서 '교체 일신론적 경향kathenohteistic tendency'을 말했는데요. "특정 신을 번갈아 하나씩 최고의 신으로 섬기는 신앙"이라고 했어요. 이쯤 되면 무속의 신령이란 게 끊임없이 생성 소멸되는 존재라고 했던 말이 이해될 겁니다. 신은 언제든 환승 가능한 존재예요. 특정 무당이 몸주신을 자주 바꾼다는 것은 아닙니다만 한국 무속 신앙에서 늘 대세인 신령은 있을 수 없다는 겁니다.

김태곤 선생은 신령들을 조사해서 자연신, 인격신, 자연신도 인격신도 아닌 기타 신으로 나누었습니다. 자연신自然神 계통에는 천상신, 지신地神, 산신山神, 수신水神 등 162종을 들었습니다. 인신人神 내지는 영웅신英雄神 계통으로는 왕신王神, 장군신, 대감신, 무조신 등 90종을 들었는데 대표적으로 관우, 사도세자, 최영, 임경업 이런 분들입니다. 자연신이나 인신 어디에도 들지 않는 걸립신乞粒神, 부정신不淨神, 가뭄신, 측신廁神, 화장실신 등 25종을 꼽았습니다.

조흥윤 선생은 네 범주로 나눕니다.

첫째, 천신계통. 여기에는 천신, 천상신, 천신대감신天神大監神, 천왕신天王神, 옥황천존, 삼신, 단군신, 성주신, 제석신帝釋神, 일신日神, 월신月神, 성신星神 및 산신山神계의 여러 신이 속합니다.

둘째, 외래신外來神 계통입니다. 여기에는 소열황제신昭烈皇帝神, 와룡선생신, 상산 조장군上山 曺將軍神 등 전통적으로 중국계 신령들이 속합니다. 소열황제는 삼국지의 유비입니다. 와룡선생은 제갈량이고요, 상산 조장군은 상산 조자룡, 조운이죠. 외래 신에 중국 신들이 많은데 부처와 관세음보살님은 인도 신들이겠네요. 인천에서 활동하는 황해도 출신의 무당집에서는 맥아더 장군이 모셔지기도 한답니다.

셋째, 토착신 계열입니다. 최영 장군, 별상, 군웅軍雄, 창부, 별성 등이 여기에 속합니다. 군웅은 위대한 전공을 세운 영웅이나 전장에서 비참하게 죽은 이의 혼령입니다.

넷째, 잡귀-잡신 계통입니다. 아주 많은 잡귀, 잡신들이 있는데 정신正神의 반열에 들지 못하는 온갖 '뜬 귀신들' 즉 걸립, 말명, 맹인신장, 넋대신 등을 예로 들 수 있습니다.

이렇게 다양한 신들은 잡귀와 잡신들을 제외하고는 각자 권능이 있습니다. 살아 있는 다양한 부조리와 모순, 인간이 감당하지 못하는 사건들을 해결해주는 능력이 있어요. 무속의 신령들은 늘 구체적입니다. 인간이 당면한 문제가 생겼을 시에 필요로 하는 문제에, 필요로 하는 정도만큼 관여합니다. 인간의 청에 딱 부탁받은 만큼만 응합니다. 당면한 문제가 없을 시에는 섬김을 받는 대상이 아닙니다. 특히 하느님, 천상신은 늘 한가하다 못해 망각된 신, 푸대접받는 신이라고도 할 수 있습니다.

무속의 신령들은 무서운 존재인가요?

신령이라고 해서 다같은 신령이 아니라 나름 위계와 등급이 있다고 했습니다. 그런데 최상위 등급 신령들은 영향력을 행사하는 범위가 넓은 만큼 특정 개인과 집안에 미치는 영향력의 정도는 약합니다. 반면 하위 등급의 신령들은 영향력의 범위가 좁지만 그 범위 안에서는 영향력이 아주 강하다는 것이죠.

가신家神 계통인 조상신, 성주신, 터주신 등의 영향 범위는 특정 집안으로 국한될 수밖에 없지만 힘은 강하다고 합니다. 실제 그래서인지 굿에서는 조상거리가 참석자들의 호응도와 리액션이 가장 높은 제차인 경우가 많다죠. 그 조상 신령이 제의 참가자들에게 가장 즉각적이고 강력한 영향력을 행사한다는 것을 아는 거죠.

조상신 다음으로 지역신이 있습니다. 임경업 장군은 인격신이지만 흔히 서해 바다 지역신이기도 하죠. 서낭신, 골매기고을마기 같은 지역신들이 있는데 이들은 영향 범위가 조상신보다 넓지만 영향력의 정도는 약합니다. 하늘신인 천신은 영향 범위가 가장 넓은 반면 영향력은 막연하고 미미한 것으로 추정합니다. 그래서 하느님은 굿을 비롯한 무속 의례에 등장하지 않습니다.

고대 제정 일치 사회였던 시기에 영고, 무천, 동맹 등 제의를 지낼 때 사람들은 하늘에 제사 지냈습니다. 조선 시대 무당을 동원해 기우제를 지냈다는 역사적 기록, 강화도 마니산의 참성단이 태백산의 천제단 등을 보면 하늘신에 대한 무속 신앙의 제사, 섬김의 흔적 등이 보입니다. 하지만 당장 인간의 구체적 문제와 고통에 개입한다고 보지도 않기에 실제 잘 섬기지 않습니다.

인간사에 즉각적 개입을 하는 실존적 경험을 나누는 정규 신령正神은 무신도로 그려져 형상화되고 무교 의례의 중심부에 자주 등장하는데 하느님, 천상신은 이름만 거창하지 그림에 등장도 못 하고 정말 푸대접받고 있죠. 정신正神의 범위에 들지 못하는 잡귀, 잡신들은 무신도로 그려지지 않아도 부정치기나 뒷전풀이에서 나름 대접을 받는데 말입니다.

하지만 지역신과 조상신은 아주 가까이에서 인간의 일에 개입하고 좌지우지한다고 합니다. 무서운 고통을 주면서 자신의 존재감을 드러내는 경우가 많다고 하지요. 정신正神, 선신善神도 무서운 존재입니다.

부정풀이에서 잡신, 잡귀들도 대접하는 것 보면 무속의 신들은 모두 무서운 존재라 할 수 있습니다. 무속의 신령들은 무서운 고통을 주는 벌로써 자기 의사를 전달하는 경우가 많죠. 굿에서 이런저런 협박성 발언도 인간에게 하고요. 그래서 선한 캐릭터의 신령이라고 하더라도 공포의 대상입니다. 그래서인지 신령의 뜻에 어긋나면 큰 손해를 볼까봐, 무서운 벌을 받을까봐 따르는 경우가 많습니다.

인간들은 다양한 이유로 인간들은 신에게 혼납니다. 굿을 행하기 전에 금기를 어겼다, 부정한 짓을 했다, 그래서 굿 덕을 보기는커녕 문제가 악화됩니다. 부정한 몸으로 성역에 들어갔다가 죽거나 욕을 치르고, 부정치기를 제대로 안해서 잡귀들에게 해를 받기도 합니다. 이런 것들이 신벌인데 그래서인지 무속에는 금기가 아주 많습니다. 무속의 이런 터부들이 한국인의 금기 의식 형성에 큰 영향을 미쳤습니다.

굿을 행하는 무당이 지켜야 할 금기, 굿을 의뢰하는 사람, 이른바 기주들이 지켜야 할 금기 등 금기가 참 많습니다. 금기를 어기면 신령들이 벌을 주고요. 무속의 신령들은 무서운 것만이 아니라 선과 악의 이중성을 가지고 있습니다.

굿의 제차에서 제를 받는 조상신 및 무조신이 인간을 돕고 지켜주는 선신善神 계통입니다. 악신惡神들은 인간을 괴롭히고 해꼬지합니다. 인간을 못살게 굴어 뭔가 받아먹으려고 하는 아주 고약한 존재들인데 원귀, 왕신, 몽달귀신 등은 악령 계통에 속합니다.

선신이 되고 악신이 되는 것은 생전에 어떻게 살았느냐의 문제라고 합니다. 유복하고 행복하게 탈 없이 살다가 죽은 사람은 선신이 되지만 그렇지 않고 불행과 고통으로 점철되고 객사, 횡사, 요절한 사람은 죽어서 악신이 된답니다. 남은 원한과 미련 때문에요.

그러나 선신과 악신 사이의 경계선은 그다지 뚜렷하지 않습니다. 인간에게 우호적인 신이라도 빈정 상하게 하면 인간에게 해를 가합니다. 소홀한 대접을 받아 기분 상하면 인간에게 고통을 주는 것이죠. 선신이 악령이 됩니다. 빈정 상해 인간에게 고통을 줘서 경고하는 경우 '덧났다', '덧친다'라는 말로 표현하지요. 반대로 악신이라도 구스르고 대접하면 인간에게 해를 가하지 않아요. 무속의 세계관에서는 인간도 신에게 지조가 없고 신도 인간에게 별로 지조가 없어 보여요. 다 인간이 모시고 대접하기 나름이에요. 어떻게 섬기고 대접하느냐의 문제고 잘만 대접하면 인간이 원하는 것들 얻어낼 수 있습니다. 때로는 신을 협박조로 위협해 내가 원하는 것을 정말 뜯어내다시피 하기도 합니다.

무속에서 신과 인간, 신령과 무당은 절대 수직적인 관계, 일방적인 관계가 아닙니다. 신이 일방적으로 명령하고 사제나 신도들이 항상 복종해야 하는 관계가 절대 아니에요. 지배력을 행사하는 무서운 존재 같기는 합니다만 말입니다.

무당 후보자의 입무立巫 상태인 신병 단계에서는 신령들에게 꼼짝 못하죠. 그런데 내림굿이 성공적으로 끝나고 독립적인 무당으로서 홀로서기하면 그때부터는 이야기가 달라집니다. 굿을 홀로 치러낼 실력을 쌓은 독립된 무당은 신령에 매이지 않고 신령을 넉넉히 부려야 한다고 하죠. '부린다'라는 것은 인간의 의지, 뜻을 당당히 이야기하고 원하는 것을 들어주게끔 신을 움직인다는 것입니다.

그 관계는 일방적이거나 수직적이지 않고 상호적이고 어쩌면 수평적 더 나아가 어쩔 때는 신을 착취하는 게 아닌가 싶을 정도입니다. 인간의 태도, 마음먹기, 굿에 올리는 제물 등 인간이 잘하면 얼마든지 신에게 원하는 것을 얻어낼 수 있습니다. 굿판에서 무당이 내리는 공수는 무조건적인 신의 계시, 일방적인 교시가 아닙니다. 청탁의 대가, 상호 작용의 결과물입니다. 그 결과를 만들어내는 데에서 중요한 것은 사람의 의지라는 것이죠.

최길성 선생은 굿을 대화의 예술이라고 했죠. 한쪽이 일방적으로 이야기하고 명을 내리면 대화라고 할 수 없습니다. 주고 받고, 서로 밀고 당기는 게 대화입니다. 굿판을 보면 인간과 대화하는 식으로 신탁이 내려집니다. 특히 신이 무당을 통해 내리는 공수란 게 대화에요. 인간의 말에 응답하는 겁니다. 인간은 굿을 통해 신에게 부탁하고 잘 봐달라고 간청합니다. 때로는 불만을 토로합니다. 좀 심하게 떼를 쓴다 싶기도 하는데요, 그럴 때 신은 화를 내거나 위협을 가하기도 합니다. 하지만 대화 시 각자 한계를 알고 선을 지킵니다.

결국 인간의 간청이 무당을 통해 거듭 전달되면, 굿판의 분위기는 '들어주자, 도와주자'라는 식으로 바뀝니다. 신이 처음에는 어느 정도 위엄을 갖추고 위협하고 경고하지만 잘 봐달라는 간청을 들으면서 결국 '정말 잘 봐주자' 그렇게 결론이 납니다.

그런 장면을 보면 신령을 모시는 건지 조종하는 건지 헷갈릴 수밖에 없습니다. 한국 무당은 자신이 움직이지 않고 신이 내려오게 합니다. 시베리아 샤먼과 다르게 신을 만나러 하늘로 올라가는 게 아니라 신을 내려오게 합니다. 굿을 보면 거의 명령조로 인간 세상으로 내려오라고 하는 경우도 있다지요.

호출된 신이 내려와서 이야기합니다. 특히 강신무의 굿을 보면 조선 시대 관복을 입고 등장을 하는데요, 폼 잡고 거드름 피우고 자신의 존재를 소개하면서 위엄을 과시합니다. 그러면서 오자마자 불평들을 늘어놓는답니다. 잘 들어보면 속된 표현이지만 어르신들이 부리는 투정 같기도 하다죠. 니들 나 이렇게밖에 대접 못하느냐? 내가 누군지 아느냐? 하면서 불평들을 늘어놓습니다. 그리고 더 많은 것을 바치라고 호령하고 강요하는데 처음에만 기세등등하지 굿이 진행되면서 신은 무당의 거듭된 아양과 아부, 술과 노래, 춤에 넘어가게 됩니다.

술 따르고, 노래 부르고 춤추면서 즐겁게 해드리고 비위 맞추고, 아이고 신령님 어쩌고 하면서 맞장구치고, 무당은 청탁의 언어, 영업의 언어로 신의 비위를 맞추면서 결국에는 큰돈 부담해서 굿을 부탁한 단골-기주의 뜻을 관철시킵니다. 그래 너희가 원하는 것 해주겠다는 약속을 기어코 신에게서 받아냅니다.

굿에서 말하는 신들은 영어로 God, 지오디가 아니라 우리 말로 '갑'이라고 해야 딱 맞을 것 같네요. 그래야 정확히 이해하는 것이라 볼 수 있겠습니다. 자 갑을 마음속으로 늘 생각하고 섬기는 사람이 어디가 있어요? 나 필요할 때 돈을 쓰든 술을 대접하든 접대하고 아부해서 내가 그때, 그때 필요한 것 얻어내면 즉 이용하면 그뿐이지요, 그렇지요? 이런 것 보면 굿이란 무속의 제의도 어떻게 보면 청탁이라고 볼 수 있겠네요. 평소에는 거들떠도 안 보는 신, 나한테 문제가 생겼을 때만 찾아 소환해 신에게 아부하고 떼써서 내가 원하는 것을 뜯어내는 겁니다. 정말 신에게 청탁하는 거지요. 술 상무가 비싼 술집에서 거래처의 '갑님'을 모시고 접대하는 것처럼요. 무속의 신은 '갓'이라기보다는 정말이지 '갑'이라고 해야 하고 굿은 그들에게 하는 청탁입니다.

9
무속으로 보는 한국 사회

무속은 철저히 현세주의, 타협주의, 조화제일주의

서구의 사제들이 인간에 대한 신의 대리자라면 한국의 무당은 신에 대한 인간의 대리자입니다. 인人-신神 관계에서 인간이 철저히 주도권을 갖고 신과 거래하는데 거래의 중개자가 바로 무당이고 철저히 인간의 입장에서 신에게서 원하는 것들을 얻어내는 존재들입니다. 이렇게나 무속은 현세 중심주의입니다. 그것도 물질적 현세주의라고 할 수 있습니다. 어떤 방법을 써서라도, 무슨 수단을 써서라도 살아보자, 살아남자 그런 거죠. 특히 억울한 일은 없게 하려고 신에게 아부도 하고 청탁도 하는 것입니다.

무속에서 모시는 신령들이 존재하긴 하지요. 그들은 우리에게 강한 힘을 발휘하고 영향을 미칩니다. 하지만 그들은 자의적이고 왔다갔다하고 변덕이 심한 심술쟁이들입니다. 그들부터가 자의적이고 변덕이 심한데 우리도 어떤 일관된 삶의 원칙과 방향성이나 인생의 사명을 가지고 살 당위성이 없는 거지요. 그들이 화를 내서 내 삶에 악영향을 끼칠 때 자세히 따지거나 왜 그러는지 질문할 것 없습니다. 묻거나 따지지 말고 뭔가 맺힌 것과 억울한 게 있겠지 하면서 달래면 됩니다. 삶의 현장에서 닥쳐오는 문제가 있을 때 무당을 통해서 즉각적으로 해결하면 됩니다. 무속에는 그런 현세적 지향, 경향만 있어요.

무속은 그저 지금 여기서 배불리 먹고 잘사는 것만, 혹은 억울한 일이 절대 없게 하는 것만을 최고의 가치로 여깁니다. 영원한 지선의 가치, 지상의 명제 같은 것은 없어요. 초월적 혹은 형이상학적 세계로부터 도출된, 평생 지켜야 할 삶의 원칙과 방향성 같은 것을 기대할 수 없고요. 일관성 있는 윤리적 자세와 삶의 방향성? 그런 것들 중요하지 않고요. 외래 고등 종교보다 윤리성이 낮을 수밖에 없고 나보다 강한 힘을 가진 대상의 비위만 잘 맞추면 된다는 사고를 가지게 하죠.

눈 앞에 닥친 위기만 모면하고 잘 해결하자, 일물일건一物一件주의*라고 하면 될 거 같은데요. 당면한 문제를 모면하고 발등의 불을 끄고 물질적 욕망을 해결하는 게 무속 신앙의 목표입니다. 굿을 해서 제물과 정성을 잘 드리면 달성할 수 있습니다. 복이란 것이 굿에서의 제물과 정성에 비례한다면 초지일관적 삶의 자세에 일관성, 특히 윤리적 일관성은 중요하지 않겠지요. 초월적인 이상과 원칙에 따라 자기 자신을 변화시키고 더 나아가 사회까지 송두리째 변화시키려는 역사적 변혁의 사명은 무속에는 없습니다. 당장의 소원 성취를 위해 모든 것과 타협할 수 있고 누구와도 흥정할 수 있습니다.

• 문화예술평론가 최범 선생님의 견해를 참고했습니다.

무속이 얼마나 현세적이고 즉물적인지 프랑스 인류학자 기유모즈는 다음과 같이 요약했습니다. 첫째, 그리스도교와 달리 무속에는 영적 자세가 없다. 당장 현실에서 개인, 가정의 욕망을 실현하는 것만이 중요하다. 둘째, 무속은 불교와 달리 속세의 환락을 포기하는 것을 거부한다. 무속은 이렇게 인간의 욕망을 줄이거나 최소화하는 것에는 관심 없고 만족시키는 것만을 중하게 여기지요.

앞서 계속 무속은 철저히 조화를 추구한다고 했죠. 어떤 대상이든 배제해선 안되고 누구도 억울하게 해선 안됩니다. 조흥윤 선생이 조화, 조화의 힘을 강조했는데 굿은 철저히 조화를 추구하는 의식입니다. 굿에서 인간과 신령, 무당이 함께 만나 인간 세상에서 맺힌 문제를 풀어야 하는 이유는 조화의 회복 때문이라고 합니다. 인간 세상의 문제는 조화가 깨진 상태를 의미합니다. 그 상태가 바로 비非구원 상태입니다. 그럼 굿을 통해 조화를 회복하고 구원으로 가야 합니다.

무속은 철저히 조화주의입니다. 조화제일주의, 어쩌면 조화근본주의라고도 할 수 있습니다. 그러니 배제는 있어서는 안 됩니다. 모든 것을 다 포용해야 합니다. 그래서 무속의 신전에는 하늘과 땅, 산과 바다 자연을 비롯해 역사적 영웅, 조상, 서낭신, 용왕 등이 망라되는데 기독교, 유대교, 이슬람교와 같은 유일 신앙과 다르게 수많은 신령과 잡신들을 모실 수밖에 없지요.

무속에서는 신령들 각자가 특정 기능을 나누어 맡으면서 우주 안에 살아 있는 영력靈力으로 작용한다고 보지요. 무속의 신들은 유일 신앙의 신과 달리 아주 많고 구체적입니다. 실질적이고 무엇보다 그 많은 신령의 오지랖이 대단하죠. 그들은 탄생과 죽음, 건강과 안녕, 가문의 발전과 운명, 마을 구성원들의 안녕과 운명 등 인간과 집단의 생사, 흥망, 길흉화복, 질병에 직접 개입합니다. 그런 문제들이 신령의 의사에 좌우되기 때문에 언제든 화날 수 있는 신령과 조상신들을 달래고 위로하고 편안한 마음을 가지게 해야 합니다. 그래서 굿과 치성, 고사 등을 해야 합니다.

조화제일주의는 다른 말로 갈등회피주의입니다. 갈등과 반목은 무조건 나쁜 겁니다. 다 품어야 하고 화내고 울면 달래고 봐야 한다는 겁니다. 그러니 누구에게라도 원한을 사면 안됩니다. 조화가 깨지기 때문입니다. 상대방과 다른 생각이 있더라도 표현하면 안 됩니다. 화와 공존의 이름으로 기존의 상하, 수직, 갑을 관계를 인내하고 유지 강화하게 하고요. 이런 무속의 조화주의로 인한 갈등회피주의는 뒤늦게 이 땅에 들어온 유교의 사회 윤리와 결합했습니다. 그냥 좋은 것이 좋은 거고 조화가 제일이니 내 생각의 역설과 자기 표현 같은 것은 부정적으로 간주됩니다.

사람들의 불만이 제대로 표출될 기회가 봉쇄되지만 풀 기회를 주지요. 그게 바로 굿, 굿판입니다. 무교의 의식은 굿에서 평소에 쌓였던 감정적 억압을 해소합니다. 술 마시고 춤추고 노래하면서 고양된 집합적 흥분 상태에서 갈등과 문제로 인해 쌓인 것들을 풀어냅니다. 굿판에서 비롯된 술판, 노름판, 씨름판 등, 판의 논리는 이성으로 설명이 안되는 신명을 불러일으켜서 평소에 느낄 수 없는 집단 구성원들 사이의 정서적 일체감을 확인하는 자리입니다.

한국 사회는 갈등을 해결하지 못하는 사회입니다. 갈등 자체를 두려워한다기보다는 갈등이 표면으로 드러나고 외부에 알려지는 것을 매우 싫어하는 사회입니다. 갈등은 누군가가 잘못했고 문제를 만들었기에 생기는 것입니다. 그런데 문제를 애초에 일으킨 사람이 누구인지 사태의 원인과 뿌리가 뭔지는 보려고 하지 않아요.

갈등을 회피하는 데 무속의 조화제일주의가 있다고 했는데요, 무속에 뿌리를 둔 조화제일주의, 갈등회피주의란 것이 이렇게 무섭습니다. 문제가 표면화, 전면화되었을 때 어처구니 없는 해법을 제시하게도 하는 것도 조화제일주의, 갈등회피주의라는 것이죠. 갈등 자체를 제대로 마주하고 차분히 갈등이라는 문제 상황의 원인과 책임을 가리면서 해결하려는 연습을 누구도 해보질 못합니다. 대부분이 그런 과정에 서툴 수밖에 없게 되다보니 갈등 상황이 곪아터졌을 때 제대로 된 대안, 해법을 제시하지도 못하는 경우가 많아요.

무속의 조화제일주의 습속 때문에 그저 갈등 상황, 혹은 갈등 상황의 공개를 몹시 나쁜 것으로만 취급하다보니 우리는 갈등을 해결하는 데 너무도 서툴 수밖에 없는데 내부고발자와 공익제보자가 나오기도 매우 힘들지요. 안의 비리와 부정을 밖으로 알리는 사람들은 조화를 깬 사람으로 간주되고 결국 문제를 만들어낸 책임 당사자들보다 훨씬 가혹한 비난을 받는 경우가 많습니다. 갈등을 외부로 드러나게 하는 사람을 조직과 단체의 적으로 만들어버리죠. 결국 내부의 문제 상황이 극단화될 때까지 제어가 안되고 또 터진 이후에도 대안과 해법을 찾는 데 서툴 수밖에 없는데 갈등회피주의로 인해 우리가 서툴고 하지 못하는 것들, 그로 인해 파생되는 고질적인 문제들에 대해서 우리는 많이 생각해봐야 한다고 봅니다. 어쨌든 무속의 조화제일주의에 기반한 갈등회피주의는 참 한국 사회를 독해하는 데 유용한 코드가 될 듯합니다. 우리가 어떻게 극복할지 고민해야봐야 할 것이기도 하고요.

무속에는 개인도 책임도 부정도 없다

갈등을 나쁜 것이라고 보기에 한국 무속에서는 실존적 존재로서의 개인이라는 의식도 존재하기 어렵다고 했습니다. 갈등회피주의만이 아니라 철저히 관계 속에서만 사람을 파악하기에 더욱 무속은 개인과 개인주의를 지우거나 억압합니다. 무속에서 개인은 어디까지나 한 집안의 구성원으로서의 존재로 인식되고 관계 속에서 존재일 뿐입니다.

안 그래도 무속을 조상 숭배의 종교라고도 합니다. 굿에서 조상거리가 있고 조상신들 먹이고 대접하는 절차가 있는데 유교 못지 않은 아니 유교보다도 더한 조상 숭배의 종교라고 할 수 있는 게 무속입니다. 유교에서는 제사의 대상이 부계 혈통, 적장자 위주로 협소하지만 무속은 남녀, 친외가 가리지 않고 대접하는 조상의 범위가 넓습니다. 개인은 가족 내지 집안과의 연계 속에서 파악되는 존재일 따름이고 그 안에 용해된 존재죠. 그리고 마을 공동체 구성원 중 하나일 뿐이기도 합니다.

그러니 무속적 정서의 인간은 언제든 집단 뒤에 숨을 수 있습니다. 문제가 생길 시 원인 제공자, 책임자가 되지 않고 언제든 문제의 원인과 책임은 타인에게, 악귀에게 돌릴 수 있고 외부 투사와 전가가 가능합니다. 병굿, 우환굿의 사례를 보십시오. 환자 개인 신체 어디, 어떤 기능이 고장나고 망가져서 아픈 게 아닙니다. 집안의 어느 망자의 여한, 어느 신령의 분노 때문이라고 합니다. 집안 신령 대접을 소홀히 했거나 객사하고 요절한 친인척 친족이 있어서 생겼다고 하지요. 이렇게 가정 전체로, 친족 집단 전체로 넓게 확장시킵니다.

개인 밖으로 시선을 돌려 문제의 원인을 찾습니다. 그렇게 관계 속에서만 파악되고 이해되는 존재일 뿐이지 개인을 개인으로 보지 않습니다.

유교도 개인을 인정하지 않죠. 신하의 임금이고 임금의 신하이며 누구의 아버지이고 누구의 아들이고 늘 이런 관계 속에서 인간을 파악하고 규정합니다. 무속 자체가 개인을 부정하는데 유교와 결합해서 더욱 한국은 개인과 개인주의가 존재하기 어려웠습니다. 늘 남의 이목을 중시해야 합니다. 남의 가치 기준을 의심하지도 않은 채 내 가치 기준으로 삼아야 합니다. 체면과 위신이 제일 중요하고요. 폐쇄적 농경사회에서 유교와 무속을 신봉하고 살아온 한국인들에게 개인이라는 것, 개인주의는 너무도 어려운 것일 수밖에 없지 않나 싶습니다.

개인이란 게 없고 신령에게 떼를 써서 문제를 해결하고자 합니다. 무당들의 상담기법 중 제일 명심하고 지켜야 할 사항, 상담의 제1원칙은, 내담자가 어떤 잘못을 했든 당신 잘못이라고 말하지 않는 겁니다. 잘못은 다른 곳에, 타인에게 있다고 돌리면서 내담자와 하나가 되어 울어주는 겁니다.

일단은 공감해줘야 합니다. 같이 울어주면서 너의 책임과 잘못은 없다, 해결은 신령님께 빌어서 하는 거라고 말합니다. 이런 문화와 세계관에서 책임의 윤리가 있을 수 있을까요. 문제의 원인도 해결도 타인에게 있는데 말입니다.

무속에서 구천을 떠돌고 방황하는 혼이 있다면 생전에 자신이 지은 도덕적 책임과 자기 죄 때문이라고 하는 경우는 없습니다. 그저 여한餘恨 때문이라고 하죠. 일찍 죽어야 했고 원했던 것 가지지 못했고 수복강녕壽福康寧해야 하는데 장수도 복도 강녕도 누리지 못했기에 한이 생겨서 나쁜 귀신이 되었다는 겁니다. 그럴 때는 잘 달래 한을 풀어서 보내기만 하면 되는 겁니다. 개인의 잘잘못과 공과를 따지는 것은 없습니다.

내게 한이 있다고 하면 묻지도 따지지도 않는 게 무속입니다. 개인도 없고 공과와 시비, 도덕적 선악을 따지지 않는데 책임의 윤리 같은 것은 있을 수는 없습니다. 연구자 황필호 선생은 불교, 유교, 기독교 등 외래 종교보다 무속의 윤리성이 낮은 차원임은 의심의 여지가 없다고 했는데요, 특히 책임, 책임의 윤리가 없으니 그런 평을 들어도 어쩔 수 없다고 생각합니다. 책임만 없는 게 아니죠, 부정의 논리와 부정의 정신도 없습니다. 무속에서의 인간은 일관된 삶의 원칙과 사명으로 내 삶을 부정하질 않습니다. 살면서 그러한 부정의 계기를 가지지 못합니다. 무속적 정서와 세계관으로 세상을 살면 제대로 된 성찰의 삶과 연속적인 반성의 삶이 없다는 겁니다.

이렇게 무속은 삼무三無입니다. 개인이 없고 책임이 없고 부정이 없습니다. 더 좀 직설적으로 말하자면 한국인들에게 개인이 없게, 책임이 없게, 부정이 없게 살도록 하는 근원적 에너지가 무속이라고 할 수 있겠습니다.

공감이라는 이름의 접신

안타까운 사건, 사고가 일어나고 아까운 인물이 죽었을 때 한국인들은 슬퍼합니다. 단순히 슬퍼하는 게 아니라 아주 많이 슬퍼하는데 때로는 그 슬퍼하는 모습을 공개하는 것을 즐기죠. 다른 사람 앞에서 오열도 많이 하고 그렇게 과도하게 슬퍼하는 모습을 방송과 미디어, SNS에 올려 공개도 합니다. 때론 경쟁도 해야 해요. 누가 누가 더 슬퍼하는지 사람들이 관찰하거든요. 그저 사람들이 다 보는 데에서 많이 슬퍼하래요, 그게 공감이래요. 오픈된 곳에서 슬퍼하지 못하면 공감 능력이 없는 거래요.

혼자서 조용히 슬퍼하고 애도하는 것은 공감과 상관이 없는 걸까요? 오히려 정도를 지나치고 감정 이입이 과하면 그게 공감과 거리가 멀어요. 그건 빙의고 접신이지요. 절제를 잃고 과도하게 감정 이입하고 그걸 공개하는 것을 꺼리지 않는다면 그것은 성숙한 개인의 공감이 아니라 무속에서 말하는 접신이고 빙의일 뿐입니다. 한국 사회에서는 단순히 슬픔만 증명해야 하는 게 아닙니다. 접신하고 빙의해야 인기를 얻고 돈 벌고 정치적으로 대박납니다. 툭하면 비석 끌어안고 괜히 눈물 흘리고 통곡까지 하는 건 자신이 접신했음을 보여주는 것입니다. 그렇게 함으로써 대중의 무속적 코드에 맞추어 호소하는 거고, 그렇게 접신을 통해 정치적 권위와 정당성을 얻어가고 어필하는 거지요. 정치적으로 성공하려면 비명에 간, 한을 품고 죽었다는 그래서 사람들에게 추앙받는 죽은 정치인을 팔아야 합니다. 망자가 된 거물 정치인, 그와 접신했음을, 최소 접신을 시도했음을 공개적으로 인증받아야 합니다. 그렇게 정치적 몸주신을 내 안에 모신 모습을 보여줘야 대중에게 표를 얻을 수 있습니다. 무속의 나라, 무속의 백성이 사는 나라에서는 항상 슬픔을 증명할 준비를 해야 합니다.

공감 자체가 나쁘다는 것이 아닙니다. 공감은 소중한 덕목입니다. 망자와 유가족 입장에서 서서 슬퍼하는 것이 공감일 것이고요. 공동체가 돌아가고 유지되기 위해, 사회가 유지되기 위해 공감의 덕목은 분명히 있어야 하고 장려되어야 합니다. 그런데 꼭 공개적으로 슬퍼해야 하고 절제됨이 없어 슬퍼해야 하는지. 한국인들은 죽음을 대하면 쉽사리 평정심과 이성을 잃습니다. 단순히 슬퍼하는 게 아니라 빙의를 하는 것 같아요. 그래서 집단 항쟁과 저항의 에너지를 만들어냈고 그런 식의 계기 형성이 한국 현대사에 많은 사건을 일으키기도 했습니다.

그러나 나는 나, 타자는 타자 이런 경계를 부숴버리고 너무 심하게 감정 이입하고 몰입하는 것은 공감이라고 하기 어렵습니다. 무속적 현상이고 빙의이며 접신일 뿐이죠. 망자를 사실 몸주신으로 받드는 것이고 순간적으로 신내림을 받는 겁니다.

그저 사람들이 죽고 비극적 사건이 터지면 너도나도 감정 과잉, 공감을 넘어서 지나친 자해적 감정 이입, 사실상의 빙의와 접신을 하는 것은 우리가 무속의 민족이라 그렇습니다. 여기저기 추모 시설이 산재해 있고 추모 시설들이 상징화되고 더 나아가 신격까지 부여되어 신성시된다고 해도 문제를 일으킨 원인들이 시정되지 않으면 추모 시설과 위령 시설 세우는 행위들은 그냥 굿과 같은 것일 뿐입니다. 유가족들의 마음을 달래고 죽은 넋들을 위로할 수 있을지 몰라도 사실상 의미 없는 짓이죠. 예산이 집행되면 그저 국가적 낭비고요. 비슷한 희생자와 사고가 다시는 나지 않게 구조적 원인이 바뀔 수 있게 우리의 힘을 써야지요. 하지만 무속의 나라, 공감절대주의, 공감근본주의, 공감이라는 이름의 접신주의의 사회, 늘 그렇게 소중한 공동체의 에너지를 탕진하고 낭비하는 게 안타깝습니다.

누구의 죽음을 더 기억해야 할까요?

아버지가 되기를 기다리던 경찰관이 수색 작업 중 사망하는 안타까운 사고가 발생했습니다. 2020년 2월 15일에 있었던 비극이죠. 서울지방경찰청 한강경찰대 소속인 고 유재국 경위가 한강에 몸을 던진 한 시민을 구조하려다 사고를 당했습니다. 유 경사는 한 남성이 차를 버리고 투신했다는 신고를 접수한 뒤 현장 출동해 이틀째 후배 경찰 수색 작업을 벌이던 중이었다지요. 두 차례 잠수 이후 30분 잠수가 가능한 공기통을 메고 수중으로 다시 들어간 유 경사는 다리 기둥 사이에 몸이 끼는 사고를 당해서 불귀의 객이 되었습니다.

당시 경찰에 따르면 유 경위는 사고 당일 두 차례 잠수를 했지만 산소통에 산소가 10분 분량 정도 남아있는 것을 보고 "실종자 가족을 생각해 한 번만 더 살펴보자"라며 다시 잠수했다가 사고를 당했다고 합니다. 신고를 받고 출동한 구조대가 그를 병원으로 옮겼지만 네 시간 뒤 숨을 거뒀다고 합니다. 더욱 안타까운 것은 유재국 경위의 부인이 올해 출산을 앞두고 있었다는 겁니다. 고인은 국립서울현충원 안장과 1계급 특진 추서로 예우를 받았지만, 남겨진 가족은 힘겨운 삶을 이어가고 있다지요.

사고 당시 임신 중이던 유 경위 배우자 이꽃님 씨는 남편의 순직 소식에 충격을 받아 조산까지 했다고 합니다. 느닷없이 세상에 나와야 했던 아들은 매일 재활 치료를 받아야 하는 강직성 뇌성마비를 앓고 있고, 아이를 간호해야 하는 이 씨는 직장에 다닐 형편이 못 되는 상황에서 생활고에 시달리고 있답니다.

2023년 3월 6일 전북 김제의 한 주택 화재 현장에서 인명을 구조하던 소방관이 순직했습니다. 이 소방관은 임용된 지 1년도 채 안 된 새내기여서 안타까움을 더했다는데 전북소방본부 등에 따르면 전날 오후 8시 33분쯤 김제시 금산면의 한 주택에서 불이 나 신고를 받고 금산119안전센터 소속 소방대원들이 출동했답니다. 10여 분 만에 화재 현장에 도착해 화재 진압과 동시에 주택 내 인명 수색에 들어갔는데 집 안 작은방에서 할머니를 구조했습니다.

그때 할머니가 안에 할아버지가 있다고 성공일 소방관에게 다급히 말했고 성공일 소방관은 뒤도 돌아보지 않고 불길에 휩싸인 집 안으로 뛰어들어가서 변을 당한 거지요. 결국 그 집에서 빠져나오지 못하고 할아버지와 함께 쓰러진 채 발견되었습니다. 유재국 경위나 성공일 소방관이나 너무나 안타까운 일이죠.

국가에 강건한 기풍이 있으려면, 그리고 국민들의 시민의식이 건강해지려면 이렇게 국가일을 하기 위해 몸을 던져 일하다가 다치거나 죽은 분들에 대한 보상과 예우가 아주 후해야 할 것입니다. 나라일 일하다가 희생된 사람들에 대한 예우와 보상이 얼마나 그 사회가 건강한 체제인지 보여주는 바로미터겠죠. 그런데 세월호, 이태원 사고 사망자가 훨씬 많은 추모와 보상을 받고 누린다면??? 그에 대해 어떻게 생각하십니까?

누구든 죽음은 안타깝고 가여운 일입니다. 하지만 국가일하다가 순직하신 분들이 제일 큰 예우와 보상을 받는 게 맞다고 생각합니다. 국가일일하다가 순직하신 분들보다 나랏일이 아닌, 더 정확히 말해서 개인의 의사에 기반해 여행이나 놀러 가다가 사고로 죽은 사람들이 훨씬 더 많은 보상을 받는다면, 단적으로 그런 나라에서 건강한 시민의식 따위는 기대하지 않는 게 좋겠다고 생각합니다.

국가의 일과 무관한 죽음이라고 해서 국가와 사회의 보상을 받지 않아야 한다는 게 아닙니다. 받을 수 있고 추모, 예우도 누릴 수 있다고 봅니다. 하지만 정상적인 사회라면 나랏일하다가 솔선수범하고 국민을 지키기 위해 몸 사리지 않은 분들이 가장 크게 보상을 받아야지요. 유형적 보상, 무형적 보상 모두요. 죽음은 모두 비극이지만 보상과 예우, 추모에서 있어 무게는 절대 같을 수 없다고 봅니다. 국가의 일이 가장 많은 보상과 국민들의 추모와 기억이 있어야겠지요. 그래야 바로 국가 아니겠습니까.

하지만 대한민국은 무속의 나라인지라 다른 기준이 있는 것 같습니다. 얼마나 중요한 일 하다가 다치고 죽은 건지는 중요치 않고 나랏일이고 아니고는 중요치 않습니다. 얼마나 원통하게 죽어 억울한 원혼이 될 지 안될 지가 중요한 게 아닌가 싶습니다. 매일경제신문 보도에 의하면 세월호 참사 보상 문제 관련해서 법원이 다음과 같은 판결을 내렸다고 합니다. "2014년 4월 세월호 참사 희생자 유가족에게 가족당 최대 7억여 원씩 총 723억 원을 배상하라는 법원 판단이 나왔다. 세월호 침몰 당시 국가가 초동 대응과 구조 활동을 제대로 하지 못해 다수의 사망자가 발생한 것에 대해 정부의 책임을 인정하고 유족들에게 손해를 배상해야 한다는 취지다.

서울중앙지법 민사30부(부장판사 이상현)는 19일 전명선 4·16세월호가족협의회 운영위원장 등 355명이 대한민국과 청해진해운을 상대로 제기한 손해배상 청구 소송에서 원고 일부 승소 판결했다.

재판부는 소송에 참가한 유가족 다수에게 가족당 6억~7억여 원을 지급하라고 판결했다. 이는 희생자 위자료 2억 원, 희생자의 60세까지 생존을 가정한 장래소득(일실수입), 유족들 본인의 위자료를 모두 합산한 금액이다. 재판부는 친부모에게는 각 4,000만 원, 형제자매 및 조부모 등에게는 각 500~2,000만 원을 위자료로 정했다. 이는 2015년 '세월호 참사 배상 및 보상심의위원회'가 안산 단원고 학생 유가족에게 지급한 평균 배상금 4억 2,000만 원보다 많은 금액이다"

유재국 경위, 성일종 소방관 그리고 숱하게 그동안 군에서 죽어 나가야 했던 우리 병사들과, 과거에도 나랏일하다 죽은 경찰과 소방관들은 세월호 사건보다 더 많은 보상을 받았나요? 나랏일하기 위해 몸 던지다가 순국하신 분들의 죽음이 더 많은 보상과 예우를 받아야하는 것 같은데 어린 학생들이 많은 죽은 사고고 그래서 국민 감정에는 원혼이 될 가능성이 높아보이고 학생들 유가족이 순직 경찰, 군인, 소방관 유가족보다 훨씬 더 원통할 것이니 더 많은 보상금과 공동체의 예우와 기억이 필요하다고 판단된 게 아닌지. 국민 여론이 당시 그랬고 감정이 그랬던 게 아닌가 싶지요.

세월호 사건 때 저도 많이 슬퍼했고 전면 광고에 입금도 하고 그랬습니다. 어린 학생들의 희생, 비극이 아니라 할 수 없죠, 누구도요. 참사 그 자체였습니다. 하지만 사고의 비극성보다는 나라의 일을 하다 희생된 것이냐 아니냐가 가장 중요한 보상의 기준이 되어야 한다는 생각은 그때나 지금이나 변함이 없습니다. 그게 기준이 안 되고 군경과 소방관의 죽음보다 민간인이 훨씬 더 많은 보상과 추모를 누린다면 국민 감정이 무속적 감정과 사고에 휘둘리고 그렇게 해서 만들어진 감정과 여론에 재판부와 정부가 휩쓸린다고 볼 수밖에요. 정말 무속적 세계관대로 비극적으로 죽을수록 희생자가 구천을 떠도는 원혼이 될 가능성이 높다고 해도, 그렇기에 정말로 억울한 죽음이라고 해도 국가는 나랏일하다가 목숨을 잃은 경찰과 소방관, 군인의 죽음을 더 후하게 보상해야 합니다. 그래야 멀쩡한 국가 아닐까요.

이태원 참사 문제도 보상이 어떻게 귀결될지 모르겠습니다. 군에서 죽은 병사들보다 순직 경찰, 소방관보다 많은 보상을 받는다면 참 허탈할 것 같습니다. 그리고 재확인하겠죠. 여기는 역시 무속의 나라구나라고요. 세월호 사망자에 대한 추모나 보상은 사실상 씻김굿이고 진오귀굿이 아니었나 싶습니다. 그렇게 보상해야 원혼들이 달래지고 원통함을 덜 수 있다고 생각들 한 게 아닐까요? 국민들의 무속적 감정 버튼 강하게 눌러서 말이죠.

하지만 보상 기준에 무속적 정서가 끼어들어서는 안 됩니다. 앞서 언급한 대로 한강에서 시민 시신 수습하다가 돌아가신 유재국 경위 부인이 임신 중이었는데 그런 분들이 세월호 희생자, 이태원 희생자보다 훨씬 적은 보상 받고 유가족들이 생활고를 전전한다면 그런 상황이야말로 "이게 나라냐"라고 물어야 하지 않을까요. 참사 때마다 무속적 정서에 바탕한 국민 여론이 본질을 흐린다면 정말 나라가 나라 구실을 할 수 없고 국가가 국가 기능을 제대로 할 수 없다고 생각합니다.

공공을 위해 헌신하다 목숨 걸고 자기 책임을 다하다 죽은 사람이 원귀가 될 가능성이 적다고 그저 그의 죽음이 후려침을 당해야 할까요? 군에서 숱하게 죽었던 우리 장병들은 뭐지요? 앞으로 군에서 사람 죽으면 최소 세월호 사망자들 보상금이 기준이 되어서 그 이상 받아야지 않을까요? 국민 여론과 감정이 무속적 정서에 의해 너무 휘둘리면 제대로 된 기준이란 게 만들어지고 적용될 수 없을 것입니다. 공적 사안과 이슈일수록 무속적인 정서와 감정이 배제되어야 하지 않을까 싶습니다. 그래야 합리적 기준이 만들어지고 적용되는 더 건강한 사회로 거듭난다고 생각합니다.

처벌만능주의, 응보주의

과거에는 잡귀·잡신이나 해로운 기운을 몰아내려면 굿보다는 작은 규모의 축귀 의례를 했지요. 그것을 푸닥거리라 하는데요. 닭으로 주로 했고 개로도 했어요. 아직도 우리는 푸닥거리를 볼 수 있습니다. 국가 사회적 푸닥거리를 말이죠.

푸닥거리를 자주 행하던 전통에서 살아온 한국인들은 사건이 터지면 '왜'가 잘 안되고 '누가'에 능합니다. 원인적 사고보다는 응보적 사고가 바로 강하게 작동을 합니다. 대형 사고일수록 복합적인 원인들이 상호작용해서 발생하는 경우가 많은데 다각도로 따져서 어떤 변수, 원인들이 겹쳐서 사고가 일어났는지 따져보는 데는 서툽니다. 늘 원인이 아닌 가해자를 찾습니다. 그렇게 책임자, 가해자를 찾고 감옥에 보내면 문제가 모두 해결되었다고 생각합니다.

문제의 근본적 원인들에 대한 냉정한 분석과 시정이 없다면 아무리 책임자 혹은 가해자라고 생각하는 사람을 강하게 처벌한다고 해도 유사한 사고는 발생하고 희생자는 또 생길 수밖에 없습니다. 하지만 가해자, 책임자라는 소수의 사람에게 분노가 집중되고 그 사람이 사법 처리되고 감옥에 가면 문제가 해결되고 정의가 구현되었다고 생각하고 금방 망각해버리지요. 대체 사람들은 문제의 해결을 원하는 것일까요, 아니면 푸닥거리할 대상과 악귀를 찾는 것일까요?

한국인들은 원인적 사고가 안되고 응보적 사고에 특화되어 있다고 생각하는데 이는 무속 때문인 듯합니다. 오랜 세월 푸닥거리하면서 살아왔으니 끊지를 못하는 겁니다. 그저 국민들은 푸닥거리할 대상을 찾는 거죠. 혼내줄 악귀를 찾는 거고요. 푸닥거리만 하면 악귀라고 생각되는 대상을 구축하고 위엄있는 신령의 힘으로 제압하면 문제가 해결된다고 생각하는 이런 무속적 습속에서 우리는 아직 벗어나지 못한 겁니다.

문제가 생기면 특히 피해자가 생기고 상황이 비극적일수록 냉정해져야 합니다. 차분히 문제의 원인들을 분석해야 합니다. 하지만 그러지를 못합니다. 악의로 가득 찬 가해자 있었다고 생각해요. 그 가해자가 존재하는데 그 가해자를 잡아서 강하게 처벌해야 한다는 사고만 앞서죠. 참극이 발생하면 늘 여론은 그렇게 형성되고 정부와 사법당국도 그런 국민 감정과 여론에 끌려가는데 사실 가장 큰 비극은 이미 죽은 사람보다 유사한 사고가 반복되어 또 희생당하는 사람들이 생기는 일이죠.

하지만 망자가 불쌍하다고 해서 망자와 유가족들의 한과 슬픔에 공감한다고 해서 더 나아가 망자의 혼과 접신했다고 해서 원인적 사고를 마비시키고 서둘러 응보적 사고를 작동시켜 푸닥거리할 대상, 악의에 찬 가해자를 억지로라도 성급하게 찾고, 억지라로도 벌해야 할 악귀를 만들어내어야만 직성이 풀리는 모양인데요, 정말 그래야 하나요? 언제까지 그렇게 살아야 하나요?

9.11테러만큼은 아니지만 미국인들과 전세계인들에게 끔찍한 참사로 기억되는 첼린저호 사건이 있습니다. 우주비행기 폭파 사건. 당시 그 사건을 다룬 다큐가 넷플릭스에서 방영되면서 많은 이가 보

았고 저도 보았습니다. 근데 참 인상적인 것은 당시 관련자들이 담담하고 차분하게 그때를 회상하면서 자신들의 과오나 실수도 이야기한다는 점이고 무엇보다 당시 관련자 중 감옥에 간 사람이 아무도 없다는 것인데요. 우리 같았으면 가능한 일일는지요. 숱한 사람이 징역을 살았을 것이며 광화문에 빈소와 천막이 깔리고 많은 이가 농성을 벌였을 겁니다. 사고 원인들을 하나 하나 살펴보려는 노력은 없이 책임자들 처벌과 정권 퇴진의 목소리가 높지 않았을지. 첼린저호 특별법이 통과되었겠죠. 참 안타까운데요, 사고가 터졌을 때 우리 섣불리 '책임자', '가해자'라는 말을 하지 맙시다. 그런 말들을 최대한 아껴야 합니다. 어떻게든 '관련자'라는 말만을 써야 합니다. 그러면서 조금도 겁을 먹지 않게 배려하면서 사태의 원인과 원인의 상호작용에 대해서 짚어보게 해야 합니다. 시간이 걸리고 국민적 흥분을 가라앉히는 데 도움이 되지 않아도 말입니다.

응보주의적 사고에서 인과주의적 사고로 가야 합니다. WHO! 누구를 묻지 말고 누구 감옥에 집어넣을까 따지지 말고 WHY! 왜 사고가 일어났을까 따져봐야 합니다. 집단적 흥분을 일으키지 말고 사회적 냉각이 있어야 합니다. 그리고 가해자와 책임자라는 말을 쓰지 않으려 노력해야 하고요. 누구 감옥에 보내자, 징역살리자는 처벌만능주의가 개선되어야만 합니다. 그렇게 푸닥거리 전통에 입각한 처벌만능주의, 응보적 사고가 개선이 되지 않으면 우리는 비극적 사고에 제대로 대처할 수 없으며 특히 유사한 사고의 재발을 막는 데 사회의 역량을 쓸 수 없게 됩니다.

만연한 캔슬컬쳐와 사이버 레카들의 나라

캔슬컬쳐는 유명인의 언행과 노출된 사생활을 온라인상에서 비판하며 사회적 사형선고를 내리는 것, 사회적 퇴출, 사회적 생명을 끊는 것을 말합니다. 그런데 캔슬컬처라고 쓰고 사실상 푸닥거리라고 읽어야 합니다. 소규모 축귀 의례인 푸닥거리요. 악귀 퇴출 의식. 그게 지속적으로 특히 인터넷상에서 일어나고 있습니다. 특정인 나락 보내기는 국민스포츠가 되었고 도를 넘다 못해 갈수록 심해지고 있어요. 무속 사회의 단면이 제대로 드러나는 현상이고 한국 사회의 무속으로의 퇴행 현상의 증거라고 봅니다. 어느 나라든 대중의 가십성 이슈 소비가 있고 황색지들이 부추기기도 하지만 우리처럼 이렇게 조리돌림과 나락 보내기가 광적 국민스포츠인 나라가 있을까 싶습니다.

이슈가 터지고 평소에 유명했고 영향력이 강했던 연예인, 셀럽들이 문제가 되는 말과 행동을 했다고 보도되면 포탈과 대형 커뮤니티에 몇 날 며칠, 때론 일주일 이상 넘게 비판, 비난의 글이 올라옵니다. 언론은 나락으로 간 대상의 언행과 반응만이 아니라 사람들의 비난과 비판 그 자체를 기사화해서 짧은 기간이지만 장사를 제대로 합니다. 정론지와 레거시 미디어도 참여하는 경우가 적지 않죠. 또 얼마 안 가 문제적 대상이 등장하면 다시 불타오르고 언론은 그것으로 다시 장사를 합니다. 한국은 늘 이렇게 푸닥거리가 진행 중입니다. 조금만 지나면 지난달의 푸닥거리 대상이 누군지도 모르고 또 다른 푸닥거리 현장으로 국민과 언론은 달려갑니다.

이런 나락 보내기, 조리돌림에서 존재감이 크게 부각되는 사람들이 있죠. 바로 '사이버 레카'입니다. 사이버 레카는, 교통사고 현장에 경찰차보다도 훨씬 빠르게 나타나는 견인차처럼 온라인 공간에서 선정적이고 네거티브한 이슈가 생길 때마다 가장 빠르게 움직여 영상을 만들어 조회수를 올려 자기 장사를 하는 유튜버들을 일컫는 말입니다. 이들은 온라인에서 연예인이나 유명인에게 일어난 이슈를 악의적으로 편집한 영상을 게시해서 유명인을 비하, 비난하는데 이들의 주 수입원은 조회수, 시청자들의 후원금, 그리고 범죄에 해당하는 협박 합의금인 경우가 많습니다. 자신들은 폭로를 말하면서 정의 타령을 하지만 정의와 가장 먼 집단이라고 할 수 있는데 이 사람들은 캔슬컬처, 조리돌림, 나락 보내기에서 많은 역할을 합니다.

이런 사이버 레카들은 악의적 영상을 올리면 조회수가 폭발하고 대중은 레카들의 의견과 관점에 동조하면서 푸닥거리를 즐기죠. 병적인 현상인 푸닥거리 캔슬컬쳐를 부추기는 사이버 레카들 문제 정말 많습니다. 푸닥거리는 푸닥거리대로 문제지만 그들의 존재 역시 사회 문제입니다. 그들의 존재 자체가 사회 문제에요.

그런데 사이버 레카들이 이끄는 푸닥거리에 가담하는 사람들이 해당 인물과 문제에 대해서 정말 관심이 많은 걸까요? 가담하는 사람들은 정의와 도덕을 말하기도 하는데 평소에도 정의와 도덕에 정말 관심이 많았을까요? 돌을 던지는 이유에 대해서 그 이유 제대로 설명들 할 수 있을까요? 한국적 캔슬컬처 현상은 야만 그 자체일 수밖에 없습니다.

왜 이렇게 사이버 레카들이 설치고 푸닥거리라는 캔슬컬처가 빈번할까요? 푸닥거리라는 문화와 전통에서 산 세월이 길었기에 습속과 DNA에 내재된 것들이 있겠지만 미디어 환경을 비롯한 스마트

폰 보급으로 푸닥거리가 더욱 쉬워졌습니다. 그리고 기성 언론, 레거시 미디어의 직무 유기도 있고요. 언론의 가장 기본적인 기능은 의심입니다. 의심을 통해 질문하고 교차 검증하고 시시비비를 가리는 데 도움을 줘야 하는데 의심하지 않고 사실인 것처럼 보도해요. 처음부터 어디에서 멍석말이가 벌어지니 일단 빨리 가서 참여하라는 식으로 보도는 하지 말아야 합니다. 이는 사이버 레카들보다 더 나쁜 겁니다.

굿과 고사, 치성, 푸닥거리. 이런 무속의 의례 자체가 문제라고 생각지는 않습니다. 어디까지나 지금 고통받고 문제 상황에서 고생하는 개인들의 구복, 기복을 위한 서비스고 의식이면 이야기가 달라지지요. 말릴 수도 없고 말입니다. 하지만 사회적으로 대중이 떼거리로 움직이면서 집단으로 해대는 변형된 무속의 의식들, 특히 집단 푸닥거리는 한국 사회가 너무나 병들었고 공론장이 망가졌다는 증거가 아닐까 싶습니다. 우리가 현대적 문물과 제도, 시스템만 걸치고 누리고 이용하고 있지 아직도 고대의 심성과 정서를 가지고 사는 무속인이 아닐까 싶고요. 빈번한 캔슬컬처, 사회적 푸닥거리만 봐도 한국은 무속 사회라는 것이 틀림없어 보이죠.

망자 이름을 딴 법률이 왜 이리 많을까요?

법과 관련된 용어는 대부분 국민에게 생소하고 어렵습니다. 그런데 어느 순간부터 정치사회적으로 큰 이슈가 되는 법안에 사람의 이름이 붙기 시작했습니다. 이른바 네이밍 법안입니다. 예를 들어 김영란법이 있죠. 부정청탁 및 금품 등 수수의 금지에 관한 법률.

네이밍 법안에는 세 가지 유형이 있어요. 사건 피해자의 이름을 붙이는 경우, 사건 가해자의 이름을 붙이는 경우, 법안 발의자의 이름을 붙이는 경우인데 피해자의 이름을 따는 경우가 다수입니다. 네이밍 법안의 장점은 홍보가 좋고 각인이 잘되어 시작 단계에서 여론 형성이 용이하다는 데 있습니다. 단점 내지 한계는 이름 자체는 익숙하지만 세부적 내용에 대해 아는 국민은 별로 없다는 겁니다. 이름만 듣고 법안 내용을 유추하기가 쉽지 않고 법안 이름은 익숙한데 내용 파악에는 도움이 안됩니다.

네이밍 법안으로 김영란법 말고도 윤창호법, 민식이법, 하준이법이 있습니다. 윤창호법은 음주운전으로 사람을 다치거나 숨지게 한 운전자를 처벌하는 법이고 민식이법은 스쿨존에서 어린이를 치어 다치거나 숨지게 한 운전자를 가중 처벌하는 법입니다. 하준이법은 경사진 곳에 주차할 때는 차가 굴러 내려가지 않게 제동 장치를 확실히 하도록 의무화한 법입니다. 피해자 이름을 딴 법이 어렵지 않게 국회를 통과해 정식 입법이 되는 것은 그만큼 그런 피해자를 낸 사고를 막아야 한다는 국민 공감이 컸기 때문입니다.

그러면 이 법들은 과연 그 이름값을 하고 있을까요? 이름값을 한다는 것은 동일한 사고가 일어나지 않게 방지하는 것인데 그렇게 되었을까요? 저는 우선 몇 가지 질문 드리고 싶어요. 사고가 터지면 바로 법을 만들어야 하나요? 사고 터지면 망자의 이름을 딴 법들이 얼마 안 가 만들어지고 서둘러 입법 청원과 예고를 거쳐 정식으로 국회 통과가 되고 그렇게 되도록 여론의 압박이 만들어지기도 합니다.

그런데 선진국인 대한민국의 사회 구조는 아주 복잡하게 얽혀 있습니다. 그러기에 법을 만들 때 서두르면 안 됩니다. 특히 누군가를 처벌하는 법일수록 시간을 두고 따져야 합니다. 시간을 가지고 구조를 들여다보면서 여론 수렴하고, 전문가 의견 경청하고 외국의 사례와 경우들 참고해보면서 철저히 따져봐야지요. 좀 늦어지면 어떻습니까? 아니 늦어지는 게 정상일 수도 있습니다. 그래야 더 제대로 된 법을 만들 수 있고 부작용의 최소화를 도모할 수 있죠. 그런데 네이밍 법안들 보면 너무 서두른다 싶습니다.

그리고 강한 처벌만이 능사인가요? 망자 이름 들어간 법을 보면 강한 처벌을 말하는 경우가 많은데 그것만이 능사인지 모르겠습니다. 원인과 구조에 대한 면밀한 분석이 전제된다면 모르겠는데 그것도 없이 처벌의 강도와 범위를 늘려서 법에 담자면 선뜻 동의하기 힘듭니다. 부작용과 역기능이 심각할 것이 뻔하기에요.

마지막으로 네이밍 법안과 관련된 현상을 보고 있노라면 "조속히 해당법을 통과시켜서 희생자의 넋을 위로하자"라는 말을 많이 해요. 그런 수사가 공적 의사 결정 과정에서 등장해요. 아니 입법 행위가 망자와 망자 유가족들 한을 달래주기 위한 것인가요? 국회가 굿당이고 신당神堂인지요? 입법 행위의 목적이 정말 누군가의 넋을 달래주고 한을 보듬어 안기 위한 것이라면 실제로는 굿이라는 건데요. 국회의원이 무당입니까? 국회의원들이 정치만이 아니라 굿도 해야 하나요? 네이밍 법안 관련해서 여론 추이나 맥락과 과정을 살펴보면 국회의원도 가끔은 무당이 되어 굿을 해야 하나 봅니다. 기껏 법을 만들어 통과시켜야 하는 당위가 망자들의 넋을 위로하기 위함이라면, 그래서 서둘러야 하는 일이라면 할 말이 없습니다. 네이밍 법안 중에 유독 망자의 이름을 딴 법이 많고 그 법들의 통과를 위한 당위를 말할 때 희생자 넋과 혼의 위로를 말한다는 것도 역시 한국은 무속의 나라임을 말해주는 게 아닌가 싶습니다.

무속과 한국 페미니즘

2015년 이후 크게 흥했던 페미니즘 현상도 적지 않은 부분이 빙의와 접신이라는 코드로 읽어야 하지 않나 싶습니다. 빙의와 접신 이전에 무속에서 중요한 것이 억울함의 정서입니다. 피해자의식입니다. 무당은 절대 당신 잘못이 아니고 책임이 아니라고 말해야 한다고요. 그리고 나서 같이 억울함과 피해의식에 공감해주고 같이 울어주고 때론 대신 울어줄 수도 있어야 한다고요. 그게 무속입니다.

페미니즘이 크게 흥한 데에는 당신은 억울한 사람이다, 피해자이다 이런 정서적 스팟과 혈을 강하게 자극한 것이 크지 않았나 싶습니다. "당신 지금 많이 억울하지?"라고 물어요. 당신의 지금 모습, 특히 당신 스스로 불만족스럽게 생각하는 모습에 당신의 책임이 없다, 당신 잘못 때문이 아니다, 가부장제 때문이다, 남성 위주의 사회 구조 때문이다, 남성 위주의 사회가 잘못한 것이지 당신의 책임이 아니며 당신은 그저 억울한 사람일 뿐이다. 이렇게 페미니즘의 말이 무속적 문법에 들어맞으니 사람들의 감성을 저격하고 그러면서 페미니즘의 세가 크게 확장되었다고 봅니다.

사실 한국인 남녀노소를 불문하고 관통하는 정서는 바로 '억울함'이죠, 억울함, 나는 피해자라는 정서가 바로 무속의 핵심 정서인데요, 개인과 개인만이 아니라 사회와 국가 단위로 확장시켜도 억울함이란 정서는 관통하고 있습니다. 제국주의 시절에 말입니다. 식민지배를 한국만 당했어요? 외세에 의한 침탈의 역사를 우리만 겪었나요? 우리보다 훨씬 심하게 외세에 고통을 겪고 민족과 국가 자체가 사라진 경우도 많습니다.

이 땅은 일제와 서구제국주의가 침범해오기 전에 착한 사람들끼리 오순도순 살고 있는 평화와 고요의 땅이었는데 나쁜 외세가 쳐들어와서 우리 삶의 질곡과 고통이 만들어졌고 분단까지 이어졌다고 합니다. 비록 경제는 많이 발전했지만 적지 않게 외국에 종속된 나라이고 외세에 의한 질곡과 고통의 시간은 계속되고 있다고 하는데 이런 NL식의 역사관이 많은 이에게 동감을 받고 적지 않게 일반인들의 상식적 역사관에 편입되어 버렸죠.

그 뒤에는 억울함의 정서가 있습니다. 무속의 뿌리를 둔 그 코드에 잘 접속했고 그것을 계속 건드려줬던 것이 주효했다고 봅니다. 한이 있고 원이 있으면 비非구원의 상태라고 했습니다. 그리고 많은 문제가 한과 원이 존재하는 데에서 생겨난다고 했고요. 한과 원이 뭐겠습니까? 억울함이죠. 억울하면 안됩니다. 억울함이 지나치면 원혼이 되고 인간 삶의 해를 끼치는데 그러기에 무조건 그 억울함을 풀어야 합니다. 억울함과 원망을 푸는 것은 해원解寃인데요, 해원은 구원의 상황이고 문제의 해결이며 이상적인 모습이죠. 조흥윤 선생은 그것을 조화, 조화의 힘을 회복함이라고 말했는데 무속은 철저히 원과 해원의 창으로 세상을 보는겁니다.

원寃이 곧 억울함인데 억울한 사람이 있으면 누군가 억울하게 만든 나쁜 타자가 있겠죠? 가해자일 겁니다 누군가 원망, 원한, 억울함이 있으면 그 사람 본인의 책임과 잘못이라기보다는 외부의 나쁜 타자가 그렇게 만든 것입니다. 외부의 원인들이 그렇게 만든 것인데요. 무속은 원과 해원의 창으로 세상을 보기도 하지만 억울한 사람과 그를 억울하게 만든 나쁜 타자라는 이런 단순한 창과 구도로 세상을 보게 하는 것이기도 합니다. 이쯤 되면 페미니즘이 왜 대박이 되었고 지금은 세가 좀 약해졌지만 강성한 세를 자랑했는지 아실 수 있을 겁니다.

현실이 불만족스럽습니다. 그래서 억울할 때가 많습니다. 그런데 당신 억울하지? 당신은 많이 억울한 사람이야라고 공감해줍니다. 그리고 그 억울함이란 것, 현실의 네 모습과 네 환경이 불만족스러워서 생긴 억울함이 당신 잘못이 아니라 외부의 나쁜 타자와 나쁜 요소들 때문이라고 해줍니다, 그러니 많이들 페미니즘에 열광하고 귀의한 게 아닌가 싶습니다. 안 그래도 한국인들은 원과 해원, 억울한 나와 나를 억울하게 한 나쁜 타자라는 그런 무속에 바탕한 세계 인식의 틀에 갇혀 있는 경우가 많은데 거기에 잘 맞았던 거죠. 그리고 페미니즘이 대박나고 크게 세를 떨쳤던 데에는 나름 몸주신을 주고 내림굿을 해준 덕분도 있다는 거예요. 페미니즘에 심취하면 몸주신이 생깁니다. 가혹한 가부장적 환경에서 정말 많은 고생을 하면서 살아오신 어머니, 늘 나에게 "너는 엄마처럼 살지마"라고 외쳤던 그분, 그분께서 내게 몸주신으로 임하십니다.

과거의 자신도 몸주신이 됩니다. 남성 위주 사회에서 차별받고 기회가 좌절되고 욕망이 좌절되던 경험을 했던 자신. 어머니와 과거의 자아. 어머니도 억울하고 과거의 자신을 생각하면 참 억울한데 이 두 존재가 몸주신이 되어서 내 몸에 임하는 거죠. 어머니 세대야 여자들이 정말 고생 많았고 차별받는 일 많았고 억울한 일 많았겠지만

1970년대 이후로 태어난 경우도 어머니 세대와 비슷하게 고생했나요? 남녀가 동등하게 대학 진학하고 대학진학율이 남성을 앞지르고 그런 세대의 여자들도 과연 정말 자기 인생이 차별과 억울한 일로 점철된 인생이었는지 모르겠고 지나치게 주관적으로 편집된 인위적 피해자로서의 자아를 상정하는 게 아닌가 싶습니다.

특히 어머니를 말할 때 이해가 안가는 것이 있습니다. 본인은 어머니처럼 살지도 않아놓고서는 어머니처럼 산 것처럼 빙의의 상태로 말하는 것 같아요. 그런 생각과 말들이 맞고 틀리고를 떠나서 중요한 것은 억울함입니다. 적지 않은 젊은 여자들이 이미 억울한 대상에 심하게 감정 이입을 해버린거고요.

감정 이입이 얼마나 심한지 사실 본인은 어머니처럼 살지 않았지만 어머니의 피해의식으로 자기 정신과 영혼을 모두 색칠해버렸습니다. 빙의고 접신이지요. 늘 그런 의식으로 산다는 것은 빙의와 접신의 일상화인 것인데 자신의 어머니 혹은 어머니 세대 전체의 여성이 몸주신이 되어버렸어요. 페미니즘을 통해 몸주신이 생겼고 몸주신이 생겼다는 것은 내림굿을 해버린 셈인데요.

어머니만 몸주신이 아니라 과거의 자신도 몸주신입니다. 남성 위주의 사회여서 피해만 보고 차별만 당했다던 불행한 과거 어린 시절의 나는 단순히 과거의 기억이 아니라 독자적 자아와 신령으로 분리되어 진화하고 결국 나의 몸주신이 되어버렸습니다. 어머니가 되었든 과거의 자신이 되었든 이렇게 페미니즘은 몸주신을 주고 영접하게 해주고 접신과 빙의를 도와주고 그랬기에 크게 흥했고 많은 이가 귀의했다고 생각합니다. 한국적 페미니즘도 적지 않게 무속적 코드나 문법에서 일치하는 부분들이 있는 것이죠.

페미니즘을 통해 언어를 얻었다, 언어를 가지게 되었다고들 많이 그랬죠. 페미니즘에 귀의한 분들이 그랬습니다. 페미니즘을 통해 당당히 발언할 수 있는 주체가 되었다고요. 그런 발언에서도 무속적 코드가 많이 읽혀요.

몸주신을 받고 내림굿이 성공하면 공수가 터지죠. 공수가 터졌을 때 흔히 말문이 터졌다고도 하는데요, 페미니즘을 통해 언어를 가지게 되었고 발언의 주체가 되었다고 하는 것은 정말 말문이 터진 게 아닐까요? 어머니가 되었든 과거의 자아가 되었든 몸주신을 모시는 데 성공했습니다. 그렇게 내림굿이 성공해서 당당히 발언하고 화끈하게 말을 던질 수 있게 되었습니다. 수줍게 말 못하던 과거와 완전히 다른 존재가 되어버렸는데 그게 말문이 터진 게 아니면 뭐고 무속의 극적 변화의 과정과 얼마나 다를까요?

내림굿 그거 쉬운 것 아닙니다. 과정부터가 복잡하고 한 번에 성공 못해서 신어머니를 바꿔가면서 거듭해야 할 때도 있고 성공할 때까지 하다 보면 비용이 아주 많이 소모됩니다. 내림굿하는 데 10년 전에도 1억도 쉽게 부르고 2억까지 부르기도 했습니다. 그 큰돈 주고도 한 번에 성공하면 좋으련만 내림굿 주관하는 신어머니와 궁합, 인연이 맞지 않으면 실패해버려서 다시 큰돈 들고 다른 사람 찾아 신내림을 받아야 하는데 페미니즘은 참 좋아요. 내림굿이 간단하고 저렴하다는 거죠.

페미니즘 책만 한 권 읽어주고 그 소설을 바탕으로 해서 만든 영화보고 한번 울어주고 그것으로 부족하면 서점에 널린, 공공도서관에도 쫙 깔린 페미니즘 책을 구해 읽으면 됩니다. 책을 보면서 어머니가 불쌍하게 느끼고 과거에 자신에 커다란 연민을 느끼고 그렇게 어머니와 자신을 억울하게 만든 가부장제 사회와 남성 위주 사회에 분노하면 됩니다. 그런 과정을 통해서 피해자로서의 어린 자신, 고생하고 살아온 어머니란 몸주신을 내 안에 완전히 모셔 안착시키게 됩니다. 내림굿이 성공해서 공수까지 터지고 말문이 터지며 다른 이들에게 페미니즘을 전도할 수 있는 당당하고 독립적인 페미니즘 사제가 될 수 있는데 얼마나 좋습니까?

과거에 고생하던, 피해받고 차별받던 자신의 아픈 역사는 신병을 앓았던 역사일 것이고 페미니즘 관련 서적과 강연, 미디어의 상품들은 접하는 것은 신내림을 받기 시작하는 것일 것이고 그렇게 페미니즘 관련 컨텐츠를 읽고 소비하면서 어머니에 감정 이입하고 나 자신이 한없이 불쌍하게 느껴지고 억울함의 정도를 쌓아가고 자신을 억울하게 만든 사회의 모순들과 나 밖의 타자에 분노하고 그러면서 페미니즘을 바탕으로 당당히 발언하고 누구에게도 페미니즘을 말하고 설교할 수 있는 사제가 되어버립니다.

무당이 되는 과정이 과거에 비해 많이 쉬워졌고 신어머니를 통해 도제식으로 훈련받지 않아도 되는 속성코스가 많이 있다고 그러지만 무당이 되는 것은 여전히 쉽지 않습니다. 신병도 신병이지만 점사를 치는 법, 굿상 차리는 법, 무가 외우기 등 배울 것이 너무 많아요.

그런데 페미니즘은 복잡하고 힘겨운 과정도 생략해준 채 몸주신을 받고 내림굿을 받게 해주며 독자적인 사제까지 되게 해주니 참 가성비 좋은 변형된 무속이 아닌가 싶습니다. 괜히 크게 세를 확장했고 사실상 많은 신봉자를 확보한 것이 아닐 겁니다. 신청, 재인청이라고 해서 호남 세습무 지역에는 무당 집단 트레이닝 기관이 있다고 했죠? 그런 기관을 떠올려보면 대학에 있는 여성주의 동아리, 페미니즘 동아리가 생각나지 않을 수 없어요.

　이렇게 한국 페미니즘이 대박낸 것 뒤에는 무속적 코드가 있다고 생각합니다. 신병, 내림굿, 빙의 이것들을 모두 간단히 그리고 적은 비용으로 통과하게 해주고 거기에 소위 말문이 터지게 하고 공수를 내리게 해주고 무속적 문법을 쉽고 싸게 따를 수 있게 해줬죠. 어쨌든 많은 사회 현상을 무속적 코드로 읽어야 하는데 페미니즘 역시 예외가 아니라고 봅니다.

신이 되어버린 박정희와 노무현

　서울 월곡동에 가면 박정희를 모시는 무당집이 있다지요. 뭐 박정희도 만신전에 모실만하다고 볼 수도 있습니다. 살아 있을 때 강한 힘을 휘둘렀고 비극적으로 죽었으니까요. 무속의 신관은 본래 그러하다고 했죠. 비극적으로 죽을수록 강한 힘을 가지게 되고 무당들에게 추앙받는다고요. 최영 장군을 모시는 신당이 괜히 많은 것이 아니에요. 강한 무장이었고 장수였지만 큰 한을 품고 죽었으니 여러 가지로 무속 세계에서 추앙 받을 만합니다. 무속적 세계관에서는 그런 귀신일수록 영험하다고 합니다.

　비극적으로 유명을 달리했기에 한을 품고 죽었을 것 같은 박정희와 육영수는 무속적 세계관에서 신령으로 보일 수 있고 박근혜는 그 신령들을 모시는 무녀, 신녀로 보일 수 있겠는데 박정희와 박근혜에 대한 극성 지지와 팬덤을 보면 역시나 다분히 무속적 맥락으로 읽어야 하는 부분들이 있다고 생각합니다 살아서 큰 힘을 휘둘렀고 비극적으로 생을 마쳤기에 숭상해야 하는 신령으로 보이는데 그 딸 박근혜는 박정희와 거기에 영부인으로 존경받았다던 육영수까지 둘을 몸주신으로 하는 무녀, 무당으로 보이니 극성지지자와 열성 지지자들이 그리도 많았고 지금도 어느 정도 확고한 게 아닌가 싶은데요, 이런 무속적 맥락은 사실 노무현과 문재인에도 적용해야 하고 그렇게 해서 읽어내야 할 부분들이 있지 않나 싶어요.

무속적 세계관에서는 산 자보다 죽은 자가 먼저입니다. 살아 있을 때는 손가락질받고 욕을 먹어도 죽어서 망자가 되고 소위 귀신이 되면 달라집니다. 가장 극적인 예가 노무현이겠죠. 검찰 수사 받고 소환될 때는 진보, 좌파 언론에서도 날선 비판을 쏟아냈는데 자살이라는 비극적 결말을 통해 소위 극적으로 부활했지요. 진영 전체의 수호신이 되다시피 했고요.

노무현도 생전에 대통령이었습니다. 일국의 수장, 국가원수. 극적·드라마적 과정을 통해서 대통령이 되었고요. 대통령이 되기 전까지만 해도 꽤나 강력한 서사를 가진 사람임이 분명하죠. 그리고 비극적으로 죽었고 한을 품고 죽은 것처럼 보이기도 하고요. 그렇게 노무현도 사후 신화神化, 신격화神格化된 게 아닌가 싶은데 신이 되었으니 모셔야 할 것이고 몸주신으로 섬기는 이가 따로 있어야지요. 그리고 노무현을 몸주신으로 섬기는 이는 노무현을 신으로 보는 사람들에게 많은 지지를 받을 수밖에 없고 노무현에게 가야 할 존경과 숭배 등을 공유할 수밖에 없을 것인데 그게 바로 문재인이 아니었나 싶습니다. 애초에 가장 노무현을 몸주신으로 모시는 데 있어 적임자였고 수용체로서 적합한 인물이었기에 진영의 선택을 받은 것 같고요.

박근혜에게는 박정희가 따라다닐 수밖에 없었고 문재인에게도 늘 노무현이 따라다녔지요. 심지어는 박근혜는 박정희의 망령, 문재인은 노무현의 망령이라는 말을 하는 사람들도 있었습니다. 어쨌거나 박근혜가 박정희라는 신을 몸주심으로 섬기는 무당적 맥락에서 정치적 세와 지지를 얻은 측면이 있다면 문재인도 마찬가지였습니다. 노무현이라는 신을 몸주신으로 섬기는 무당으로 비쳤기에, 자신의 업적과 국가적 비전 이전에 노무현이라는 망자의 권위를 뒤로 했기에 인지도도 없는 상태에서 대선 후보가 박빙의 결과를 만들어냈고, 결국 재수 끝에 대권을 거머쥐었다고 생각합니다.

대통령의 친구 문재인. 애초에 386들이 노무현 죽음으로 인해 생긴 한과 복수심, 분노를 담아낼 수용체로 적합했다고 생각해 불러낸 사람이라는 말이 많았는데 박근혜만큼은 아닐지 몰라도 어쨌든 망자의 권위를 뒤로했습니다. 노무현이라는 몸주신을 뫼신 이었고, 노무현과 노무현을 섬기는 이들 사이의 매개체였으며 그런 존재 양태가 대통령이 된 것에 결정적이었지요. 이렇게 대권을 거머쥔 데에는 박근혜와 유사한 맥락이 있었고 다분히 무속의 냄새가 납니다. 그래서인지 콘크리트 팬덤도 그렇고 대통령이 되어서의 리더십에서도 박근혜와 비슷한 부분이 많지 않았나 싶습니다.

좌파, 우파 모두에게 돌 맞을 소리고 정치에 관심있는 대부분 사람에게 엉뚱한 소리라는 말을 들을 수도 있지만요. 사실 박근혜와 문재인 시대는 단절된 시기였다기보다는 동일성이 크고 강한 연속된 시기였지요. 정말로 두 사람이 공통점이 많아요. 그 공통점을 무속적 코드로 이야기했는데 집권 과정을 중점으로해서요. 그 외에도 많습니다. 극적 스토리와 정치적 창업자였던 노무현, 이명박과 달리

박과 문은 정치적 상속자였을 뿐이죠. 망자 팔아서 세를 구축하고 지지를 단단히 하면서 대통령 되었는데 상속자에 불과하고 기대에 비해 실력과 준비는 형편없었습니다. 그러니 항상 은둔의 코드로 다스리고 숨고 도망가는 일이 많았지요. '혼밥' 먹는다는 말이 무성했고요. 이렇게 닮은 점이 아주 많았어요.

어쨌든 두 대통령의 집권 과정과 지지자들의 모습에 무속적 냄새가 강하다는 겁니다. 정치는 한 사회의 총체적 반영입니다. 한국의 정치 현상에 무속적 냄새가 안나면 이상한 거고 무속적 코드를 읽어내지 못하면 안 될 것인데 박근혜와 문재인은 참 좋은 예이라고 생각합니다.

박근혜의 열성 지지자나 문재인의 열성 지지자가 서로 싫어하고 증오하겠지만 데칼코마니처럼 서로 흡사한 것이 많고 두 사람에게는 무속적 코드가 진한 종교 현상의 모습이 있었죠. 망자와 망자의 한 그리고 망자의 권위를 대행하고 망자의 한을 풀어줄 적임자이기에 지지하고 절대 그 지지를 철회 못한 지지자들. 그들은 내가 신이라 생각하는 대상을 몸주신으로 만신에 대한 맹목적 지지와 순종을 했다고 보는데 무속적 코드로 읽어내지 않으면 제대로 이해 못할 정치 현상이었다고 봅니다.

검찰 개혁이란 기치와 구호도 그렇습니다. 노무현과 문재인을 지지하던 사람들이 검찰 개혁을 기치로 들었지요. 그런데 그들이 말하던 검찰 개혁은 개혁을 위한 개혁이라기보다는 한풀이를 위한 것들이 아닐까 싶습니다. 국민을 위해, 공화국의 건강한 정치를 위해서라기보다는 노무현을 겁박했던 검찰의 힘을 줄이고 이빨과 발톱을 뽑고 어떻게든 불이익을 줘야 노무현이란 망자의 한이 풀릴 거라고 생각해서 하는 일종의 굿이 아닌가 싶습니다. 개혁이란 이름을 썼지만 사실상 노무현을 위한 진오귀굿, 씻김굿이죠. 수사가 지연되고 경찰의 힘이 비대해지고 견제도 제대로 안되면서 국민들 특히 힘없는 국민들 삶에 피해가 늘어도 어차피 검찰에 불이익을 주는 것이 노무현을 위한 진오기굿, 씸김굿이라면, 그런 의도 하에 추진된 것이라면 밀어부칠 수밖에 없었던게 아닐까요. 그렇게 해야 망자의 한이 풀릴 수 있고 노무현의 해원이 완성된다고 생각하면 말릴 수 없는 일이겠죠. 무속적 서사가 완성되어야 하니까요.

박근혜의 맹목적 지지자 중에 나이드신 아주머니나 할머니들이 많았고 문재인의 콘크리트 팬덤 중에는 30~40대 여자가 많았다지요. 무속이란 게 원래 여성들의 한과 슬픔에 대한 동감, 동정을 에너지로 하는 종교 현상이고 습속이라는 것을 생각해보면 역시나 박근혜와 문재인의 집권과 그 시기의 정치 현상을 보는 데 있어 무속적 코드로 독해하는 게 이상할 것은 아닙니다. 정치적 지지라기보다는 팬덤에 가까웠고 팬덤에 가까웠기보다는 종교 현상 특히 무속적 종교 현상에 가깝지 않았나 싶습니다. 비약으로 받아들일지라도 한국의 정치 현상이야말로 가장 무속으로 독해를 해야 하는 것이라 생각합니다. 정치는 한 사회의 총체적 반영일 수밖에 없으니 말입니다.

답답합니다. 한을 품고 죽은 사람이 있습니다. 아니 단순히 사람이 아니라 정치인이고 대통령이었는데 비극적으로 운명하면 반드시 그 사람의 한을 풀어줘야 하나요? 그 망자의 권위를 독점하고 홀로 대행하는 사람에게 무조건적 지지를 보내주는 게 맞고요? 망자가 된 대통령을 정치적 몸주신으로 모신다고 해서 대통령으로 만들어야 한다? 민주공화국에서 대통령은 임기제 대리인일 뿐입니다. 대통령이 무슨 과거 삼국시대 초기 혹은 삼국시대 이전 이 땅의 제사장도 아닐 것인데 그런 정치 현상이 바람직한 것인지 모르겠습니다.

한민족은 이성이 아니라 철저히 감정, 감성의 민족이고 그러다 보니 정치 역시 가장 감성, 감정에 좌우될 수밖에 없고 무속적 감정에 휘둘리는 게 어쩌면 당연하겠습니다. 하지만 그래도 한과 한풀이, 해원의 논리, 누가 망자의 권위를 대변하고 몸주신으로 모시느냐 이게 대통령을 만들고 뽑고 리더십 창출의 주요한 논리고 핵심적 기제라면 참 답답할 노릇입니다. 헌법을 준수하고 국민들의 바람을 제도와 법에 담아 실현하고 국가의 근본적 문제를 해결할 대안을 가지고 있어야 하고요. 확고한 국가 비전을 제시할 수 있으며 국가의 미래와 후손들을 위해 때로는 지지자들의 반대도 무릅써가면서 추진하고 추진하는 과정에서 저항에 직면해도 국민들을 상대로 용감하게 설득하는, 그런 사람을 대통령으로 뽑아야지 않을까요. 그저 망자와 망자의 한과 연관짓지 말고요.

박정희가 위대했든 노무현이 위대했든 그 사람들의 공일 뿐입니다. 누구도 가져갈 수 없는 것이죠. 그리고 그들의 죽음이 비극적이었기에 그들의 권위를 독점해서 팔고 세일즈한다고 해서 눈까지 감은 채 지지를 해야 하는지 잘 모르겠습니다. 정치는 망자보다는 산 사람들, 지금 살고 있는 국민들을 위해야 하고 과거가 아닌 미래를 향해야 할 텐데 우파나 좌파나 중요한 일이 있으면 각자 진영에서 노무현 묘지로, 박정희 묘지로 가장 먼저 망자를 찾아 향을 피웁니다.

가끔 보면 양대 진영 모두 유훈 통치를 하는 게 아닌가 싶어요. 유훈 통치도 망자에 집착하는 무속의 코드의 발현일 뿐입니다. 북한이나 우리나 같은 민족이니 양쪽 다 사람보다 귀신에 집착하고 망자에 호소하는 유훈 통치를 하는 게 이상한 일이 아니겠죠. 하지만 이제 귀신에게 가서 아부하지 맙시다. 살아 있는 국민들에게 가서 머리 조아리고 우리가 정치 이렇게밖에 못해 살기 힘들게 해드려 죄송하게 하다고 합시다. 그러면서 국민들 의견 경청하고요. 사람보다 귀신이 먼저여서는 안됩니다. 귀신보다 사람이 먼저고 지금 살아 있는 국민들이 우선이어야지요.

우리는 억울한 사람이 아닙니다

2022년에 독일 출신 사회학자인 안톤 숄츠의 『한국인들의 이상한 행복』이라는 책에서 날카롭고 객관적인 한국, 한국 사회의 진단을 볼 수 있습니다. 숄츠는 한국인을 말하면서 억울함과 한, 피해자로서의 자신을 규정하는 것을 들었습니다. 숄츠는 한국인들을 이야기하고 주된 정서를 말하는데 자기 연민, 피해의식을 들었는데 몇 가지 자기 일화를 이야기했죠.

아들이 두 발로 걷기 시작한 무렵, 집안에서 걷다가 의자에 부딪히자 소리내어 울기 시작했답니다. 놀란 아내가 아이에게 다가가 왜 우느냐고 물었습니다. 아이는 의자를 가리켰고 아내는 우는 아이를 품에 안아 달래며 의자를 때리는 시늉을 하며 말했습니다.

"의자가 그랬어? 때찌, 때찌."

두 사람을 지켜보던 숄츠 선생은 의아했고 그래서 지금 뭐하는 거냐고 물었다지요. 아내는 한국에서 이렇게들 한다고 했지만 숄츠 자신은 받아들일 수가 없었다고 합니다. 어린 아이지만 실수는 의자가 한 게 아니라 내 자식이 한 것이다, 그러니 그렇게 가르치지 말자, 인제 겨우 걸음마를 뗀 아이지만 자기 실수와 행동에는 자신이 책임져야 한다는 것을 알려주자, 그렇게 교육을 하자고 말했다고 합니다.

걷다가 의자에 부딪혔다면 사실 가해자는 아이고 피해자는 의자일 수 있죠. 하지만 한국인들의 교육 과정을 보면 가해자와 피해자는 전도되고 자기 책임은 사라지면서 자신은 착한 피해자일 뿐인 경우를 많이 봅니다. 그래서인지 한국인들에게 '나는 선량한 피해자'라는 의식이 강한데 그 선량한 피해자의식은 결국 남 탓일 겁니다. 숄츠 선생도 자신의 책에서 언급했는데 남 탓으로 귀결되는 그 피해자의식과 자기 연민 때문에 실수에서 배우지 못하고 자기 운명의 주인공이 될 수 없으며 객관적으로 날 돌아볼 수 없게 된다고 말했습니다. 누가요? 바로 우리 한국인들이요.

숄츠는 한국인이 평화를 사랑하는 민족이라는 것에도 강하게 의문을 표시합니다. 사실 선량한 피해자의식의 가장 극적 확대 혹은 정점에 있는 것이 우리가 평화를 사랑하는 민족이라는 자랑이죠. 우리는 침략하지 않았고 당하기만 한 착한 국가, 민족이라고 가르쳐 왔지요. 하지만 이분은 반증이 되는 사례들 제시합니다. 삼국시대처럼 통일되기 전까지 벌여온 전쟁은 뭐고 형제끼리 총부리를 겨눈 6.25는 뭐고 베트남전쟁에서 참여해 민간인 학살한 것은 뭐냐고 하지요. 평화를 사랑하는 민족이라는 것은 결국 자기 연민과 피해의식에 바탕한 역사관일 뿐이라는 게 숄츠의 지적입니다.

숄츠 선생은 이렇게 한국인의 선량한 피해자의식, 나쁜 짓은 남이나 하는 거라는 정서를 꼬집었는데요, 이분은 중국에서 겪은 일화도 책에 실었습니다.

"1995년 처음으로 간 중국 여행길에서 나는 청나라 황실의 여름 궁궐이었던 이화원에 들렀다가 우연찮게 어느 노인과 이야기를 나누게 되었다. 어디서 왔느냐는 노인의 물음에 나는 독일 사람이지만 지금 한국에 살고 있으니 옆집에 사는 사람과 다름없다고 농담을 했다. 노인은 한국에 관해 이런저런 이야기를 하다가 예전에 중국이 일본에 점령당한 시기에 일본 사람들의 수하로 조선 사람들도 있었는데 잔인하기가 일본 사람보다 더 심했다는 말을 했다. 한국에 호감을 품고 정착하며 살아간 지 얼마 되지 않은 나에겐 너무도 충격적인 말이었다."

사실 만보산 사건만 보더라도 그래요. 1931년 여름 중국 장춘 부근 만보산 삼성보에서 발생한 조선인과 현지인 중국인의 다툼이 있었지요. 이게 조선일보에서 오보로 전해지면서 큰 비극이 발생하게 되었어요. 조선인이 만든 농업용 수로를 중국 농민이 파괴한 데서 충돌이 시작되었고 일본 경찰이 개입하면서 사태가 악화되었고 중국 농민에게 발포해 일부가 다쳤습니다. 이 사건은 조용하게 묻혀질 수도 있었으나 중국인의 총격으로 조선 동포가 죽거나 다쳤다는 내용의 신문 호외로 왜곡된 채 전해졌고 이런 오보 때문에 피바람이 불었습니다. 격분한 조선인들이 중국인 가옥과 상점을 파괴했고, 화교들을 닥치는 대로 폭행했습니다.

인천과 서울에서 시작된 폭동은 전국으로 퍼져 중국인 거주지는 대부분 파괴되었습니다. 조선총독부 자료로는 사망 122명, 부상 227명이 생겼는데요, 관동대지진 때 조선인들이 학살당한 우리의 피해는 가르쳐 왔지만 우리가 중국인들을 학살한 만보산 사건으로 인한 폭동은 가르치질 않았죠. 만보산 사건 때 얼마나 화교들에 대한 린치가 심했는지 이루 말할 수 없었고 호떡집에 불났다는 말이 그때 생겼다는데 해당 사건만 봐도 우리가 정말 평화를 사랑하는 민족인지 모르겠습니다.

숄츠는 이런 말도 했어요, 한국인에게는 자기 때문이란 게 없다고. 한국사를 이야기할 때 종종 다음과 같은 말을 하는 사람들이 있다고 했습니다.

"우리는 늘 힘들었어요. 몽골, 그 다음엔 중국, 현대에 와서는 일본 때문에 늘 힘들게 살아야했어요."

남 때문에, 타자들 때문에 고생했고 시련을 겪어야 했다고 하는데 한국인들은 일상적인 문제에 대해서도 비슷하게 말을 한다고 합니다.

"그 사람 때문에 피해를 봤어."

자기 때문이라는 고백은 별로 듣지 못했다고 합니다. 그게 바로 피해의식이고 자기 연민이며 한 글자로 줄이면 한이라는 정서일 겁니다. 바로 무속에 바탕을 준 정서이고 의식입니다. 무속에 바탕을 둔 정서와 의식이 심연을 지배하는데 자기 때문이라는 말이 쉽게 나오겠습니까. 그저 남 때문이라는 말이나 하기 쉽고 남 탓하기 일쑤죠.

숄츠는 그래서는 안된다고 분명히 말했습니다. 문제를 해결하는 주체는 남이 아니라 나 자신이다, 문제의 원인을 파악하는 데 나 자신이 빠져 있다면 그 문제를 과연 어떻게 해결할 수 있을까라고 했습니다. 숄츠가 보기에 자기 때문이란 말이 없다는 것은 자기 성찰이 없다는 뜻이기도 하고 자기 주체성에 대한 포기이기도 한데요, 이분이 생각하는 한국인들의 한의 정서가 그런 것 같답니다.

"내 눈에 보이는 한국 사람들의 한은 자기 연민에 가깝다. 꼭 한이라는 단어를 쓰지 않더라도 자신의 책임을 다른 사람에게 전가하고 자신을 피해자로 규정하는 마음가짐이 당연한 것이 어느 정도 보편화되어 있지 않은지 걱정스럽다."

그는 한이라는 정서를 매우 부정적으로 보았습니다. '나 때문에'가 소거된 그리고 자신의 잘못에 대한 성찰이 없는 것이며 내 주체성을 거세시키는 것이라고 보았는데요, 여기서 한이라는 정서, 민족 의식은 무속에 뿌리를 둔 것입니다. 무속은 늘 한, 한풀이, 해원을 말하지 않습니까. 그리고 늘 '절대 당신 잘못이 아니다', '당신 탓이 아니다'라고 하면서 덮어놓고 공감하고 같이 울어줄 수 있어야 하는 게 무당이라고 했습니다. 늘 외부로 투사하고 돌리게 하는 게 무속의 논리이고, 나는 잘못 없고 나는 착한 피해자라는 민족 의식과 정서의 뿌리는 무속입니다.

그러니 그렇게 단단한 게 아닌가 싶은데 숄츠 선생은 부정적으로 본 것입니다. 쓸데없는 자기 연민과 남 탓일 뿐이라고요. 문제 해결과 발전에 도움이 안되는, 성숙에 도움이 안되는 병적 의식이라고 본 것이죠. 숄츠 선생은 그런 인식과 정서가 어른들만이 아니라 젊은 세대들에게도 강하게 드러나는 것을 보고 더 개탄을 했습니다.

젊은이들이 스스로를 '피해자'라고 규정하는 말을 자주 들었다고 했는데요, '제도의 피해자', '부모가 품은 욕망의 피해자'. '가부장제의 피해자' 등을 예로 들었습니다. 긍정의 언어와 미래를 상징하는 말들로 자신을 말하고 소개하는 게 아니라 부정의 언어로 과거의 트라우마에 갇힌 나를 말하는 데 익숙하답니다. 한의 변주고 어른들이 가진 한이라는 자기 연민의 정서를 이어받고 있다는거죠.

지금의 나는 너무 힘들다, 이전 세대가 좋았고 그들이 부를 다 선점해서 빼앗아 갔다, 경제적 양극화가 심하고 기회가 없고 일자리가 없다고 자주 청년들이 말하는데 '삼포 세대', '오포 세대', '칠포 세대', 'N포 세대'라고 자신들을 인식하고 소개하는 것도 마찬가지라는 겁니다. 사실상 '한'이라는 표현만 안쓴 것이지 한과 똑같은 자기 연민과 선량한 피해자의식, 피해자 정서의 강한 발현이라고 파악했습니다.

숄츠 선생이 본대로 한은 자기 연민이자 피해의식입니다. 특히 과거에 당한 시련과 피해를 바탕으로 한 것이고 그 한이라는 게 한국인, 한민족의 주된 정서라고 하는데, 과거를 돌아봅시다. 우리만 힘들었을까요. 무엇보다 우리가 정말 무수한 외침에 시달렸을까요? 역사를 전공한 분들은 아니라는 말씀도 많이 하십니다. 외침의 정확한 기준을 어떻게 정해야 하는지 모르겠지만 다른 나라들의 역사에 비하면 결코 외침에 많이 시달린 역사가 아니라고 하지요. 전쟁사 전문가인 임용한 선생이 그런 견해를 가졌습니다.

삼국시대 전쟁은 내부에서의 갈등에 가까운, 통일을 위한 전쟁이라 치고 고려시대에는 거란과 여진, 몽골 때문에 나름 고생 많이 했지요. 하지만 조선 시대는 5백 년 역사에서 왜란과 호란 단 둘. 사실 중앙아시아나 유럽, 특히 발칸반도에 비하면 우리가 겪었다는 외침으로 인한 수난은 과장된 거고 과장된 피해의식을 우리가 가진 셈입니다.

무수한 외침에 시달린 나라들은 대부분 민족 자체가 소멸되었습니다. 무수한 외침에 시달렸는데 해당 국가와 민족이 어떻게 살아남아서 부강한 나라 일구었겠습니까? 그리고 조선 왕조 내내 왜 우리가 상인과 무인을 무시했고 부국강병을 힘을 기울이지 않았을까요? 외침이 적어서 그렇습니다. 외부 세계로부터 자극이 오고 도전이 오면 나의 나쁜 것을 버리고 상대의 장점을 모방해야 한다는 각성이 일기 쉬운데 그러한 자극이 없다 보니 내가 가진 문화와 철학, 사고를 버리지 못한 거지요. 유교와 사농공상 차별의 사고가 계속 갈 수밖에 없었던 이유가 있어요. 바로 외침이 적어서 그러한 것이지요.

우리만 고생하고 시련을 겪었다? 한의 민족인 것이 당연하다? 절대 그렇지 않고 외국들과 비교해보면 상당히 행운이 많았고 외침에 덜 시달린 민족입니다. 그러니 우리가 가진 한의 정서란 것은 사실 최소한 남들에게 이해받을 수는 없는 민족 감정이지요. 비웃음을 살 수도 있는 일입니다.

안 그래도 숄츠가 그랬습니다.

"살면서 아픔을 겪지 않은 사람은 없고 전쟁이나 학살, 수탈의 시간 역시 한국에만 있었던 역사는 아니다. 고생하면서 산 사람은 한국 사람만이 아니다."

무수한 외침에 시달렸다, 평화를 사랑하는 민족이다 등은 우리가 가진 기만적 인식이자 역사관입니다. 무속적 정서에 바탕한 것이다 보니 교정이 너무 힘들지요. 피해자의식과 한이라는 정서가 자기 성찰과 주체성을 소거시키고 비뚤어진 역사관을 만들고 다시 그러면서 피해자의식과 한을 더욱 강화시키는 데 참 어떻게 손을 대야 할지요.

평화를 사랑한 민족이라는 것도 그렇지만 일제 시대 조선 민중은 과연 피해자이기만 했을까 싶습니다. 관동대지진 때 헛소문에 광기를 주체 못해 조선인들을 학살한 일본은 이후 사과를 했고 위령비도 세우고 추모 행사도 열었습니다. 하지만 우리는 아직까지 만보산 사건 관련해서 공식 사과와 추모를 위한 시설 세우기, 추모 행사를 열지 않았습니다. 우리가 당한 것은 억울하고 꼭 기억해야 하지만 우리가 가해자가 된 일은 기억도 추모도 하지 않아도 되는지 모르겠는데 계속 그런 자세를 보인다면 우리가 타인들에게 얼마나 존중받을 수 있을까요.

그놈의 한이라는 자기 연민과 선량한 피해자의식이 우리를 성장하지 못하게 합니다. 어른이 되지 못하게 하는데 어른이 되게 하는 성찰만 못하게 하는 것이 아니라 아예 이제는 무기로 쓰기도 합니다. 억울함을 자랑하고 억울함을 바탕으로 사회적 자원을 누리고 독점하려고도 하는 일을 적지 않게 볼 수 있지요.

공동체에 얼마나 기여하느냐, 시장에서 얼마나 탁월함을 발휘하느냐, 국가라는 시스템의 유지에 얼마나 헌신하느냐 이런 것들이 기준이 되는 게 아니라 피해자성과 약자성을 선점하고 자랑하는 게 기준이 되는 모습 적지 않게 볼 수 있습니다. 사회적 자원을 분배받고 보상을 받는 데 있어 번호표를 뽑는 데서 말이죠. 억울함과 약자성을 공인받을수록 앞에서 번호표를 받습니다.

약자성과 피해자성을 선점하려고 하고 그것을 공인받으면 왕관을 쓰기도 하고 사회적 자원의 분배에 맨 앞줄에 서기도 하고 그런 모습들이 보이면서 사회의 건강한 인센티브 체계가 망가지며 시민 정신이 병드는 모습, 적지 않게 볼 수 있습니다. 우려되는 사회의 모습이며 우리 현주소입니다. 열심히 일하고 공동체에 기여하고 타인의 효용을 충족시키려 애쓰는 것이 아니라 피해자성과 약자성을 무기로 삼아 정치 권력과 경제 권력을 가지려고 하는 게 말이 되는지. 우리 내부를 보면 한심한데 밖으로 봐도 가끔 한숨 나옵니다. 그런 짓을 국가 단위로 행하는 집단이 바로 우리와 같은 민족 북한이지요.

한국병의 근원으로 네 가지를 들 수 있습니다. 명분에 함몰된 지적 전통, 고립주의적 세계 인식. 이것들은 유교에서 기원한 것들입니다. 나머지 두 가지 한국병은 탁월함과 유능함이 아니라 억울함과 피해자성을 공인받으려는 태도, 문제풀이가 아니라 한풀이에 집착하는 자세입니다. 세 번째, 네 번째는 무속에 바탕한 것이라 앞의 두 가지보다 훨씬 치유와 개선이 힘들어보이죠.

하지만 후속 세대들, 미래 세대들만큼은 극복을 했으면 좋겠습니다. 피해자성에 바탕한 부정의 언어로 자기를 인식하고 소개하려고 하지 않는 자세, 내 인생의 주인은 나라는 주인의식, 그 주인의식에 바탕해 탁월함과 유능함을 키워가려는 자세, 한풀이가 아니라 자신과 사회의 문제를 풀어내고 해결하려는 자세로요.

유교의 역기능과 부정적인 자산이 사회의 유전병이라면 무속의 역기능과 부정적인 자산은 혈통의 유전병이라고 할 수 있겠고 그만큼 극복이 힘든 것인데 그래도 우리 미래 세대들은 해냈으면 좋겠습니다. 왜 그렇게 생각하냐고요? 별거 없습니다. 어른들보다 잘 살아야 하기 때문이죠. 더욱 부강하고 자유로운 나라, 합리성이 확대된 나라. 안에서도 개인이 존중받고 밖에서도 한국인들이 존중받는 그런 나라가 되었으면 하기 때문입니다.

6.25와 민족 분단에서 서북, 서북인을 차별한 우리의 과오에 대해 먼저 반성합시다. 정말 통일을 하고 싶고 북한의 마음을 움직이

고 싶다면 서북 차별에 대해서 먼저 사과합시다. 당시 분단에 있어 미국과 소련이라는 외세의 책임만이 있었던 게 아니지 않습니까? 뿌리 깊은 서북차별과 서북과 경성간의 불신도 분단에 있어 분명히 큰 원인이었습니다. 분단에 남의 잘못만이 아니라 우리 잘못도 있었던 겁니다.

그리고 수도 서울과 인천에 만보산 사건 위령비를 설치하는 것이 어떨까요. 비극이 일어났던 7월 2일에 추모 행사도 지내고요. 우리가 관동대지진 때 조선인 학살만이 아니라 만보산 사건 때 중국인 학살이란 우리의 과오도 같이 인정하고 반성할 때 우리 사회는 크게 성숙하며 어른이 될 수 있다고 생각합니다. 우리는 억울한 사람 아닙니다, 우리만 억울하고 역사적 부침 속에서 피해만 당한 사람들 아닙니다.

10
무속과 다른 종교들

무속과 유교

　유교 특히 조선 성리학이 무속에 많이 배타적이고 적대적이었지만 실은 유교도 적잖이 무속에 영향을 받았습니다. 그리고 암묵적으로 상보 관계로 지냈지요. 같은 유교문화권인 중국, 일본에 비해 장례와 제사에 집착하고 살아계신 부모보다는 돌아가신 조상에 대한 효, 명당을 위해 묏자리 찾는 음택풍수가 발전하고, 제사와 차례 상차림에 올려진 음식들과 배치만 봐도 적지 않게 무속의 영향을 받지 않았나 싶습니다. 죽음과 망자에 친화적이고 귀신의 눈치를 아주 많이 살피는데 한국 유교와 유교 제례는 무속의 영향을 많이 받았습니다.
　그런데 일방적으로 한쪽이 한쪽에만 영향을 주지는 않습니다. 무가에는 유교 경전의 구절들과 유교적 덕목들이 무수히 삽입되어 있고 마을굿에 유교적 제사 절차가 들어 있기도 한데 사실 암묵적이지만 카운터 파트너가 아니었나 싶습니다. 유교적 제사와 상장례, 추모 의식에서 배제되는 사람이 많은데요 그 틈을 무속이 잘 메꿔줬죠. 그러다 보니 양반 사대부들이 "그것도 나름 필요해", "못본 척이라도 하자고" 그랬던 것이 아닌가 싶습니다.

시집온 여자가 자기 부모님 제사는 못 지내지만 부모님 사령제로서 굿은 할 수 있었고 요절한 딸이 있을 경우 자식도 없는 사람은 제사의 대상이 아니고 아이가 죽은 경우이기에 상례는 대충 치러지기 쉬운데 그럴 때 굿이라도 해서 유교적 제례로는 어쩌지 못하는 어린 자식의 명복을 빌어주고 슬픔을 진정시키고 그랬던 것인데요, 유교적 예와 어긋나더라도 어쩌겠습니까? 유교적 의식과 관습이 살피지 못하고 챙기지 못하는 것을 그렇게 무속적 의례가 챙겨주는데 눈감아주고 못 본 척도 해야 가정과 더 나아가 공동체가 유지되고 돌아갈 수 있으니까요.

무속에는 유교에 없는 평등주의가 있습니다. 신분이 낮아도, 남자가 아니어도 섬김의 대상, 추모의 대상, 제례祭禮의 대상이 될 수 있습니다. 부자나 빈자나 관계없이 반상의 구분 없이 굿을 통해 부정을 벗고 씻고 신령이 될 수 있다는 것입니다. 현세의 신분과 귀천, 선업과 악업 등 어떤 계급이었는지 어떤 행위를 했는지 이런 것들 묻지 않습니다. 유교라면 신분을 묻고 불교라면 이 세상에서 선행한 자와 악행을 한 자의 구별이 있지만 무속은 심사를 생략합니다. 무당이라는 사제를 통해 신령님들 기쁘게 해주고 부정을 씻어주며 베를 가르는 의례를 한다면 누구든 죽어서 편안히 저승으로 갈 수 있죠.

어떻게 살았든 어떻게 죽었든 관계없이 누구든 모셔질 수 있고 조상신령이라는 신의 범주에 들어갈 수 있습니다. 선악을 묻지 않는다는 점에서 윤리관과 원칙이 없다고 비판할 수 있고 그 비판에 나름 수긍도 갑니다. 하지만 사람이 살아 있으면 수직적 질서, 빈부와 신분에서 자유로울 수 없어도 사후 세계로 간 이상 생전의 차별과 등급을 전혀 묻지 않고 동등하게 대한다는 점에서 무속적 평등주의는 나름의 의미가 있지 않을까 싶습니다.

무속적 평등주의는 사실 '망자는 다 똑같다', 정확히 말하자면 사후 세계 평등주의인데요, 유교라면 어림없죠. 죽어서도 생전의 신분과 지위가 계승됩니다. 양반, 벼슬한 사람, 생전에 귀했던 사람은 죽어서도 그에 비례해서 대접받지요. 하지만 무속은 죽으면 다 똑같이 대해줍니다. 남녀, 직업, 신분 다 지워버리죠. 무엇보다 유교 제사는 반드시 혈족 제사이지만 무속 사령제는 혈족 아니어도 참여할 수 있고요. 유교 제사는 혈족 안에서도 참여의 정도에서 불평등한 부분이 많습니다.

시골에서는 1970, 80년대만 해도 제사 지낼 때 서자들은 자기 아버지 제사인데도 당에 올라가지 못하고 마당에서 거적 깔고 절하는 집도 있었다고 하지요. 하지만 무속의 굿은 그런 배제가 없습니다. 여자라고, 서자라고 제한적으로 참여하거나 참여 자체를 못하게 막지 않고 친족 외 사람도 명복을 빌어 주기 위해 참여가 가능했죠.

무교에서는 조상의 범위가 유교에 비하여 넓어요. 유교에서는 죽었다고 다 조상이 된다고 보기 어렵습니다. 문중의 선대에 속했던 사람이라고 하더라도요. 까다로운 규정과 기준을 가지고 심사해서 선별적으로 조상으로 인정하는 구조에요. 하지만 무속은 느슨합니다. 당사자와 관련 있는 죽은 모든 이를 조상으로 간주하죠. 굿에서 조상거리를 진행하면 죽은 조부모, 부모 외에도 죽은 남편, 아내, 아우,

자식도 모두 등장하지요. 외조부, 외조모의 신령도 굿판에서 부를 수 있는데 유교에서는 상상도 못하는 일입니다.

제사는 철저하게 남성 중심의 의식이죠. 참여자도 그렇고 섬김의 대상도 그렇고요. 제사나 장례는 남자 중에 결혼해서 성인으로 죽은 사람들에게만 해당되는 것이었습니다. 그리고 아들이 있어야 합니다. 아들이 있다는 전제하에 제사가 있는 겁니다. 딸이 제주를 할 수는 없는 노릇이니까요. 아들을 낳은 남성만 유교적 상장례, 제사의 대상인데 무속에는 그런 것 없죠. 누구든 다 모셔질 수 있어요.

유교에서 배제된 사람도 제사밥 먹거나 참여할 수 있다는 점이 참 중요한 건데 유교가 챙기지 못하고 해소하지 못하는 것을 무속, 무속적 의례가 챙겼다는 겁니다. 특히 여성들을 챙겼다는 것이 중요하지요. 조선 시대 시집온 여성들이 친정 부모에 대한 제사는 생각하기도 힘들었어요. 유교적 가부장 질서하에 철저히 시가에 종속, 예속된 존재였는데 숨막힐 정도로 엄격한 가부장 질서에도 굿은 허락되었습니다. 친정 부모 돌아가셨는데 넋굿, 사령제하겠다고 하면 말리지 않았습니다. 여자들이 굿을 통해 친정 부모를 사후에 섬기고 온전한 이별을 했던 것이죠.

아이가 죽으면 빈소를 차릴 수도 없고 아이는 당연히 자손이 없으니 제사를 지낼 수도 없죠. 대충 묻고 조용히 지나가고 그저 빨리 잊으려고 하는 경우가 많았는데 부모가 죽으면 산에 묻고 자식 죽으면 가슴에 묻는다지 않습니까? 유교적 상례로는 어떻게 해볼 여지가 없지만 무속의 굿으로는 얼마든지 죽은 자식을 추모하고 이별을 위한 의식을 치를 수 있습니다. 특히 어린 딸이 죽었을 경우 아들보다 더 서둘러 보내야 했을 텐데 오구굿을 하면서 망자의 혼이 빙의된 무당과 대화도 하고 바리데기 공주가 저승으로 데리고 가는 장면도 보고 대화도 하면서 실컷 울기도 합니다. 영험한 신령님이 직접 챙기는 것도 보고 실컷 울면서 슬픔도 해소하고 잘 데려가겠다는 신령님 말씀 듣고 마음도 놓고 그렇게 자식과 이별하는 거죠. 양반 아닌 뭇백성들, 여자들의 삶에서 유교로 해결이 안되는 부분이 아주 많았는데 이렇게 무속으로 보완하며 해결했던 것입니다.

유교는 지나치게 양적인 부분을 중심으로 하는 문화 규범이죠. 위에 있는 인간들만 살피고 공식적인 행사를 주로 담당하고 남성 위주고. 하지만 세상에는 음적인 부분, 주변부와 밑바닥에서 살아내야 하는 사람도 많은데 사대부, 결혼한 성인 남성만 관장하는 유교의 부족한 부분을 무속이 잘 보완해줬다고 생각합니다. 유교가 배제하거나 버린 사람들과 경우를 대비한 훌륭한 사회적 혹은 종교적 장치를 가지고 있었죠. 사대부 아닌 남성들도 무속 의식에 묻어가면서 적지 않게 인간으로서 가진 감정과 슬픔 해결하고 정리하고 그랬지요. 유교 제사는 너무 엄숙합니다. 죄인이 되어 치러야 하는데 무엇보다 정신적 충격을 안은 채로 경건하게 또 정신없이 치름을 당하는 경우가 많아요. 그러다 보니 식이 끝나면 이런저런 감정의 찌꺼기가 남기 쉽습니다. 죄스러운 감정, 불효했기에 가진 죄책감들, 유교적 장례만 가지고는 해소되지 않고 남아 있는 미진한 감정 때문에 참 힘든데 새남굿, 씻김굿, 오구굿을 통해 모두 씻어내고 내려놓고 보내버리게 됩니다.

굿을 하면서 마지막으로 한 번 더 부모와 대화하고 부모에게 잘못한 것들 말씀드리고 불효한 것들에 대해 용서를 구합니다. 저승에 잘 가셨는지 좋은 곳에 가셨는지 확인도 하고요. 화끈한 사령제를 통해서 울고 불고 대화하고 "내 걱정 말거라"라는 부모님 말씀을 공수를 통해 듣고 그러면서 풀고 놓고 정리하게 되는 거지요. 상류층 문화만이 아니라 서브 컬처도 존재하고 기능을 해야 하는데 유교와 무속이 그렇게 암묵적이지만 강력히 보완하면서 조선 사회를 이끌어갔다고 보면 되겠습니다. 지금도 거기서 크게 자유롭진 않을 겁니다.

무속과 도교

중국의 대표 종교는 유불도儒佛道인데 한국은 유불무儒佛巫죠. 일본은 유불신儒佛神입니다. 동아시아 3국 모두 유교와 불교를 공유하지만 도교가 공유되진 않습니다. 사실 도교가 중국을, 무속이 한국을, 신도가 일본을 결정적으로 설명해주는 것일 수도 있습니다. 나머지 다른 두 나라와 뭐가 어떻게 다르고 왜 상이한 사회 현상과 정치 현상이 있는지 설명해주는 결정적 요소가 중국의 도교, 한국의 무속, 일본의 신도입니다.

유교가 공식적인 것들, 상위 신분의 사람들, 살아 있는 사람들의 세계 이런 양적인 세계를 담당했고 무속이 음적인 부분들, 죽음과 영혼, 사후 세계, 도덕과 윤리가 아니라 물질적 욕망의 세계, 중심부 사람들이 아니라 주변부와 밑바닥 사람들의 세계와 그들의 심신을 위로해주는 상징과 의식을 담당했다고 앞서 언급했습니다. 중국은 그런 음적인 부분을 도교가 담당했고 일본은 신도가 담당했던 겁니다.

그러니 중국의 도교가 한국이나 일본에서 흥하지 못할 수밖에 없었겠지요. 이미 무속과 신도가 자리잡아 사후 세계를 설명 잘해주고 다른 기성 종교가 챙기지 못하는 부분 잘 보완해주고 있고 밑바닥 사람들에게 충분한 안식과 위로를 주고 있는데 도교가 어필될 수 없었겠지요.

한국에 도교가 뿌리내리지 못했던 것은 무속이 워낙 강했기 때문이라 할 수 있습니다. 중국도 샤머니즘이 있기는 했지만 도교에 완전히 흡수되었지요. 하지만 한국 무속은 조금도 도교에 흡수되지 않았습니다. 고구려 때부터 왕실 중심으로 들여왔고 도사도 중국에서 파견되었지만 한국에는 굿당, 신당은 많아도 도교 사원인 도관道觀 같은 거 거의 없었습니다.

그래도 한국 무속은 도교의 영향을 나름 받아들였습니다. 부적과 칠성신앙, 관우 신앙이 그 예입니다. 부적은 도교에서 들어온 것입니다. 4세기 초에 남중국의 도교를 대표하는 갈홍葛洪이 저술한 포박자抱朴子에 이미 다양한 부적이 있지요. 이 부적 신앙이 언제 정확히 한반도에 전해진 것인지는 확실치 않아도 또 중국 도교의 부적 신앙이 유입되기 전에도 종이에 뭘 써서 액을 물리치는 원시적이며 고유한 부적 신앙이 있었는지는 몰라도요. 우리 부적의 그림을 살펴보면 중국 도교의 영향을 받은 것은 확실해 보입니다

칠성신앙은 불교에도 유입되어 사찰에도 떡하니 한 건물 차지하고 있는데 인간의 수명을 관장한다는 칠성신앙은 무속에도 유입되었습니다. 역시 무속에서도 칠성신이 인간 수명을 관장한다는 믿음을 가지고 있습니다. 특별히 인간 장수를 위해서 거행하는 재수굿에서 칠성신이 모셔지고, 제석거리나 불사거리를 할 때 섬겨지기도 하는데 한국의 가택 신앙에도 편입되었지요.

관우를 관제라고 하고 관우를 신으로 떠받드는 신앙이 도교에 있는데 임진왜란을 즈음해서 명나라 원군으로 인해서 전파되었습니다. 전쟁 후 선조는 명의 공과 은혜를 갚다는 뜻에서 조정에서도 관제 신앙을 공식으로 인정했고 전국에도 사당을 몇 개 짓게 했죠. 동대문에 있는 동묘가 관우를 모시는 종교 유적입니다.

무속과 불교

무속과 불교는 서로를 배척하지 않고 참 많이 닮고 영향을 주었는데 그것을 무불습합巫佛習合이라고 합니다. 무불습합은 삼국시대로까지 소급됩니다. 조선 시대에는 두 종교가 함께 사대부들의 혹독한 탄압을 받으면서 주로 민중의 종교로 명맥을 유지했는데 동병상련의 관계였으니 서로 친했고 비슷해진 거죠.

일단 무당들이 자기 이름을, 즉 무명巫名, 무호巫號를 무슨 무슨 보살로 하는 경우가 많습니다. 그리고 자기 집을 불당, 암庵 혹은 사寺로 부르고 불당 비슷하게 꾸며둔 경우도 많습니다. 그뿐입니까 흰색과 붉은색 천을 같이 걸기만 하는 게 아니라 절처럼 '만卍' 자가 적힌 깃발로 자기 집을 표시하기도 합니다. 굿과 치성을 드릴 때 목탁을 쓰기도 하고 재가 승려나 환속승, 대처승이 무당이 되기도 합니다.

더 놀라운 것은 특정한 공간을 굿당과 절의 이중 체계로 운영하기도 한다죠. 실제 사찰 이름을 쓰고 있는 굿당이 많고 아예 정식 종단에 사찰 등록을 한 경우도 있다는데 불교 행사에 구성원으로 참석하기도 한다죠. 무속인이 굿과 점사로 번 돈으로 사찰을 건립하고 중을 따로 고용해 절을 운영하기도 합니다.

무속에 편입된 불교의 흔적으로 가장 대표적인 증거는 신격들이죠. 무당들이 모시는 신령 중에 불교의 신들이 참 많습니다. 대승불교의 신들 석가모니, 삼불제석, 약사보살, 지장보살 등이 신앙 되는데 승려들도 신령으로 섬기기도 한다죠. 서산대사, 무웅, 나옹 등 불교에서의 신령들이 무신도로 그려져 일반적인 무신도와 함께 봉안되는데 신단에는 불상이 올려져 있다는 겁니다. 무속에서 부처님으로 통칭되는 석가모니와 삼불제석은 무속에서 천신과 함께 최상위의 높은 신으로 신앙되는데 특히 관음보살을 모시는 무속인들이 정말 많습니다.

신령으로서 불교의 신격들을 모시는 것만이 아니라 현장에서 지내는 굿에서도 불교의 모습을 많이 볼 수 있죠. 제의와 의례에 불교적 요소가 많다는 건데요, 제석거리라고 이른바 불교 세계에서 제석천의 신이라는 제석신을 등장시키는 제석굿은 거의 전국에서 행해지고 필수적인 제의 과정 중 하나입니다. 영남 지역의 경우는 시준굿 또는 세존굿이라고 한다는데 무당이 고깔을 쓰고 백장삼을 입은 위에 빨간 가사를 두르고 제금바라을 치면서 무가를 부르며 춤을 추다가 제석 염불을 외우는 등 승려 역할을 하는데 사실상 그 거리에서 무당은 중이 된다고 보면 됩니다.

불사거리와 진오귀굿에서도 불교적 색채가 진합니다. 안마당이나 마루에서 무속인이 흰 장삼에 고깔을 쓰고 108염주를 목에 걸어 불교적 복색을 하고 굿을 합니다. 바라춤을 추면서 신이 들린 상태에서 독경을 하는데 시주를 많이 하고, 불공을 드려라, 허물어져가는 사찰에 시주를 해라, 그러면 장수하고 부자가 된다는 축원과 덕담을 한다죠. 장정태 교수는 이때 축원을 보면 무당이 부르는 무가라기보다는 불가에서 시주를 청하는 화주승의 축원 덕담과 같은 느낌이 든다고 했습니다.

무가에도 불교적 요소가 많습니다. 무가에 염불이 있어요. 불경 내용들이 있고 직접 노래로 불려집니다. 함경도, 평안도 지역의 굿에서 천수경이 그대로 불려진다고 하죠. 망인 천도굿에서 무가에서 망인을 저승으로 보낼 때 염불을 다음과 같이 무가로 하고 망인을 보낸다고 합니다.

> "나무아미타불 나무아미타불 나무아미타불 어떤 중상이 나려왔나 어떤 중상이 나려왔나 검고 푸른 중상 푸르고도 검은 중상 우리 중상님 거동을 봐라 바라시주를 내리실 때 강원도 금강산 좋단 말 듣고 백팔염주를 목에 걸고 서발단주 손에 들고 팔대장삼을 입으시고 세모진 고깔 숙여 쓰고 바라시주 하오실 때 아침 제미 돌아다가 저녁 불공 올리시고 저녁 제미 돌아다가 아침 불공 올리시고 바라를 사오 바라를 사오 …… 명다리 복바라요 없는 애기는 점지하고 있는 애기는 수명장수 나무아미타불 나무아미타불 나무아미타불"
>
> – 박인오, 『전통한양굿거리』, 삼도출판사, 1990

무속의 저승 관념에 특히 불교적 요소가 많습니다. 무속이 불교의 저승사상을 수용하면서 자신의 저승에 대한 관념이 바뀌게 되었습니다. 무속에서는 본래 지옥과 천당 이런 범주의 사후 세계를 구분을 따로 하지 않았고 그냥 저승이었는데 불교 영향을 받으면서 극락極樂, 서방정토西方淨土를 말하게 되었다죠. 지옥 역시 불교의 지옥

관념을 차용하여 무속 본래의 순수한 저승의 형태는 찾기가 어려워진 겁니다. 무교에서는 내세를 크게 천상계극락와 지하계지옥으로 나누는데 원래 그렇지 않았다고 하죠. 그런데 민간 불교에서 무속이 이런 이분법적 도식을 받아들였다고 합니다.

　불교의 시왕사상 영향도 많이 받았습니다. 사람이 죽으면 명부冥府로 가 시왕十王들 앞에서 생전의 선악 행위에 대해 심판을 받는다고 말하죠. 원래 그건 불교에 있던 건데 들여온겁니다. 『불설예수시왕생칠경』에 의하면 사람은 죽은 후 명계에 있는 열 명의 왕에게 생전의 행위에 대해 차례로 심판을 받는다고 합니다. 그러기에 살아 있는 유족이 시왕에게 재를 올려 죽은 이의 명복을 빌어야 한다는 데요, 그것이 무속에 수용된 거죠. 무속의 사후 세계와 저승 관념에 끼친 불교의 영향은 서울대 종교학과 김성은 선생의 연구에 자세히 나와 있습니다.

　왜 불교의 것들을 수용하고 내 것으로 했을까요? 먼저 힘을 키우고 영향력을 확대하기 위해서라고 합니다. 불교의 신들을 수용하면서 자신 힘의 범위를 넓히기 위한 것인데 무속에서 신은 다다익선입니다. 무당이 발휘하는 영력을 강하게 하고 영적인 힘의 투사 범위를 넓히기 위해 불교의 것들을 가져왔다고 하죠.

　신단에는 관세음보살의 상이 모셔져 있는 경우가 숱하고 관세음보살을 몸주신으로 하는 경우가 많은데요, 그 다음으로 인기가 좋은 불교에서 온 신격은 병을 고치는 상징인 약병을 들고 있는 약사여래입니다. 무당들이 정말 많이 모셔요. 약사불 어쩌고 하면서 치병 특화를 내세우는 무당들이 약사여래를 모신 경우가 많은데 무당들이 제석과 불사佛師도 많이도 모신다죠.

제석은 불교의 제석천帝釋天이 무속화된 것으로 신이라고 생각하시면 됩니다. 원래 불교에서는 법과 법왕을 보호하는 신이었지만 무속에서는 장수, 곡식, 옷, 복, 재앙을 관장하는 신으로서 가장 강한 힘을 지닌 신으로 꼽힌다고 합니다. 불사佛師는 스승이지만 무속 의례에서는 할머니로 많이 등장합니다. 제석과 불사는 무속 신령계에서 상위 등급에 있다고 하지요. 이렇게 고등 종교인 불교의 신들은 내 편으로 만들면서 무속은 자신의 힘을 더욱 세게 하고 힘의 투사 범위를 늘렸다고 생각한 겁니다.

신령들을 우리 편으로 편입시키면서 단순히 힘만 강화시킨 게 아니라 사후 세계를 설명하는 능력, 체계를 갖춘 세계관을 가지게 되었습니다. 종교는 인간이 가진 죽음에 대한 공포를 달래주어야 합니다. 사후 세계를 이야기할 수 있어야 하고요. 사후 세계와 관련된 불교의 신인 지장보살地藏菩薩과 시왕도 무속에 편입시켜 사후 세계를 더 설득력 있게 설명하는 힘을 가지게 된 거죠.

현실에서 불교의 세가 강했기에 모방하고 편입했다고도 합니다. 조선 시대에는 관과 사대부에게 철저히 배척당하고 탄압도 당했지만 불교는 삼국시대부터 왕실의 종교고 고려 때는 국교였죠. 그런 상황에서 무속은 불교를 배우고 따라 해서 자신의 공식적 위상을 격상시키려 시도해왔다는 것입니다. 사실 불교는 조선 시대에도 탄압은 받았지만 교단 종교로서 어느 정도 공식성은 유지했고 왕실에서도 후원하는 사찰이 있는 등 그래도 무속보다는 위상과 지위가 훨씬 높았습니다. 현대에도 사실 공식성이나 공적 위상은 불교가 훨씬 높죠. 늘 이런 식이었으니 불교를 배우고 불교적 요소를 편입한 것입니다.

무당들은 자신들이 불교를 수용하고 있음을 숨기지 않고 드러내놓고 인정하지만 불교는 무속과 엮이는 것을 좋아하지 않습니다. 이 역시 양자 간의 위상 차이 때문일 텐데요. 불교적 요소가 무속에 편입되는 것은 지금도 진행 중이라고 보면 될 것 같습니다.

무속의 신령들이 절로 간 사례들도 있습니다. 대표적으로 산신을 들 수 있습니다. 한국에서 웬만큼 오래된 절이라면 거의 예외 없이 대웅전의 옆 뒤쪽의 한귀퉁이에 산신당, 산신각이 있고요, 산신탱화가 걸려 있습니다. 산신탱화는 점잖게 생긴 백발노인이 호랑이를 타거나 또는 그 옆에 호랑이가 쭈그리고 앉아 있는 그림인데 그 그림이 절마다 있어요. 무속에서 불교로 전이된 것입니다. 사찰에 있는 삼성각 혹은 산신각은 모두 연명延命과 생산生産, 수호守護를 주관하는 재래 무교의 산신과 도교의 칠성을 함께 모신 신각입니다. 조선조 시대에는 이 삼성각이 신도들로부터 많은 사랑을 받았는데 지금도 법당은 없고 삼성각만 모시는 절이 있을 정도입니다.

지리산 화엄사는 산내 암자 봉천암 뒤에서 산신제를 크게 치릅니다. 부처가 아닌 산신을 모시는 행사인데 무속의 신에 기도를 드리는 행사인 거죠. 이 산신제는 봉천산신제라고 하며 화엄사의 스님 등 사부대중이 동참하여 매년 음력 3월 3일에 거행됩니다. 사찰 측의 기원 내용은 국태민안, 화재 예방, 불교 중흥, 신도 가정 평화 축원인데 신도들은 어떤 것을 빌까요? 사업 번창, 자식 명문대 입학, 가족들의 건강 뭐 그런 것들을 빌겠죠. 그리고 신중작법神衆作法이라는 불교의 큰 행사가 있습니다. 불교의 수호신들을 모두 불러와서 행하는 의식인데 그때 산신만이 아니라, 용왕신, 문호신, 정신井神, 토신, 해신, 일월신 등도 모신다고 합니다. 모두 무속의 신들이지요.

항로의 안전과 풍어 등을 위해 중들이 불공을 드리기도 하는데 그때는 용신을 모시고요, 임신과 출산을 기원하는 기자 불공에는 칠성을 향한 기도가 절에서 행해지는 등 무속의 신들이 불교에 스며든 사례는 아주 많습니다. 사찰에서 흔하게 볼 수 있는 탱화 속에는 칠성, 산신, 독성, 용왕, 조왕신이 그려져 있습니다.

불교의 의례, 의식에도 무속적 요소가 많이 편입되었습니다. 절에서도 망인 천도를 위한 의식을 합니다. 불교의 '사십칠제', '백일제' 등은 그러한데 무속의 '집가심', '자리걷이', '진오기', '오구굿', '시왕굿' 등과 적잖이 유사하다죠. 불전에 음식과 돈을 놓고 행운, 치병, 재수발원을 비는 불공 등은 무당의 재수굿, 병굿, 출산을 비는 삼신굿과 비슷한데 불교의 불공에 무속의 굿이 들어온 것이라고 볼 수 있겠습니다.

형식과 외양만이 아니라 신도들이 비는 내용도 무속과 유사하겠죠. 물질적, 현세적 욕망에 바탕한 것들을 기원하겠죠. 토착 신앙을 배척하지 않고 포용하는 혼합적 성향을 보이는 것은 불교 전반의 특징이죠. 한반도로 유입된 불교도, 특히 선종 같은 경우는 인도에서의 원형이 아니라 이미 중국에서 장자적 요소를 적극 편입시켜 변형된 것들이지 않습니까? 한반도에 들어와서는 무속까지 수용해버렸습니다.

불교에서 대놓고 무속 의례를 집행하는 경우들은 더 있습니다. 지리산 화엄사에서 하는 산신제 말고도 당산제와 장승제를 절에서 하기도 합니다. 먼저 '내소사 당산제'가 있습니다. 부안군 산내면에서 매년 음력 정월 14일 밤에 당산제를 지냅니다. 내소사 주지가 직접 제관이 되어 제를 지내는데 당산제는 본래 불교와 상관이 없는 것이겠죠. 무속적 의례를 절의 스님들이 집행하는 겁니다.

대흥사 장승제도 있습니다. 전라도 해남군 삼산면에 있는 대흥사에는 사찰 입구 양쪽에 목장승이 마주 보고 서있습니다. 장흥사에서는 그 장승을 거영신距靈神이라 부르고, 이곳 장승의 제는 대흥사에서 단독으로 지냅니다. 제의 목적은 외부로부터 잡귀와 질병이 절 안으로 들어오는 것을 막기 위함입니다. 매해 음력 정월 초하루날 정승에다 제의를 지낸다죠. 불교가 그만큼 무속의 영역을 받아들이면서 토착화하고 민간 신앙 영역 안으로 들어와 있다는 것을 입증해주는 주는 사례입니다.

무속과 기독교

가장 무속화가 심하게 되어버린 고등 종교는 기독교입니다. 거의 무속에게 잡아먹히다싶은 게 아닐까 할 정도죠. 정확히 말하자면 한국 개신교라 해야 할 텐데요. 가장 무속을 적대시했지만 가장 닮아갔고 거의 똑같지다시피 해버렸어요.

일단 신관부터 비슷한 것 같습니다. 무속의 신관에서 무속의 핵심이 잘 드러난다고 했는데 한국 개신교인들의 신관에서 한국 개신교의 핵심이 잘 드러나죠. 무속과 얼마나 비슷한지가 잘 보입니다. 신도가 교회 주일날 아파트값, 주식값 올랐다고 자랑하면 집사, 장로님이 "주님께서 역사하셨다"라고 말합니다.

개신교의 절대자는 신도의 물적 욕망을 채우고 부와 귀에 대한 소원을 들어주시는 분인가 싶은데 전도하는 분들 보면 예수 믿고 교회 다녀야 세속의 여러 욕망도 성취한다고들 말합니다. 그때마다 개신교인들의 신관이 의심스럽습니다. 더 정확히 말하자면 한국 기독교인들의 신관이 좀 궁금하고 원래 기독교의 신관과 얼마나 다르고 멀어졌는지도 알고 싶은데요. 개신교인들에게 신은 철저하게 현세의 물질적 욕망과 추구를 도와주시는 분으로 생각들 하는 것 같은데요, 아니라고 할 수 있습니까?

단적으로 말해 기독교인들 신앙 생활이 너무 기복적입니다. 현실 생활, 육신 생활에 필요한 것을 얻는 게 복이라고 생각하십니까? 아니면 영적이고, 정신적인 축복을 복으로 생각하십니까? 한국 교회는 복을 현세적이고, 물질적인 것으로 말해요. 단순히 물질적 욕망, 현세적 욕망의 충족이 복이고 그런 복을 얻는 게 구원이라면 사실 무속과 거리는 매우 가깝다고 할 수 있죠. 그리고 헌금을 복 받기 위해서 바치는 제물처럼 생각하는 신도가 많아 보입니다. 목사부터 그렇게 이야기를 하고요. 사제라는 분들께서 많이 바치면 그만큼 많은 복을 받는다고 생각해 그렇게 가르친다면 역시나 무속인데요. 그런 의미로 오가는 돈은 복채, 굿값과 큰 차이가 없는 셈이죠.

많이 내는 만큼 복 받는다, 헌금에 비례해서 물질적 복을 누리게 된다는 사고는 곧 무속적 사고입니다. 굿을 거저 해주는 무당은 없습니다. 돈을 주어야만 굿이 시작되고 발주금 말고도 이런저런 복채와 별비, 인정을 많이 요구하고 받아내지요. 그래야 신에게 더욱 잘 부탁, 청탁을 하고요. 신도들이 내는 헌금, 신도들에게 요구하는 헌금에 굿판의 인정과 별비, 복채와 성격의 차이가 뭐가 있는지 모르겠습니다. 복을 위해 내는 것이고 비례해서 복을 받는 것이고 내지 못하는 사람은 배제가 되는 것이라면 말입니다.

교회 안에서 신비 체험과 망아忘我상태를 강조하는 경향이 있습니다. 그리고 마치 그것이 있어야만 옳은 교회요, 더 정확히는 용한 교회고요, 그것을 잘 인도해야만 훌륭한 목사라는 인식이 강합니다. 그리고 신비적 체험을 해야만 성령 받은 신자가 된 것처럼 생각하는 경향도 있지요. 한국 무속은 신을 만나기 위해 저 위로 올라가는 게 아니라 신을 내려오게 하는데 그게 포제션Possession이고 한국 무속 접신의 양태입니다. 그런 무당의 포제션과 비슷한 경험의 간증이 교회에서 각광받고 환영받고 있다죠. 성령 체험을 위해 크게 노래들 부르고 울부짖는 모습들이 굿판을 연상시킵니다. 소름끼칠 정도로 굿판과 흡사하죠.

성령 체험자들께서 성령 체험의 증거로 말하는 게 떨림과 진동이라죠. 성령 체험자 거의 모두가 체험의 증거로 손끝이 떨린다고 하고 진동이 오고, 몸에 화끈하는 불기운을 느낀다 합니다. 방언까지 터지고, 환상과 환청까지 체험하는데 그거 그냥 무속이에요. 무당이 굿할 때 접신 상태의 들어가고 이른바 강신, 신이 임했을 때 느끼는 것 그런 상태에요. 비슷한 정도가 아니라 똑같다 해도 과언이 아니고요.

크게 노래 부르고 때론 춤도 추고 집단 흥분 상태로 갑니다 고양高揚 정도가 아니라 집단 흥분, 그 속에서 감각적이면서도 신비적 체험과 기적을 갈망합니다. 강신 체험, 접신 현상과 비슷한 것을 느꼈다고 하고 그때 성령의 존재를 확인, 확신하고 은혜를 받았다고 합니다. 교회의 모습입니다.

한국 무속은 무가를 계속 부르고 춤을 추지요. 그러면서 접신을 시도합니다. 쉽게 말해 춤추고 노래 불러 신접이 된다는 거고, 신과 교통이 된다는 건데요, 교회에서 부흥회를 보면 열광하며 찬송하고 박수치며 북을 치고 춤을 춥니다. 그러면서 성령이 내게 임하고 역사한다고들 합니다. 신도들은 목이 쉬도록, 목이 터져라 찬송하고 격렬하게 춤도 추고 격렬한 박수까지 하면서 눈물도 흘리고 땀도 뻘뻘 흘립니다. 집단이 이런 상태로 들어가야 합니다. 이런 집단 상태에서 뭔가 신비적 체험을 해야 은혜를 받았다고 고백하고 자랑하는데 굿판과 다른 것이 조금도 없습니다.

예배나 부흥회 때 추는 춤을 미화하여 '은혜의 춤'이라고 한다면서요. 굿판은 무당만이 아니라 구경꾼들, 단골들도 춤을 춘다고 했죠. 굿판의 '무감서기'는 무당이 아닌 구경꾼도 무복을 입고 신나게 춤을 추면서 신이 임하심을 느끼는 의식입니다. 의식이 유사하면 거의 습합을 이루었다고 해도 과언이 아니죠. 습합 정도가 아니라 정말 무속에 잡아먹힌 것 아닌가요?

종교는 감성과 신비 체험 못지않게 이성적인 이해가 중요합니다. 하지만 그저 정신줄 놓은 채 춤추고 노래 부르면서 눈앞에 보이는 거짓인지 진짜일지 모르는 기적과 감각적이면서도 신비적인 현장에서의 체험을 중시한다면 그냥 무속인 겁니다. 그런 것에 목을 매고 그런 체험을 위해 신앙 생활한다면 그리고 그런 의식에서 단순히 어떤 감각적, 신비적 체험을 통해 은혜를 받았다고만 느끼는 정도가 아니라 그런 의식을 통해 물질적 욕망까지 이루어질 수 있다고 생각한다면 정말로 무속과 다를 것이 조금도 없습니다. 개신교인들이 그렇게 적대시하는 무속 말입니다.

부흥회가 굿과 유사한데 새벽 기도도 좀 이상합니다. 새벽 기도는 원래 우리 민족 전통 아닙니까? 굿당에서 무당들도 하고 집에서 아낙들이 가택 신앙의 사제로서 행하던 것이죠. 새벽 일찍이 일어나서 목욕재계를 한 후, '정한수'를 떠놓고 정성을 다해 기원하던 여인네들의 모습과 한국 기독교의 새벽기도회와 연관이 정녕 없을까요?

　한국 교회를 보면 편협한 개인주의 신앙이 강해 보이는데 그것도 무속적으로 보입니다. 무속은 나와 내 가정의 제액초복, 수복강녕만을 빕니다. 하지만 예수님은 개인이 아닌 공동체와 함께 하는 것을 지향했고 울타리 없는 삶을 지향했습니다. 그런데 교회 가서 너무도 개인화된 이기적 욕망을 투영시켜 하는 기도와 신앙 생활을 합니다. 타인과 이웃들의 행복을 빌지 않고 말입니다. 오로지 내 자신, 내 가족, 내 교회만 잘되기를 바란다면 무당을 통해 굿을 통해 나와 내 집만 잘되길 비는 것과 뭐가 다를까요? 개인 구원과 개교회주의 신앙 생활에 함몰된 현주소에 대한 반성이 없다면 무속화되었다고 해도 할 말이 없습니다.

　크리스찬 투데이에 나온 서재생 목사의 주장에 의하면 적지 않은 목회자가 카리스마를 가지고 절대적인 주장과 독재를 행하고 있다고 합니다. 섬기는 종의 모습이 아니라 군림하고 다스리는 독선의 신적 권위자로 자처하는 모습을 많이 볼 수 있다고 하고요. 심지어 즉 강단에서 서슴없이 저주하고, 욕설하고, 반말하고는 하는데 무속의 사제자인 무당 카리스마적인 영향이라고 했습니다. 서재생 목사의 말이 무슨 말이겠습니까. 적지 않은 목사의 모습이 소위 잘나가고 인기 많고 굿판에서 좌중을 휘어잡고 단골 신도들 많이 거느린 무당과 비슷하다는 겁니다.

　질적 성숙이 아닌 물적 성장에 목매는 성장제일주의와 물량주의도, 굿을 크게 해야 굿 덕을 크게 입는다는 무속의 논리와 뭐가 다른지 모르겠습니다. 한국 교회의 기적적 성장만 봐도 한국은 무속의 나라 맞습니다. 왜 한국이 무속 국가인가라는 질문에 가장 좋은 답변은 한국 교회가 아닐까 싶습니다.

참고 문헌

강준만, "정치무당 김어준", 인물과 사상사, 2023

국사편찬위원회, "무속, 신과 인간을 잇다", 2011

김성태, "무당풍경", 새움, 2006

김승혜, 김성례, "그리스도교와 무교", 바오로딸, 1998

김예선 글, 이은주 그림, "당금애기", 휴머니스트, 2013

김인회, "한국무속문화의 실상과 한국인의 교육철학", 민속원, 2023

김진영, 고영란, 최태화, 방운학, 인단비, 편용우, "일본 요괴 문화 상품이 되다", 시간의 물레, 2018

김태곤, "무속과 령의 세계", 한울, 1993

_____, "한국 무속 연구", 집문당, 1981

_____, "한국의 무속", 대원사, 2001

박일영, "한국 무교의 이해", 분도출판사, 1999

_____, "한국무교와 그리스도교", 분도출판사, 2003

샤머니즘 사상 연구회, "샤머니즘과 타종교의 융합과 갈등", 민속원, 2017

무라야마 지준, "조선의 무격", 민속원, 2014

서재생, "목사님도 모르는 가택신앙과 마을신앙과 동물신앙", 세줄, 2005

＿＿＿, "목사님도 모르는 교회 안에 무속신앙", 세줄, 2005

서정범, "무녀들의 꿈이야기", 우석, 2003

＿＿＿, "저승을 다녀온 사람들", 우석, 2002

＿＿＿, "청초한 매화의 사랑", 우석, 2002

＿＿＿, "한과 사랑의 마술사", 우석, 2002

＿＿＿, "신은 사람의 마음이다", 우석, 2002

서종원, "그들은 왜 신이 되었을까", 채륜, 2013

신동흔 글, 박철민 그림, "(야야 내 딸이야 버린 딸) 바리데기야," 휴머니스트, 2013

안톤 숄츠, "한국인들의 이상한 행복", 문학수첩, 2022

이상화, "샤머니즘의 세계", 노마드, 2022

이경엽, 이용범, 윤동환, "(큰 무당을 위한) 넋굿", 국립문화재연구소, 2011

이규태, "한국인의 샤머니즘 : 성과 미신", 신원문화사, 2000

이부영, "한국의 샤머니즘과 분석심리학", 한길사, 2012

이용범, "죽음의례 죽음 한국사회", 모시는 사람들, 2013

이종승, "영화와 샤머니즘", 살림출판사, 2005

임재해, "전통상례", 대원사, 1990

赤松智城, 秋葉隆 : "朝鮮巫俗의 硏究"

정수복, "한국인의 문화적 문법 : 당연의 세계 낯설게 보기", 생각의 나무, 2007

주강현, "굿의 사회사", 웅진출판, 1992

조흥윤, "한국의 샤머니즘", 서울대학교 출판부, 1999

차옥승, "무교", 서광사, 1997

최길성, "한국 무속의 이해", 예전사, 1994

최준식, "무교", 모시는 사람들, 2011

_____, "한국의 신기", 소나무, 2012

하효길, "한국의 굿", 민속원, 2002

황루시, "뒷전의 주인공", 지식의날개, 2021

한국무속학회편, "한국무속의 강신무와 세습무 유형구분의 문제", 민속원, 2006

참고 논문

강대현, 招魂에 나타난 무속의 변증법적 死生觀, 2018

강진옥, 무속신화와 일상의례를 통해서 본 여성의 종교성, 1995

권선경, 여성 원혼의 존재양상과 신격화의 의미, 2014

김광억, 저항문화와 무속의례, 1991

김대현, 만들어지는 무당, 2018

김기형, 무굿 연구의 현황과 과제, 2003

_____,장화 홍련전과 무속적 세계관, 2006

김동규, 무당의 기도 : 근대성과 저항, 2021

김성순, 충남 내포 지역 앉은굿과 불교 재의식 요소의 기능과 의미 비교, 2020

김영희, 한국무속의 전승과 예술적 특성의 발전 방향에 관한 연구, 2002

김인회, 무속에서의 예와 교육, 1981

김현주, 판소리에서의 무속적 사유체계와 전통미학적 패러다임의 변화, 2014

김태곤, 한국무속신화의 유형, 1988

노승욱, 김동리 소설의 샤머니즘 수용 연구, 2012

박미경, 진도 씻김굿의 미적 경험과 의미화, 2002

신동흔, 치유의 서사로서의 무속신화, 2005

_____, 무속 신앙을 통해서 바라본 한국적 신관념의 단면, 2010

심상교, 동해안별신굿 무가의 대중적 요소에 대한 연구, 2015

윤준섭, 동해안 지역 별상굿의 제의적 성격과 그 의미, 2020

오성호, 백석 시와 무속, 2019

윤은석, 초기 개신교 내한 선교사들의 한국 무속 이해 : 1884~1910년까지, 2008

이용범, 서울 진오기굿의 의례적 특징, 2011

_____, 굿 의례음식:무속세계 설명체계의 하나, 2012

_____, 한국 무속 굿의 음악 담당자, 2011

_____, 한국 무속의 신의 유형, 2002

_____, 한국무속에서의 조상의 위치, 2011

장국강, 한국과 중국의 무속의례 비교, 2007

장남혁, 무속신앙의 사령관 연구, 1987

조성제, 무속에 나타난 질병관과 치병(治病)의례 유형, 2023

최문기, 한국무속신앙의 실천윤리적 조명, 2009

최진아, 강신무의 신당이 지니는 종교적 함의, 2014

최협, 송호섭, 한국 무속과 여성, 1988

홍태한, 강신무 굿판의 공수의 의미와 기능, 2010

_____, 굿판의 연구, 입무당 이야기, 2006

_____, 무가전승의 변화, 문서와 연행의 차이, 2002

_____, 무당굿의 축제 가능성과 방향모색, 2012

_____, 무당굿춤을 바라보는 시각의 전환, 2017

_____, 『무당내력』과 서울굿의 양상 비교, 2012

_____, 서울 무속인의 계보와 굿 비용 분배, 2007

_____, 서울굿의 유흥성을 바라보는 시각, 2009

_____, 서울 진오기굿의 재차구성과 의미*48, 2011

_____, 진오기굿과 씻김굿의 비교 연구, 2006

_____, 한국무가에 나타난 저승

황루시, 무속의 관점에서 보는 사회적 약자의 존재성, 2018

한국형 무속 정치학

초판 1쇄 발행일   2025년 12월 5일

저자 | 임건순
펴낸이 | 김현중
책임 편집 | 황인희
관리 | 위영희

펴낸 곳 | ㈜양문
주소 | 01405 서울 도봉구 노해로 341, 902호(창동 신원베르텔)
전화 | 02-742-2563
팩스 | 02-742-2566
이메일 | ymbook@nate.com
출판 등록 | 1996년 8월 7일(제1-1975호)

ISBN 979-11-995705-0-4   03300

* 잘못된 책은 구입하신 서점에서 교환해 드립니다.